国家自然科学基金面上项目：
"大学生创新创业能力评价体系与结构模型研究"
（71974163）终期成果

获得厦门大学教育学一流学科建设基金资助

创新创业教育丛书

王洪才　主编

中国大学生创新创业能力影响因素研究

——基于全国大样本的实证研究

段肖阳◎著

厦门大学出版社
XIAMEN UNIVERSITY PRESS

国家一级出版社
全国百佳图书出版单位

图书在版编目（CIP）数据

中国大学生创新创业能力影响因素研究：基于全国大样本的实证研究 / 段肖阳著. -- 厦门：厦门大学出版社，2023.12

（创新创业教育丛书 / 王洪才主编）

ISBN 978-7-5615-9230-4

Ⅰ．①中… Ⅱ．①段… Ⅲ．①大学生-创业-影响因素-研究-中国 Ⅳ．①G647.38

中国版本图书馆CIP数据核字(2023)第240415号

责任编辑　曾妍妍

美术编辑　李夏凌

技术编辑　朱　楷

出版发行　厦门大学出版社

社　　　址　厦门市软件园二期望海路 39 号

邮政编码　361008

总　　　机　0592-2181111　0592-2181406(传真)

营销中心　0592-2184458　0592-2181365

网　　　址　http://www.xmupress.com

邮　　　箱　xmup@xmupress.com

印　　　刷　厦门集大印刷有限公司

开本　720 mm×1 020 mm　1/16

印张　20

插页　2

字数　340 千字

版次　2023 年 12 月第 1 版

印次　2023 年 12 月第 1 次印刷

定价　80.00 元

厦门大学出版社
微信二维码

厦门大学出版社
微博二维码

一、创新创业教育是我国高等教育进入大众化后提出的急迫命题

众所周知，创新创业教育是我国高等教育进入大众化阶段后才出现的一个命题，其产生的最直接，也是最主要原因就是高等教育入学人口激增致使大学生就业压力加剧。事实上，早在高等教育精英化阶段后期，我国高校毕业生就业压力问题就已经呈现出来了，当时集中的问题是"所学专业与就业岗位不对口"和"区域性的供需关系不匹配"以及"人才供需结构不平衡"。当高等教育进入大众化阶段后，高校毕业生就业难问题就成为一个非常突出的矛盾。事实表明，传统的就业岗位供应已经很难满足数量迅速增长的大学生毕业人口的需求，为此必须开辟大批新的就业岗位。有识之士普遍认为掌握先进知识和技术的大学生有可能成为开辟新工作岗位的重要分子，这可能是创新创业教育概念提出的最直接动因。换言之，当代大学生在掌握先进知识和技术之后，也可以不走传统的直接就业路径，而走独立创业路径，特别是在新技术领域和新行业进行创业。如此就可以在一定程度上缓解就业压力问题。显然，能够开展这种创新创业活动的是极少数学生，对于绝大多数学生而言，创新创业意味着运用掌握的知识和技术去进行岗位创业，通过钻研岗位所需要的知识、技术和技能而为所在部门做出创造性贡献。

必须指出，创新创业教育概念的提出具有鲜明的时代特征。我们知道，创新创业教育概念提出之时恰是我国社会经济发展处于动能转变时期，传统的依靠密集劳动的粗放型经济发展时代已经过去，再依靠引进简单技术和来料加工进行低附加值生产的时代也一去不复返了，我国社会经济发展动力必须转向依靠自主知识创新,换言之,我国经济增长不能再依靠粗放型发展模式,必须转向集约型经济,集约型经济所依靠的不是劳动力数量或资本数量的增加,而是依靠技术创新、知识创新。这就涉及人力资源的开发问题,从本质上说就是依赖于培养大量具有创新知识、创新技能和创业能力的人才,而人才培养这一重要使命必然首先落在大学身上,这也是我国在高等教育领域提出创新创业教育的另一个动因。

此外,还有一个更深层次的动因,那就是作为高等教育学习主体的学生群体发生了巨大变化,要求高等教育人才培养模式必须变革,否则就难以适应学生的需要。我们知道,新一代大学生基本上都是网络时代的原住民,已经习惯于从网络世界接受学习资源,不再满足于从教师身上获取知识,为此师生关系模式、教学模式必须转变,人才培养规格必须转变,否则就难以适应他们的发展要求,从而高等教育系统自身也面临着创新与创业的要求。所以,创新创业教育也有高等教育自身转变的意味。对于这一点,虽然高等学校普遍有所意识,但还没有转变为行动动力。

最后,也是一个根本性原因,那就是消除应试教育带来的后遗症,把创新创业教育作为解决应试教育的根本对策。我们知道,应试教育严重压抑了人的创造性,使学生的创新思维处于一种不发达状态,从而导致人的创新动力不足、创业能力欠缺。这种教育模式显然无法适应高等教育大众化的就业形势要求,提出创新创业教育策略可以从根本上解决这一问题。创新创业教育无疑是以创新创业能力培养作为人才培养的根本指向,目的就在于改变目前人才普遍缺乏创新活力和创业动力的问题,旨在带动整个教育系统向创新创业方向转变,使整个教育系统具有创新活力与创业动力,从而带动中华民族整体素质的提升。如此,提出创新创业教育概念是高等教育发展战略观念转变的标志。所以,我们认为创新创业教育是一种具有中国特色的高等教育改革发展观念。

二、创新创业教育本质在于开发每个学生身上潜藏的创造力

显然,开展创新创业教育并非一件易事,因为它试图从根本上扭转传统的应试教育体制,从而注定了要走一条充满荆棘的坎坷之路。开展创新创业教育,需要反对传统的教育观念,即要反对传统的以知识传授为中心

的教学模式,在该教学模式下,学生常常作为被动的受体出现,把接受现成知识作为核心任务,并没有把学生的能力发展作为中心任务。这种教学模式的典型表现就是"老师讲、学生听""上课记笔记,考试背笔记,考后全忘记"。事实上,学生认真听讲、记笔记属于优质课堂的表现,而大量学生在课堂并未认真听讲,而是在玩手机,从而造成了大量的"水课"出现。如果不改变这种教学模式,不从根本上转变传统教学观念,创新创业教育就无法有效开展。可以说,扫平创新创业教育面临的观念障碍是首先需要解决的问题。

转变传统教学观念需要确立正确的教育观念,提出创新创业教育概念可谓正应其时。当然,对创新创业教育概念的理解应该突破狭隘化的误区。传统上对创新与创业两个概念都存在着严重的狭隘化理解,从而形成了另一种观念障碍,如果不能从根本上突破这种观念障碍,创新创业教育也不可能顺利开展。对创新创业概念最常见的狭隘化理解是把创新看成是科学家的事,把创业看成是企业家的事,认为创新创业是与普通人无关的事。这种狭隘化事实上就是把创新创业神秘化,如果这样的认识得不到澄清,那么创新创业教育就无法广泛开展。在实践中还存在着一种狭隘化认识,认为创新创业教育是一种专门化训练如"创业训练",从而与专业教育或通识教育无关,这种封闭化认识导致了创新创业教育的开展独立于专业教育与通识教育之外。虽然这种误解与目前的管理体制有关,但确实产生了割裂创新创业教育的结果。这一切都是创新创业教育进行过程中的观念障碍,都必须及时清理。

我们认为,正确的创新创业教育观念应该认识到创新创业与每个人的生活息息相关,同时与每个人的福祉息息相关,也与国家利益、中华民族根本利益息息相关。创新就是我们克服困难的过程,创业就是取得事业成功的过程,创新创业教育就是培养每个人克服困难的能力和获得成功的本领,这就是创新创业教育的本质内涵。这就回答了创新创业教育是什么的问题。因而,对创新创业教育的认识,集中在对创新创业教育目标的设计上,也即"培养什么人",因为只有知道创新创业教育力求达到的目标是什么,才能进行具体的规划设计和具体的制度设计。

创新创业教育无疑就是要培养大学生成为具有创新创业精神、创新创业能力和创新创业动力的创新创业人才。可以说，具有创新创业精神主要属于认知层面，创新创业能力属于实践层面，创新创业动力属于意志层面或人格层面。形成创新创业精神并不难，难的是形成创新创业能力，最难的是始终具有创新创业动力。创新创业精神形成是前提，创新创业能力形成是关键，创新创业人格形成是根本。具有创新创业的精神不一定具有创新创业能力，具有创新创业能力不一定使其成为终身追求，因为这些都与环境有关，与教育方式有关，与个体志趣有关。只有具有创新创业的人格追求才能最终成为创新创业人才。

培养大学生具有创新创业能力就是创新创业教育的关键点和核心，一句话，如果我们无法培养大学生具有创新创业能力，那么创新创业教育就不可能是成功的。因此，如何培养大学生具有创新创业能力是整个创新创业教育关注的核心问题。

三、创新创业教育高质量发展需要探明的五个基本问题

要培养大学生创新创业能力，就需要回答五个基本问题：一是创新创业能力该如何进行科学定义并实施有效的测量？这是创新创业教育高质量发展面临的最为核心的问题。因为创新创业教育目标就在于培养大学生的创新创业能力，如果不能对创新创业能力进行科学的界定，那么就很难进行科学的引导和评价。二是创新创业能力发展主要受哪些因素影响以及其内在作用机制是什么？这是对创新创业能力发展机制的探讨，因为创新创业能力发展不可能发生在真空中，不可能完全由个体天赋决定，必然受到后天因素的影响，在现实中这些因素究竟是如何作用于创新创业能力发展过程的，就需要探明。三是创新创业能力培养如何适应不同学校办学层次或类型的要求并发挥各自的优势？这是对创新创业教育活动主体职能的探讨，即探讨高等学校如何依据自身的特点来开展有效的创新创业教育促进大学生创新创业能力最大程度地发展。四是该如何检验目前我国高校大学生的创新创业计划项目实施的效果以及该如何完善？这是对我国创新创业教育重要举措的实施效果的研究，检验我国大学生创新创业计划项目究竟发挥了什么样的作用，能否为创新创业教育高质量发展提供

有力的支持。五是如何借鉴国外经验以促进我国创新创业教育制度设计更加完善？这是站在国际视野高度来审视我国创新创业教育优化问题，也即怎么来取长补短、洋为中用，使我国创新创业教育获得突破性发展，实现高质量发展的目标。

(一)关于创新创业能力的界定与测量

关于创新创业能力的科学定义和有效测量，可谓是创新创业教育推行过程中面临的一个最基础的且也是最核心的问题。[①] 如前所述，创新创业教育目标是培养创新创业人才，其中关键是培养大学生具有创新创业能力，如果不明确创新创业能力的具体内涵，那么创新创业教育就缺乏明确的指导性，也就无法建立科学的导向机制。对创新创业能力进行测量的目的则是为创新创业教育开展建立一个有效的督促机制，因为人们总是根据评价标准来调整自我行为方式，如果创新创业能力不可测量，人们就不知道自己创新创业能力培养的效果如何。当创新创业能力可以测量时，人们就容易观察自身工作的成效和具体改进及努力的方向。所以，创新创业能力的科学界定与有效测量是创新创业教育推进过程中面临的最基础问题。但由于能力测量向来都是一个非常复杂的课题，而且创新创业能力本身又是一个新课题，故而研究的难度大，进行测量的难度也非常大。正因为研究这个问题的难度大，所以相关成果非常少，从而该问题也成为制约创新创业教育有效开展的"卡脖子"难题。

为了解决这个难题，我结合自身经验展开了系统的理论思辨，同时也借鉴那些成功人士的经历进行思考，总结他们创新创业能力的共同特点，从中我得到了四点启示：首先，我意识到创新创业能力绝不是一种单纯的能力，而是一种复合能力；其次，我意识到创新创业能力主要是一种行动能力而非一种思辨能力；再次，我意识到创新创业能力是一种动态发展的能力，而非一旦形成就固定不变的能力；最后，我意识到创新创业能力是一种结构性能力而非一种无序的能力组合。由此我开创性地提出了创新创业

①王洪才.创新创业能力评价：高等教育高质量发展的真正难题与破解思路[J].江苏高教,2022(11):39-46.

能力七阶段理论。在此基础上,我带领团队的核心成员段肖阳、郑雅倩、杨振芳三位博士生对背后的理论基础进行深入剖析,与已有的研究成果展开对话,最终我们确认我提出的七阶段理论具有包容性、科学性和系统性,适合作为大学生创新创业能力结构模型。在此基础上我们开展了大学生创新创业能力测量量表的开发工作,在经过三轮的施测之后,最终形成了具有良好信效度的大学生创新创业能力测量量表。由此我们开展大样本的抽样调查,通过调查进一步验证了我提出的能力理论的有效性,同时也了解了大学生创新创业能力发展状况。我们的调查有许多新发现,对于进一步开展创新创业教育具有重要的启发意义。由于段肖阳、郑雅倩、杨振芳参与了调查研究全过程,从而他们也成为《中国大学生创新创业能力结构与发展水平研究》这本书的撰写主力。段肖阳是最早加入团队开展工作的,对于文献研究和模型构建发挥了重要作用,从而承担这两部分内容的撰写;郑雅倩参与了研究设计和实证调研工作,从而适合承担这两部分内容的撰写;杨振芳负责整理我的创新创业教育论述,协助我完成绪论部分工作。

(二)关于创新创业能力发展影响因素与作用机制

无疑,对创新创业能力进行定义与测量的目的是指导创新创业教育实践,那么,如何来提升创新创业能力培养效果必然是创新创业教育关注的核心问题。为此就必须探讨创新创业能力发展的影响因素以及内在的机制问题。我们认为,既然创新创业能力是可以测量的,那么就应该找到影响创新创业能力的主要相关因素,而且也要找到这些影响因素之间的相互关系,如此就能够为创新创业能力提升计划提供有效的参考方案。我们知道,影响大学生创新创业能力成长的相关因素非常多,既有直接的,也有间接的,当然,其中必然有主要的和次要的。我们不可能罗列所有的要素,必须通过调查找到影响学生创新创业能力发展的最主要的而且也是最直接的影响因素,并且通过深度调查和统计分析来找到各种影响因素之间的相互关系,如此才能找到影响创新创业能力成长的作用机制。只有这样,我们才可能调动一切积极的因素来推进创新创业教育。很显然,如果对创新创业能力的认识不同,那么对创新创业能力的发展定位就不同,进而所发现的相应的影响因素就会出现根本的不同,因为它们背后的作用机理不同。

为了解答这个问题,我们在研制大学生创新创业能力测量量表过程中就预计到了有哪些因素可能影响大学生创新创业能力的发展。为了更好地确定大学生创新创业能力的影响因素及其作用机制,研究团队认为需要专人负责这一项工作,因为这不单纯是一项调研活动,更是一个理论探讨过程。在协商基础上,确定段肖阳作为主力主要负责探讨该问题,因为她掌握的相关研究文献最丰富,有亲身的实践经历,对该问题非常感兴趣,而且全程参与了课题研究,于是该主题就成了她的博士论文选题。事实证明她从事该项研究是非常合适的,她在研究过程中发现了一个有趣的现象,即大量数据表明,影响大学生创新创业能力发展的最主要的因素就是个体的主动性,其次是教师的支持,再次是课程与教学的影响,最后是学校环境的影响,而且学校环境、课程与教学和教师都需要通过个体主动性发挥作用,不仅如此,学校环境也需要通过课程与教学再通过教师发挥作用,构成了一个从中心到边缘的层次,由此提出了"圈层理论",可以说这是通过实证研究得出的一个微型理论。由段肖阳完成的《中国大学生创新创业能力影响因素研究:基于全国大样本的实证研究》系统地阐释了"圈层理论"的提出和验证过程。

(三)高校层次与类型对创新创业能力发展的影响

对大学生创新创业能力发展影响因素的认识,必然涉及办学条件、办学环境的影响问题。我们知道,大学生创新创业能力发展必然会受到环境的影响,但办学条件对大学生创新创业能力发展的影响究竟如何确实值得探索。具体而言,我们并不清楚究竟是哪一类大学对大学生创新创业能力发展影响大:是研究型大学,还是应用型大学,或是高职高专院校?它们之间完全没有区别是不可能的,但它们之间的区别究竟显著不显著却无法确定。我们可以预料,创新创业能力必然受家庭环境影响,因为家庭文化氛围对一个人的创新创业意识和创新创业精神形成具有潜移默化的影响,也必然在一定程度上影响个体的创新创业能力。但创新创业能力更多是个体在挑战环境、挑战困难的过程中形成的,所以个体的学习经历和生活经历发挥着关键作用。创新创业能力发展必然也存在着学科差异,因为有的学科偏重于应用性,对学生实践能力训练的作用更直接,从而更有利于创新创业能力成长;而有的学科更偏重于理论知识传授,对创新创业能力的影响可能就不直接,那么作用就不怎么显著。创新创业能力也会受到性别因素影响,因为性别角色对个体的自我认知会产生非常大的影响。此外,课堂教学模式对大学生的创新创业能力影响也是非常直接的,因为它能够直接影响个体主动性的发挥,影响个体的思维方式,特别是影响个体的交往能力发展。这一切都可以汇集到学校校园文化和办学风格上。如果学校非常注重创新创业能力培养,就会有意识地创造条件,促进大学生参加创新创业实践活动,如此就会使大学生的创新创业能力得到更快的发展。一句话,创新创业能力发展主要是受教育环境的影响。要使一个人的成长不受环境因素影响是不可能的,但究竟受到多大程度上的影响?大学生的个体在与环境互动之中究竟处于什么位置?这对个体创新创业能力的发展究竟发挥了什么作用?这些是必须思考的。

事实上,我们在进行了大样本的数据调查之后,就发现这些问题得到了一定程度的解答。调查数据显示,大学生创新创业能力发展确实与个体的主动性发挥具有直接的关系,但与学校的层次类型没有直接的关系,甚至呈现了一些难以理解的状况,即研究型大学的创新创业能力反倒不如应用型大学和高职高专院校。这种情况非常出人意料,必须予以验证与解释。为了揭示这个现象,我们开展了个案研究,选择一些具有代表性的高校进行验证,看这种状况在个案学校是否存在。具体操作方式是在各层级高校中选择1~2所案例学校进行研究,综合比较各个因素在不同层次类型高校中的表现,由此来判断环境作为一个整体因素是如何影响大学生创新创业能力发展的。这就是我们团队《中国大学生创新创业能力发展路径研究:基于不同类型高校的实证分析》一书的由来,段肖阳、杨振芳、郑雅倩、李淑娥、孙佳鹏五位博士生承担该项工作。

(四)大学生创新创业训练计划项目实施效果

为了促进大学生创新创业能力培养,国家进行了强有力的政策指导,如评选创新创业教育示范校,评选创新创业实践基地,组织大学生创新创业大赛,从而为高校开展创新创业教育创设了良好的政策氛围。在国家政策的引导下,高校开设了大学生创新创业训练计划项目(简称"大创"项目),设立大学生创业园,鼓励大学生开展多种形式的创新创业实践。许多高校都设有大学生创新创业训练计划项目,以此作为培养大学生创新创业能力的主要阵地。我们认为,这种大学生创新创业实践机会是非常难得的,对大学生创新创业能力的提升作用也是比较明显的。那么,我们需要知道:大学生创新创业训练计划项目究竟是如何发挥作用的?其中的作用机制是什么?哪些做法更有效?是否存在着规律性?这是一些非常有趣的问题。我们知道,大学生创新创业能力培养肯定不能脱离具体专业学习,离开专业知识支撑,创新创业教育就难以走向深入,创新创业能力也难以健康发展。但如果专业学习的理论性太强,缺乏实践机会,大学生创新创业能力发展也不会太顺利。所以,如何处理理论学习与实践探索的关系,始终是创新创业能力培养面临的一个难题。大学生创新创业训练计划项目的实施为解决该问题提供了一个有效途径,因而,如何充分发挥这一制度的作用是我们必须要认真思考的。

要完成这样一项研究任务,需要对大学生创新创业训练计划项目运行过程有一个基本的了解,最好是实际参与过大学生创新创业训练计划项目的设计和指导工作,了解每个环节的运行规则。杨振芳显然具有该方面的优势,因为她实际指导过大学生参加并完成了大学生创新创业训练计划项目,而且她本人对探究该议题具有浓厚的兴趣,所以她把该研究主题作为她的博士论文选题。她经过两年多的田野调查,对多所高校的大学生创新创业训练计划项目团队进行了访谈,提炼出大学生创新创业训练计划项目有效运行的基本特征,回答了有效运行的内在机理问题。这个研究结果与研究过程构成了《大学生创新创业训练计划项目育人有效性研究》一书。

(五)国外创新创业教育对我们的借鉴意义

创新创业教育作为具有中国特色的高等教育理念,是在学习国外先进经验基础上进行的本土化创新,是针对中国高等教育存在的实际问题提出的发展理念。但是从理念到行动仍然有不少路要走。如何才能使中国创新创业教育比较稳健地发展?此时吸收国外先进经验就不可少,那么国外高校是如何培养大学生创新创业能力的？有哪些比较成功的经验值得我们学习和借鉴？如何才能进一步完善我国的创新创业教育体系？这些都是非常值得关注的问题。郑雅倩对这些问题非常感兴趣，她从硕士阶段就开始关注"保研生"创新创业能力发展问题，进入博士阶段后对创新创业教育兴趣更浓，特别是对国外大学开展创新创业教育的经验非常感兴趣，所以她主持完成了《研究型大学本科生创新创业能力培养研究：中外比较的视域》一书。

我们知道，对大学生创新创业能力培养在国际上具有比较长的历史，早在20世纪中期美国哈佛大学就已经开始了创业教育实践，但之后发展并不顺利，直到20世纪末叶才形成一个比较大的高潮。这个时期我国刚刚引入创业教育概念，尚未开展大面积的实践。尽管此时我国已经开始进行教育改革，但改革主要是为了让教育从服从计划体制要求转变到适应市场经济发展要求。高等教育的人才培养目标也发生了剧烈变化，开始从传统的"专业对口式"人才培养模式转变到培养复合型人才上，但并未涉及创新创业教育主题，虽然当时已经出现了部分大学生就业难问题。这个时期我国高校主要是在商学院中引入创业教育概念并进行了试点。创新教育观念开始在中小学中兴起，尚未进入高等教育改革视野。进入新世纪之后，我国改革开放进入深化期，高等教育开始重视学习国外的先进经验，开始重视创新能力培养问题，但并未形成一种普遍认识，而对大学生创业能力培养的重视是随着高等教育大众化的深入而兴起的。当走过新世纪第十个年头后，我国对创新教育与创业教育有了新的认识，开始把两者整合成一种新的教育理念，从而创新创业教育在高校得到普遍重视，其中创新创业大赛在其中发挥了决定性作用。

四、对创新创业教育五个基本问题的解答过程

显然，以上五个问题的解答都非常具有挑战性，每解决一个问题都会在理论上或实践中产生很大的推进作用。当然，各个问题之间还是存在着一定序列的，其中最具有挑战性的还是创新创业能力概念的界定与测量问题，因为它是最基础的问题。为了解答这个问题，我们对以往的创新与创业概念进行了系统的梳理，找到传统理解存在的不足，然后根据现实需要

赋予其新内涵。传统上人们对创新与创业的理解存在着严重的神秘化和窄化误区,不利于创新创业教育走向大众,所以破除这种神秘化与窄化是当务之急。

过去人们经常把创新与科学家联系在一起,创业与企业家联系在一起,这就把创新与创业神秘化了。目前人们对创新创业教育的理解主要是围绕创办科技企业进行的,这种理解使创新创业教育内涵严重窄化了,束缚了人们对创新创业教育的热情。我们进行观念创新的目的是使创新创业教育适合每个人,使创新创业教育能够发现每个人所具有的创新创业潜质,从而可以进行针对性的教育,只有这样才能使创新创业教育收到成效。这是本丛书的基本观念,我们在每本书的基本概念探讨中都会突出这个观点。

在达成这一基本理解之后,我们就开始了广泛萃取创新创业教育成功案例的工作,[1]进而凝练创新创业教育成功经验,从中建构评判创新创业成功的核心指标,最终形成创新创业能力指标体系,构建出创新创业能力模型。其中最为关键的一步是大学生创新创业能力测量量表的制定。显然这是一个非常复杂的系统工程,非单个人可以胜任,必须发挥团队的优势才能承担。作为课题负责人,我主要负责创新创业教育的理念构建和创新创业能力框架的设计工作,为整个团队的研究提供理论解释与指导;另一个主要工作就是组织团队进行量表研制开发和系列测试。段肖阳在其中发挥了骨干作用,她是我创新创业教育思想的第一个受众,也是创新创业能力测量量表研制过程中的主要联系人,她自身具有长时间创新创业实践的亲身经历,对创新创业教育具有浓厚的兴趣,她的博士论文选题就是关于大学生创新创业能力影响因素的研究。郑雅倩在本科阶段参加过创新创业实践活动,在硕士阶段就已经参与了我的创新创业教育课题研究,并且采用扎根理论方法对参加夏令营的大学生进行了调研分析,顺利地完成了硕士阶段学业并进入博士阶段学习,而且在段肖阳博士毕业后担负起团队联系人的职责,在本次研究中重点负责中外创新创业教育比较。这两

---

① 王洪才,刘隽颖,韩竹.中国特色的高职"双创"教育模式探索:以宁波职业技术学院"1234"创新创业教育模型建构为案例[J].教育学术月刊,2018(2):56-64.

位联系人都有非常强的敬业精神和韧性品质,敢于挑战困难,能够把挑战当作自己成长的机遇。杨振芳虽然是后来加入的,但她具有心理学专业基础,在量化研究过程中具有优势。她具有强烈的挑战自我的愿望,所以在博士论文选题中大胆采用质性研究方法来研究大学生创新创业训练计划项目的实践效果,想从典型事例出发来分析大学生创新创业训练计划项目有效运行的机制。她们三个人在整个研究过程中都发挥了核心成员的作用,特别是在大学生创新创业能力测量量表的研制过程中开展了高密度、高强度的研究合作,最终使量表研制获得圆满成功。李淑娥博士生和孙佳鹏博士生都是后来吸收进研究团队的,这两位博士生都具有丰富的管理实践经验,都对创新创业教育问题非常感兴趣,两人的学习能力非常强,她们很快就融入了团队,在不同类型高校案例研究过程中发挥了积极的作用。

在对大学生创新创业能力测量量表研制成功的基础上,我们对我国大学生创新创业能力的发展状况进行了大面积的测量,取得了一系列可喜的成果。

首先,我们开展理论探索,[1]为本丛书的撰写进行理论铺垫;进而瞄准国内创新创业教育研究热点,[2]从本体论意义探索创新创业教育内涵。[3]我们是从重新界定创新与创业概念进行突破的,[4]把创新创业能力研究作为重点和突破点,[5]开创了创新创业教育研究新风尚。我们进行了一系列的理论创新,把创新创业教育从狭义推向广义,[6]整体更新了人们关于创新创业教育的观念;发现了创新创业教育的多重蕴涵,[7]从而为创新创业教育体系构建提供了理论基础;发现了创新创业教育在中国高等教育转型

①王洪才.创新创业教育必须树立的四个理念[J].中国高等教育,2016(21):13-15.

②王洪才,刘隽颖.大学创新创业教育核心·难点·突破点[J].中国高等教育,2017(Z2):61-63.

③王洪才.创新创业教育的意义、本质及其实现[J].创新与创业教育,2020,11(6):1-9.

④王洪才.创新创业能力的科学内涵及其意义[J].教育发展研究,2022,42(1):53-59.

⑤王洪才.创新创业能力培养:作为高质量高等教育的核心内涵[J].江苏高教,2021(11):21-27.

⑥王洪才,郑雅倩.创新创业教育的哲学假设与实践意蕴[J].高校教育管理,2020,14(6):34-40.

⑦王洪才.论创新创业教育的多重意蕴[J].江苏高教,2018(3):1-5.

与发展中的地位,①引导人们从战略角度认识创新创业教育;发现了创新创业教育是中国本土化高等教育发展理念,②为构建中国高等教育自主知识体系和话语体系做出了贡献。这些理论探索,为创新创业能力的测量与评价研究打下了良好基础。最终,我们建构了创新创业能力的结构模型,③研制出具有广泛适用性的创新创业能力测量量表,④对该量表拥有完全知识产权。

其次,我们发现大学生创新创业能力发展存在着一系列不平衡现象,⑤其中最大的发现是:大学生创新创业能力并未随年级提升而不断提升,而且也没有受到学校层次和类型的显著影响,从而打破了人们对大学生创新创业能力发展的美好想象。这些新发现具有重要的学术价值和实践意义,成为我们进行深入研究的切入点。

再次,我们对调查发现的大学生创新创业能力发展状况展开一系列的解释性研究,也即致力于发现创新创业能力发展背后的影响因素及其作用机理。我们发现自我发展理论是创新创业能力发展的最重要的理论基础,理性行动理论能够为创新创业能力模型构建提供重要的学术支撑。

复次,我们展开了多个案例研究来验证调查研究发现的结果。通过分类型研究不同高校的大学生创新创业能力发展状况及其影响因素,也通过高校的大学生创新创业计划项目的实践案例来研究创新创业教育的实施效果。多方面的案例研究就为了解释创新创业能力测量结果的有效性和普适性。

最后,我们也通过比较视角来审视国内外高校在开展创新创业教育方

---

①王洪才,汤建.创新创业教育:高等教育内涵式发展的关键[J].武汉科技大学学报(社会科学版),2021,23(1):110-116.

②王洪才.创新创业教育:中国特色的高等教育发展理念[J].南京师大学报(社会科学版),2021(6):38-46.

③王洪才.论创新创业人才的人格特质、核心素质与关键能力[J].江苏高教,2020(12):44-51.

④段肖阳.论创新创业能力模型与评价指标体系构建[J].教育发展研究,2022,42(1):60-67.

⑤王洪才,郑雅倩.大学生创新创业能力测量及发展特征研究[J].华中师范大学学报(人文社会科学版),2022,61(3):155-165.

面的差别,借鉴国外先进经验,弥补自身的不足。自然而然,美国高校就成为主要的比较分析对象,因为美国是一个典型的创新型国家,全社会对创新创业持高度认同的态度,这种认同也渗透到高校的办学制度设计和政策制定上。所以,认真分析和借鉴国外高校的成功经验对于客观地认识我国创新创业教育存在的不足具有重要的启发意义。

五、创新创业能力研究需要扎实的田野研究与系统的思辨研究相结合

通过研究我们发现,只有将创新创业教育与日常生活建立密切的联系,才能找到创新创业教育的切入口,否则创新创业教育就只能流于概念式的宣教。当前创新创业教育面临的最大问题是各个高校都没有把创新创业教育与专业教育、通识教育和思想政治教育有机地联系起来,各种教育都是分别实施的,没有组成一个有机整体,好像创新创业教育本质上是一种专门技能训练,只有通过特殊培训才能成功。这种理解就使创新创业教育与其他教育割裂开来。创新创业教育要想有效开展必须打破这种割裂局面,如果不从对创新创业概念的理解进行突破,就很难推动创新创业教育有效开展。事实上,创新创业教育是一个庞大的体系,它包含了专业教育和通识教育,特别是思想政治教育,因为思想政治教育根本目的就是解决培养什么样的人的问题,而创新创业教育就为此提供了答案,即培养社会急需的创新创业人才! 专业教育和通识教育就是为培养创新创业人才提供支撑。

可以看出,解决创新创业教育观念问题是一个复杂的思辨研究过程,当然,这也是一个深入认识创新创业教育本质的过程。从深层次讲,这也是一个将创新创业本质与创新创业具体实践有机联系在一起的过程,如果研究者没有长期的创新创业实践体验就难以进行有效的哲学思辨,也就难以提炼出影响创新创业能力的有效因子,那么也就难以认识创新创业的真正本质。显然,如果研究者缺乏对复杂事物的透视分析能力,也就无法认识创新创业的本质,自然也就难以领会创新创业能力的旨趣。因此,对创新创业能力的界定过程是一个思辨研究与田野研究紧密结合在一起的活动。相对而言,在对创新创业能力内涵进行清晰的界定之后再进行操作化

和指标化就简单多了,尽管这个工作仍然非常烦琐细碎。当我们对创新创业能力进行科学界定之后,就基本上确立了测量创新创业能力的理论框架。有了这个基本框架指引,先确立核心要素,后找到关键的指标,然后形成指标体系,再通过问卷调查进行测量验证,最终就可以形成一个比较完整的测量量表。不得不说,这也是一个巨大工程,需要进行反复的尝试和调整。

当大学生创新创业能力测量量表构建出来之后,后续的验证工作和结果分析就容易开展了。首先,我们可以根据测量量表来衡量目前大学生创新创业能力发展水平。这是一个非常重要的工作,因为这关系到对高等教育质量的评价,关系到教育投入,关系到对学生发展的引导,所以与创新创业教育如何正确定位有关。一旦建立创新创业能力测量量表,就容易确定影响创新创业能力发展的基本维度,那么进行相应的教育计划调整就容易多了。其次,我们可以结合测量量表再针对性地开展影响因素问卷研制,从而可以确定各影响因素的作用并确定各因素之间相互作用的原理,如此许多教育行为及其效果就容易解释了。再次,我们可以运用该量表对具体的教育行为过程的效果进行评定,验证它们对大学生创新创业能力发展究竟发挥多大的作用。最后,我们可以运用该量表展开对大学生的跟踪调查,看看大学生在哪个阶段表现最好,哪个阶段表现不尽如人意,由此我们可以建立大学生创新创业能力发展的数据库,为大学生创新创业教育的开展提供咨询服务,如此就可以使研究成果广泛运用于创新创业教育改革实践中。

可以说,从事大学生创新创业能力研究对于每位作者都是一次非常重要的学术创业实践,因为创新创业教育是新时代高等教育发展面临的最为急迫也是最为核心的难题,解答这个难题无疑需要巨大的学术勇气,因为它不仅需要我们转变思维模式,还需要改变自己的研究范式,需要重新建构自身的知识体系和能力系统。我们的研究团队经受住了这次考验,这次考验也使我们每个人进一步成熟和成长起来。在此感谢国家自然科学基金所提供的这一次机遇,这次机遇为我们团队发展提供了良机,我们衷心希望能不负国家自然科学基金所托,做出具有中国自主知识产权的科研成果,为后人进一步研究创新创业教育主题打下一个扎实的基础。

六、反思与展望

我们知道,解决大学生创新创业能力测量和评价问题只是推进创新创业教育体系建设工作的重要一环,创新创业能力影响因素研究、"大创"项目研究和国外借鉴研究对创新创业教育体系建设仅仅发挥辅助作用,未来建设创新创业教育体系的任务还非常繁重,可谓道阻且长。不得不说,思维方式革命是先导,如果不能确立创新创业价值在高等教育活动中的核心地位,就难以顺利推进创新创业教育。创新创业精神完全融入专业教育与通识教育过程中是创新创业教育体系建设的根本目标。只有管理系统把大学生创新创业能力成长作为评价高等教育质量高低的主要衡量指标时,高等教育系统变革才能走向成功。由于专业教育就是一种成才教育,通识教育就是一种成人教育,创新创业教育的有效开展依赖于专业教育的成功,创新创业教育又是通识教育的时代精华所在,故而,只有专业教育与创新创业教育完全融合,创新创业教育实践才算真正成功,那时中国高等教育就实现了彻底的转型,就能够为中国社会经济的高质量发展提供战略性支撑和源源不绝的动能,那时也是中国式高等教育现代化成功之时。让我们为此目标的实现加倍努力!

王洪才

于厦门大学黄宜弘楼

2022 年 12 月 25 日

前言

在"大众创新、万众创业"的背景下,培养大学生创新创业能力已经成为我国高等教育改革发展的重要任务之一。当前,高校深入推进创新创业教育困难重重,究其原因在于缺乏评价创新创业能力培养效果的可靠工具,以及大学生创新创业能力培养的有效路径不明。已有研究不能科学地测量我国大学生创新创业能力发展水平,不能破解大学生创新创业能力发展的"黑匣子"。大学生创新创业能力影响因素的作用和关系不清,从而导致大学生创新创业能力的培养路径不明确,高校创新创业教育的实践改革进入了瓶颈期。创新创业教育的有效性依赖于课程、师资、教学、管理等多因素的综合作用,大学生创新创业能力是否受到这些因素的影响,这些因素如何作用于大学生创新创业能力发展等。解答这些问题,能够厘清影响大学生创新创业能力发展的各因素间关系及作用机理,为提升创新创业能力培养效果提供对策建议,为创建中国本土创新创业教育理论体系找到理论依据。

国家大力推动高校创新创业教育改革,旨在培养创新创业型人才,高校理应提供有效的促进学生创新创业能力成长的环境要素。院校影响理论的研究认为,院校主要通过教师、课程、教学活动等影响大学生能力发展。但教师、课程、教学活动等院校投入是不是影响大学生创新创业能力发展的关键要素,且这些因素如何作用于大学生创新创业能力的发展,目前这两大问题的答案都不得而知。另外,个体发展理论强调大学生就读期间的个人发展属于一种自主性发展过程,主要关注学生个体内在内容、性质的改变和个体内在影响因素。根据个体发展理论的研究,学生个体也是影响大学生创新创业能力发展的重要因素。个体因素、院校因素如何共同作用于大学生创新创业能力发展呢?

本书期望从院校影响理论和个体发展理论入手,将学生创新创业能力发展与院校投入、学生个体投入联系起来,验证和剖析大学生创新创业能力发展过程中院校及学生个体因素的影响。以此打开创新创业教育学习过程中的"黑匣子",了解学生在何种环境中、利用了何种资源,以及如何、何时和为什么发展了创新创业能力,从而帮助我们全面认识创新创业教育过程。

首先,本书在系统梳理大学生创新创业能力影响因素相关研究的基础上,确定"个体—院校"双层因素的作用机理,进而构建了大学生创新创业能力影响因素圈层理论模型。该模型揭示了学生主动性是影响大学生创新创业能力的内在因素,院校支持如教师、课程及教学方式、制度环境为影响大学生创新创业能力的外在因素,且其影响力依次减弱。依据圈层理论模型及相关研究成果,提出关于大学生创新创业能力主要影响因素相互关系的系列假设。

其次,本书进行了测量工具研制。在文献分析和质性访谈基础上,编制出"大学生创新创业能力影响因素问卷"。经过小样本测试,回收有效问卷704份并做统计分析,据此修订问卷并最终形成科学有效的测量工具。

再次,本书进行了数据挖掘工作。主要工作分为两部分。一是量化数据收集。通过在全国15个省市19所本专科高校发放问卷,回收9803份有效问卷。二是质性数据收集。通过向厦门大学2020年和2021年夏令营营员发放开放性题项问卷,获取375份有效问卷。

最后,本书进行了实证分析。主要工作分为三部分。第一,利用大样本数据对大学生创新创业能力现状进行分析,分析大学生创新创业能力总体水平与群组差异。第二,利用路径分析、多元回归分析和调节效应分析等方法,探究大学生创新创业能力"个体—院校"双层影响因素及作用机制,从而检验研究假设。第三,利用质性资料,分析大学生创新创业能力影响因素的特征表现及存在问题,探索高校创新创业教育与专业教育融合的路径。

本书的主要发现如下:

第一,大学生创新创业能力发展存在着结构上的不均衡,不同群体间能力差异显著。大学生创新创业能力结构上的不平衡表现为:学生的目标确定能力和逆境奋起能力较好,远大于沟通合作能力、防范风险能力、行动筹划能力、把握机遇能力和果断决策能力;学生的果断决策能力和把握机遇能力较差。不同群体间能力差异显著主要表现为:城镇大学生显著强于乡村大学生,乡村大学生出现"低谷"现象早于城镇大学生;男生显著强于女生;毕业班显著强于非毕业班;学生干部显著强于非学生干部;自主型大学生显著强于依赖型大学生;学习成绩与创新创业能力呈正相关,这些都是一些新发现。

第二,个体投入与院校支持是影响大学生创新创业能力发展的两个重要因素。其中个体投入度越大,能力发展越明显。教师支持、课程教学支持、环境支持则发挥间接的正向作用,需要通过学生个体投入进而发挥影响,其影响力依次减小。

第三,院校支持各因素受到不同因素调节。其中教师支持受制于师生互动水平,即师生互动水平越高则教师支持发挥的正向作用越大,但当前师生互动水平较低,限制了教师作用发挥;课程及教学支持受到学生课程学习投入的调节,即学生课程学习投入度越高,课程及教学支持作用越强,但目前课程教学质量影响了学生的学习投入;环境支持的正向作用受到学生内在学习动机调节,即大学生内在动机越强,环境支持的促进作用越强。

第四,院校支持中的教师、课程及教学、环境各因素影响力依次减弱现象证明本书的大学生创新创业能力影响因素圈层理论模型是成立的,院校支持各因素均需要通过个体内在影响因素发挥作用的现象验证了哲学上外因通过内因发挥作用的基本原理。

综上所述,本书提出的大学生创新创业能力影响因素圈层理论模型能够被数据验证,所研制的大学生创新创业能力影响因素量表是科学的。基于此,本书提出四点建议。第一,要把提升学生学习的内在动机放在根本的位置上,促进学生从"被动学习"转变为"主动学习"。第二,着力转变传统教师角色,促使教师从"知识传递者"转变为"行动促进者"。第三,变革创新创业教育模式的重心,促其从"创业培训"转变为"创新教学"。第四,大力创设支持学生自主学习的环境,促进课程设置和管理从"供给模式"转变为"需求模式"。

中国大学生创新创业能力影响因素研究：基于全国大样本的实证研究

第一章

大学生创新创业能力影响因素的
研究缘起与研究设计

第一节　大学生创新创业能力影响因素的研究背景

　　党的十八大明确提出实施创新驱动发展战略,党的二十大报告指出要"加快建设高质量教育体系""着力造就拔尖创新人才",创新驱动是国家命运所系,也是世界大势所趋。2015年国务院办公厅印发的《关于深化高等学校创新创业教育改革的实施意见》指出,深化高等学校创新创业教育改革,是国家实施创新驱动发展战略、促进经济提质增效升级的迫切需要,是推进高等教育综合改革、促进高校毕业生更高质量创业就业的重要举措。概言之,"创新创业教育"是适应"双创时代"经济社会和国家发展战略需要而产生的一种教学理念与模式。大力开展创新创业教育,全面提高人才培养质量,为促进大众创业万众创新和建设创新型国家提供有力人才支撑。创新创业教育经历了起步阶段、全面推进阶段和高速发展阶段后,当前已处于深入推进阶段。在深入推进阶段,理论界和实践界都面临一个重大难题:如何培养大学生创新创业能力? 因为我们并不清楚大学生创新创业能力受到哪些因素的影响和制约,大学生创新创业能力培养路径不明。

一、实践背景:深入推进高校创新创业教育存在困难

　　创新创业教育经历了不同的阶段。首先,我国的创新创业教育可以追溯至20世纪末,也就是1998年清华大学举办的第一届创业计划大赛。但当时的创新创业教育为狭义的创业教育,旨在解决大学生就业难问题。2002年,

国家教育部将清华大学、中国人民大学等 9 所院校确定为开展创业教育的试点学校,教育模式主要是服务于创业竞赛的培训。此时的创新创业教育等同于就业教育或创业教育,是缓解就业压力的权宜之计。概言之,这一时期的创新创业教育只是起步阶段。

其次,经历了 2010 年教育部颁布《关于大力推进高等学校创新创业教育和大学生自主创业工作的意见》,标志着我国创新创业教育进入了教育行政部门指导下的全面推进阶段。有学者认为 2010 年是向全国高校全面推行创新创业教育的元年。[①] 2012 年教育部办公厅发布了《普通本科学校创业教育基本要求(试行)》,对创新创业教育进行了整体规划和顶层设计,推动了高校创新创业教育的科学化、制度化、规范化建设。创新创业教育正是在这些政策文件的推动下,不断受到重视,开始面向全国推广,获得了一定发展。高校纷纷开始建立创业孵化中心、创新创业学院等机构,如火如荼地开展创新创业讲座、商业计划竞赛等活动,增设创新创业课程,实施创新创业学分制。但这一时期,没有把创新创业教育是对人的发展的总体把握和自我价值实现作为一个整体概念来研究。[②]

再次,经历了 2014 年 9 月夏季达沃斯论坛上李克强总理发表讲话,提出"大众创业、万众创新"。2015 年,国务院总理李克强在政府报告中提出"大众创业、万众创新"。2015 年 5 月 4 日,国务院办公厅正式下发《关于深化高等学校创新创业教育改革的实施意见》,对高校创新创业教育改革进行谋篇布局,从完善人才培养质量标准的角度提出 9 个方面的意见,成为高校开展创新创业教育的行动指南。创新创业教育政策从关注宏观的教育发展转向了关注微观的人才发展,这也正是创新创业教育从外延式发展转向内涵式发展所提倡的。在国家政策导向和社会现实需要的双重驱动下,我国创新创业教育研究步入了前所未有的高速发展时期。同时,创新创业教育发展遇到的困难日益显现:该如何深入推进创新创业教育?

创新创业教育在经历起步阶段、全面推进阶段和高速发展阶段后,当前已进入发展的瓶颈期。图 1-1 呈现了创新创业教育研究的趋势(CNKI 上使用中文发表的 CSSCI 论文和硕博论文),从图中我们能看到:创新创业研究在经

① 刘宝存.确立创新创业教育理念培养创新精神和实践能力[J].中国高等教育,2010(12):12-15.

② 刘坤,李继怀.创新创业教育本质内涵的演变及其深化策略[J].黑龙江高教研究,2016(1):117-120.

历两次加速发展后,近三年研究数量呈下降趋势。一方面是因为盲目追捧学术热点的不理性现象消退,另一方面是因为创新创业教育在理论研究和实践研究中都遇到了瓶颈。研究热度在下降,说明我国创新创业教育将进入理性发展阶段,但同时也意味着进入了艰难的探索阶段。

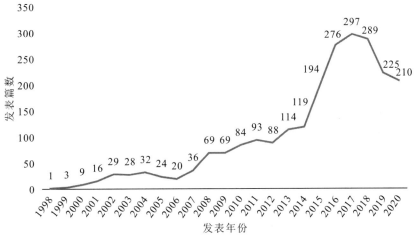

图 1-1 创新创业教育研究趋势

　　创新创业教育经历了大规模数量扩张的外延式发展后,已经步入了关注质量的内涵式发展阶段。众所周知,提高高等教育质量,培养创新创业型人才成为当前高等教育改革发展的核心任务。创新创业教育必须从关注外在的组织机构、资源投入等转向微观的人才培养,但当前创新创业教育的人才培养改革推进缓慢。多数高校在投入大量人力、物力后,皆面临如何培养创新创业型人才和如何提高教育质量的难题。破解创新创业教育发展难题需解答:到底哪些因素影响大学生创新创业能力?

　　鉴于对创新创业型人才的迫切需求,国家在创新创业教育中的投入持续增加。但教育投入不可能是无限增加的,在国家教育资源投入有限的情况下,就必须采取更高效的方法以获得更多、更好的教育成果。创新创业教育成效最终是体现在学生能力的成长上,这就涉及大学生创新创业能力及影响因素评价问题。高校只有明确学生创新创业能力是何现状,清楚什么因素影响学生创新创业能力,才能够更好地提供环境以支持学生能力发展。具体而言,应解答如下问题:(1)大学生整体的创新创业能力现状如何?(2)不同类型大学生创新创业能力现状如何?(3)哪些是影响学生创新创业能力的关键要素?(4)教育资源应如何投入才能保障提高学生创新创业能力?基于此,本书期望

能够构建创新创业能力影响因素评价模型，从结果上倒推创新创业教育的实施路径，从而为突破创新创业教育的瓶颈提供参考。

二、理论背景：培养大学生创新创业能力的路径不明

已有创新创业教育研究都认可学习理论、教育理论等与大学生发展相关的理论，但是在探究创新创业能力的影响因素时，却更为强调利用计划行为理论研究狭义的创业能力发展，[①]如创业意向、创业效能、就业能力等。穆罕默德（Mohamed）等人对 2009—2019 年间 Elsevier、Emerald、Inderscience 和 Taylor and Francis 四个数据库中的创业教育文献进行梳理，获取包括"创业教学""学生创业""创业教育""创业学习""创业态度"等主题词的文献，经过精选最终分析了 90 篇高质量论文，发现这些研究中有 34 篇使用了理论，其中使用计划行为理论的就有 14 篇，而使用教育理论、学习理论、教学理论均只有 1篇。[②] 因为已有研究的创业能力概念更倾向于狭义的创业，即让学生成为企业家，所以已有研究多是采用了管理学的理论视角对创业能力的发展进行探究。著名的创业教育专家法约尔（Fayolle）和盖利（Gailly）认为应该从本体论和教育学的角度重新审视（创新）创业教育，[③]应该重点探讨创新创业能力的教学模式和学习过程，从而发展（创新）创业教育理论。他们还指出在如何更好地培养全体大学生创新创业能力问题上，既缺乏普遍的理论框架，也缺乏最佳实践路径。如此，就导致学校面临无从下手培养大学生创新创业能力的尴尬境地。

已有关于创新创业能力影响因素的研究多是从狭义角度定义创新创业能力，即已有研究较多探讨了狭义的创业能力影响因素。如戴鑫等人通过对

① ARAYA-PIZARRO S C. Influencia de la educación emprendedora sobre la intención de emprender del alumnado universitario[J]. Revista educación，2021(2)：593-611.

② MOHAMED N A，ALI A Y S. Entrepreneurship education：systematic literature review and future research directions[J]. World Journal of entrepreneurship，management and sustainable development，2021(4)：644-660.

③ 国外广义的"创业教育"（entrepreneurship education，EE）一词实际上包含了我国提出的"创新创业教育"含义，因为在国外"创新"已经贯穿于教育全过程，故在谈"创业教育"中并未加"创新"一词。为了保持概念的一致性，本文在提及国外广义的"创业教育"时用"（创新）创业教育"一词表示，以区别我国语境下的创新创业教育。但在指狭义创业教育概念时，则注明为"狭义创业教育"。

2015年"福布斯中国30位30岁以下创业者"进行分析,认为学校、家庭和社会均可以影响创新创业初期成功者的胜任力。[1] 再如曲垠姣对全国具有创业经历的5000名大学生进行问卷调查,发现创业政策体系建设、培养目标与课程设置、创业培训与实践平台搭建、社会协作服务保障体系、社会创业文化等因素对大学生创业胜任力有显著正向影响。[2] 狭义创业能力的影响因素多聚焦在创新创业政策、竞赛、项目等方面,这些资源难以覆盖全部大学生。

上述这些研究对如何培养创新创业能力有一定借鉴意义,但极其有限。一方面,这类研究的创新创业能力概念是狭义的创业能力,否认了所有学生都可以创新创业。另一方面,这类研究探究的影响因素主要是狭义的创新创业教育中的要素。狭义的创新创业教育是面向少数学生实施的创业教育,排除了绝大多数学生发展创新创业能力的可能性。这类研究并未真正把握创新创业能力、创新创业教育的内涵及本质,难以理清大学生创新创业能力的培养路径,难以真正指导创新创业教育的开展。

第二节　大学生创新创业能力影响因素研究问题的提出

本书的核心问题是破解创新创业教育与专业教育"两张皮"难题,从而能够深入推进创新创业教育并提升创新创业教育效果。为此,需要解答四个更具体的问题:一是大学生创新创业能力发展的现状是什么? 二是影响大学生创新创业能力发展的核心要素是什么? 三是影响大学生创新创业能力发展的要素之间是什么关系? 四是影响大学生创新创业能力发展的各要素的现状如何? 具体而言如下。

一、大学生创新创业能力的发展现状

了解大学生创新创业能力发展现状是推进创新创业教育工作的起点。本书计划利用科学有效的工具测量大学生创新创业能力水平,分析当前大学生创新创业能力的现状,从而能够对高校创新创业教育效果形成准确判断,并从

---

[1]　戴鑫,覃巧用,杨雪,等.创新创业初期成功者的胜任力特征及影响因素:基于2015年"福布斯中国30位30岁以下创业者"的分析[J].教育研究,2016(12):89-96,111.

[2]　曲垠姣.我国高校大学生创业胜任力影响因素实证研究[J].首都师范大学学报(社会科学版),2019(2):181-188.

中发现创新创业教育存在的问题。同时，评价大学生创新创业能力，是进一步探究创新创业能力影响因素必不可少的研究步骤，所以本书必须先解答大学生创新创业能力现状的问题。本研究计划采用"大学生创新创业能力量表"对大学生创新创业能力进行测量，之后分析大学生创新创业能力总体状况，以及不同院校背景、不同家庭背景、不同学生背景的大学生创新创业能力水平及差异情况。

二、大学生创新创业能力的核心影响因素

在了解大学生创新创业能力发展现状之后就需要进一步了解导致这一状况的主要影响因素。从一般意义上分析，院校因素、个体因素等都能够影响大学生创新创业能力发展，但影响大学生创新创业能力发展的核心因素是什么？解答大学生创新创业能力发展到底受哪些核心因素的影响和制约，才能破解创新创业教育中人才培养难题。

学校肩负培养学生能力的责任，为大学生提供了制度、资源、教师、课程等多方面的支持，这些支持能否促进大学生创新创业能力发展？进言之，学校究竟应该提供什么样的创新创业教育，或者说应该提供什么样的环境才能促进学生创新创业能力的成长。当前，高校在人才培养上投入了大量的人力、物力和财力，尤其是近几年在创新创业教育上的投入更是不断增加，但这些院校投入是否真的能够促进大学生创新创业能力发展，我们不得而知。尤其是当前创新创业教育主要强调课外活动如创新创业竞赛、项目训练等对创新创业能力的作用，而忽略了专业课程这种正式学习对创新创业能力的作用。课外活动真的是影响大学生创新创业能力的核心要素吗？在没有证明这一问题时，简单增加院校在创新创业竞赛、培训等方面的投入则是盲目的，而且从一开始就意味着方向是错误的。学校只有研究清楚院校层面因素对大学生创新创业能力的影响作用，深入解答不同因素对大学生创新创业能力的作用大小，才能够更好地为大学生创新创业能力提供支持。

学生在能力获得过程中具有很强的主体性，学生的认知投入、行为投入等都能够影响学生个体能力发展。传统教育强调"教学范式"，即强调教师及教学。教师是知识的传递者，学生是知识的被动接受者。但创新创业教育强调"学习范式"，即强调学生及学习。学生不再是被动接受者，而是主动行动者。如此，学生获得创新创业能力是否主要取决于自我探索？学生个体因素在创新创业能力发展中起何种作用？何种个体因素是影响创新创业能力的主要因

素？与院校因素相比，个体因素是否更为重要？研究清楚学生个体因素对大学生创新创业能力的影响作用，能够更好地引导学生针对性地投入精力及时间，从而更有效地提高创新创业能力。

三、大学生创新创业能力影响因素的作用机制

在厘清哪些核心因素影响大学生创新创业能力发展的基础上，本书希望进一步回答不同影响因素之间的相互作用机制。具体而言，院校层面影响因素发挥作用的路径是什么样的？院校层面的因素是直接作用于大学生创新创业能力发展？还是通过个体层面因素间接作用于大学生创新创业能力发展？院校层面各因素影响大学生创新创业能力发展时，是否受到其他因素的制约？不同影响因素在促进大学生创新创业能力发展时，其效应量是否相同？解答这些问题，有助于指导高校创新创业教育的开展，为进一步深入推进高校创新创业教育，培养学生创新创业能力提供理论支持。

四、影响大学生创新创业能力发展的各要素的基本现状

第二和第三个研究问题，可以解决哪些因素影响大学生创新创业能力发展，以及它们如何影响大学生创新创业能力发展。但当前这些影响因素到底是什么状况，却不得而知。若研究证明创新创业教育中教师支持可以影响大学生创新创业能力，但却不知当前大学中的教师支持处于何种水平，能否满足学生发展需求，我们就无法对创新创业教育中的教师这一因素提出改进意见。所以，本书期望在回答前两个问题的基础上，再进一步探究大学生创新创业能力影响因素的现状是什么？通过探究这些影响因素的现状，发现创新创业教育中存在的问题，进而为深入推进创新创业教育提出科学有效的建议。

第三节　大学生创新创业能力及其影响因素的研究进展

创新创业教育研究于 20 世纪 80 年代在国外兴起后，经过了初创、稳步增长和突增的发展阶段，如今已经成为世界各国重要的研究领域。截至 2021 年 1 月，在 Web of Science 的核心合集中，不限时间段，不限文献类型，搜索摘

要、标题或关键词中包含"创业教育"[①](entrepreneurship education/entrepreneurial education/enterprise education)，总共获得 15124 篇相关文献。借助 CiteSpace 软件，仅筛选期刊论文、书籍，共获得 9705 篇文献，对其进行系统分析，发现学界对其关注度始终处于上升状态，尤其从 2014 年创新创业教育研究突增，2015—2020 年的发文分别为 739、867、1057、1060、1166、1342 篇，占总研究数量的 64.2%，超过了以往 30 多年的累计研究数量。进一步分析已有文献，发现"（创新）创业教育评价""（创新）创业教育效果""（创新）创业能力"等研究，约占创业教育研究的 19%。当前的创业教育研究共涉及了 142 个国家和地区，其中发文大于 100 篇的国家和地区共有 24 个，发文 8906 篇，占总量的 92%。其中，美国、英国、西班牙是发文最多的 3 个国家，这些国家也是较早开始创新创业教育研究的国家。不同国家和地区的创新创业教育研究数量分布并不均衡，欧洲约占 51%，美国约占 17%，亚洲约占 16%，非洲约占 10%。[②] 对已有的高被引文献进行进一步分析，发现当前创新创业教育及创新创业能力研究主要存在以下特点。

一、创新创业教育效果评价指标多为外在指标与间接指标

在进入 20 世纪 90 年代后，国外（创新）创业教育的增长几乎是疯狂倍增的。在美国，1979 年仅有 263 所院校提供创业课程，1998 年已有 1400 所院校，而在 2005 年，美国设置（创新）创业教育专业的高校就已经超过了 1600 所，课程达到 2200 门之巨。[③] 我国在 2010 年后，也开始大力推进创新创业教育。可以说，创新创业教育逐渐得到了世界性范围的认可，逐渐从商学院走出成为全校甚至全社会关注的问题。随着创新创业教育的大规模兴起，学界开始关注创新创业教育的效果评价问题。纳比（Nabi）将已有（创新）创业教育效果评价研究中所使用的指标归纳为两类，即创业和学生个体转变两个层面，创业包括创办公司、绩效、社会经济效应，学生个体转变包括创业态度、创业知

---

① 我国使用的是"创新创业教育"，但国外使用的为"创业教育"一词，所以在搜索英文文献时，应使用"创业教育"。

② NABI G，LINAN F，FAYOLLE A，et al. The impact of entrepreneurship education in higher education：a systematic review and research agenda[J]. Academy of management learning & education，2017(2)：277-299.

③ KURATKO D F. The emergence of entrepreneurship education：development，trends，and challenges[J]. Entrepreneurship：theory and practice，2005(29)：577-597.

识和创业技能等变化。① 前者主要是经济层面的指标,后者则是学生发展的指标。

（一）关注宏观经济层面的效果评价指标

在 20 世纪 90 年代,国外的创新创业教育的效果评价研究主要是采用了学校整体层面的指标和可量化的指标,如创业率、就业率等。如格拉瓦尼（Garavan）等使用了创办的企业数量、创造的工作数量②,克拉克（Clark）使用了创办的企业数量、创造的工作数量③。我国部分学者在评价创新创业教育成效时,也多是采用了创业率、就业率等指标评估创新创业教育效果。如张丹译认为创新创业教育产出的评价应使用学生成果、教师成果、学校成果的数量④。这些效果评价指标主要都是关注了外显性的经济层面指标,与广义创新创业教育的育人目标是脱节的。

整体看,部分创新创业教育效果评价多是采用了经济层面的指标。这是由于部分学者过于关注"创业"作为经济行为的狭义概念,导致其使用的创新创业教育概念为狭义的创业教育。创业率、就业率等外在指标在最初适用于狭义创业教育效果评价,但随着创新创业教育概念的变化,创新创业教育更为关注学生个体的发展,故只关注宏观经济层面的评价指标则无法科学测量创新创业教育成效。

（二）关注学生个体变化的效果评价指标

随着"创业"从经济层面转向个体层面,创新创业教育成为能够满足人自身内在发展需求的一条路径,故创新创业教育的效果评价开始转向个体发展层面的指标,评价指标也越来越多元化。

---

① NABI G，LINAN F，FAYOLLE A，et al. The impact of entrepreneurship education in higher education：a systematic review and research agenda[J]. Academy of management learning & education，2017(2):277-299.

② GARAVAN T N, CINNEIDE B O. Entrepreneurship education and training programmes：a review and evaluation-part 2[J]. Journal of European industrial training，1994(11)：13-21.

③ CLARK B W，DAVIS C H，HARNISH V C. Do courses in entrepreneurship aid in new venture creation? [J].Journal of small business mangement,1984(2):26-31.

④ 张丹译.高校创新创业教育绩效评价研究[D].武汉:武汉科技大学,2019:13-14.

1. 创业态度与创业意向

部分学者根据阿杰恩（Ajzen）提出的计划行为理论（Theory of Planned Behavior，TPB）模型，测量了学生在接受（创新）创业教育后的创业态度、创业意向等。如克鲁格（Krueger）[1]等人认为可以用创业态度和意图的变化来衡量（创新）创业教育效果。法约尔基于计划行为理论开发了评估（创新）创业教育影响的基本框架，提出将（创新）创业教育的机构设置、学生背景条件、教育类型、教育目标、教学方式与方法作为自变量，将学生创业意图、创业态度等作为因变量，以此探究（创新）创业教育效果的影响因素。[2] 这一评估框架具有较强的操作性，在一定程度上探究了（创新）创业教育是如何影响学生个体发展的。我国学者也较多使用这一理论探讨了创新创业教育与学生创业意图、创业态度之间的关系，但他们探讨的创新创业教育主要为狭义创业教育。

当前，计划行为理论是创新创业教育评价中最为著名也是应用最为广泛的理论，但其同时也面临着多种质疑。如克鲁格提出创业过程很少是线性的[3]，它们是相当反复的，这也就是说创业态度、创业意图和创业行为是动态相关的。不同的研究在利用创业意向评估创业教育效果时，得到了很多意想不到的结果。如科维莱（Kolvereid）和莫恩（Moen）的实证研究发现主修（创新）创业课程的毕业生有更高的创业意向。[4] 法约尔等人的实证研究发现（创新）创业课程对最初创业意向较低的学生产生了积极影响，但对最初创业意向较高的学生产生了消极影响。[5] 这些相反的研究结果表明，创业态度、创业意

①　KRUEGER N F，ALAN L C. Entrepreneurial intentions：applying the theory of planned behaviour[J]. Entrepreneurship & regional development，1993(4)：315-330.

②　FAYOLLE A，GAILLY B，LASSAS-CLERC N. Assessing the impact of entrepreneurship education programmes：a new methodology[J]. Journal of European industrial training，2006(9)：701-720.

③　KRUEGER N F. Entrepreneurial intentions are dead：long live entrepreneurial intentions[M]// BRÄNNBACK M，CARSRUD A. Revisiting the entrepreneurial mind：inside the black box：an expanded edition，Cham：Springer International Publishing，2017：13-34.

④　KOLVEREID L，ØYSTEIN M. Entrepreneurship among business graduates：does a major in entrepreneurship make a difference？ [J]. Journal of European industrial training，1997(4)：154-160.

⑤　FAYOLLE A，BENOÎT G，NARJISSE L. Effect and counter-effect of entrepreneurship education and social context on student's intentions[J]. Estudios de economía aplicada，2006(2)：509-523.

向可能难以作为创新创业教育效果的评价指标。若使用它们评价创新创业教育效果,则会导致创新创业教育面临无所适从的困境。

整体而言,虽然多数学者认同(创新)创业教育与创业态度、创业意愿、创业行为之间的积极联系,但也有很多学者认为创业态度、创业意愿等指标是间接测量创新创业教育效果的,而且主要用于测量狭义创业教育效果,故这些指标难以准确反映创新创业教育效果。

2. 创业自我效能感

创新创业教育效果评价研究中另一个经常使用的评估指标为创业自我效能感。创业自我效能测量(Entrepreneurial Self-Efficacy,ESE)已经成为创新创业领域和创新创业教育评估研究中应用广泛的一个测量方法。[①] 因为研究者认为在评估创新创业教育的短期效果时,应该关注学生的认知能力和非认知能力,认知能力可以通过普通考试进行评估,但非认知能力难以直接测量,所以部分学者提出用创业自我效能感这一间接指标。对特定任务的自我效能感已被证明是一个决定个体是否会应用他们所获得的特定技能的因素,以及在多大程度上他们会坚持并成功地应用他们的技能。这就意味着创业自我效能感能够反映学生创新创业能力的发展情况,当学生创新创业能力发展良好时,学生的创业自我效能感应该较高,反之亦然。

不同研究利用学生创业自我效能感评估创新创业教育效果时,也出现了不同的研究结果。如拉克乌斯(Lackéus)的质性研究发现创新创业教育对学生创业自我效能感有正向影响。[②] 但考克斯(Cox)等人对美国西南部一所大学的创新创业课程进行效果测量,发现课程对学生创业自我效能感有负面影响。[③] 创业自我效能感应该可以在一定程度上反映学生在接受创新创业教育后的能力发展情况,进而侧面反映创新创业教育效果。但创业自我效能感与创业态度、创业意向类似,都是测量创新创业教育效果的间接指标,所以这一指标也面临了难以准确测量创新创业教育效果的问题。

① MOBERG K. Assessing the impact of entrepreneurship education: from ABC to PhD[D]. Frederiksberg: Copenhagen Business School,2014.

② LACKÉUS M. An emotion based approach to assessing entrepreneurial education [J]. The international journal of management education,2014(3): 374-396.

③ COX L W, STEPHEN L M, STEPHEN E M. The impact of entrepreneurship education on entrepreneurial self-efficacy[J]. International journal of entrepreneurship education,2002(2): 229-245.

3. 创业知识与技能

马丁（Martin）归纳了已有研究中衡量创新创业教育效果的指标，发现已有研究中除了采用创业态度、创业意图及创业自我效能感外，也有部分研究采用了学生创业知识与技能的发展指标，如识别创新创业机会能力、果断决策能力等。① 因为学生的能力发展是判断教育效果的客观、直接标准，故将学生创新创业能力发展作为创新创业教育效果评价指标得到了较多研究的认可。

目前，已有较多研究探讨了大学生创新创业能力测量，但已有研究多是就创新创业能力中某一方面进行了测量，如只测量了自信心、机会识别能力等其中一项，并未对创新创业能力结构进行系统、全面的探究。国内外创新创业教育领域较为认可的创新创业能力测量工具并不多，其中之一是在荷兰被广泛应用的创业能力自我评估测试问卷 Escan，该问卷的创业能力包括 7 个企业家特质和 3 个企业家技能。② 企业家特质分为对成就的需求、对自主权的需求、对权力的需求、社会取向、自我效能、忍耐力、承担风险的倾向，企业家技能分为市场意识、创造力、灵活性。其二是 1998 年萨莉·凯恩（Sally Caird）和克利夫·约翰逊（Cliff Johnson）在杜伦大学（Durham University）设计的"通用创业取向测试"（The General measure of Enterprising Tendency，GET），将创业能力分为五个维度：成就需求、自主性、创造力、冒险、动力和决心。③ 这两个测量工具主要是从经济学理论、管理理论等出发进行设计的，测量的创新创业能力倾向于狭义创业能力，且不是针对大学生进行设计的，故难以直接适用于我国高校创新创业教育效果评价。

整体而言，当前已有创新创业教育效果评价研究主要采用了外在指标（如创业率、就业率等）及间接指标（如创业意向、创业自我效能感等），并未落实在测量学生创新创业能力发展水平这一直接指标上。如此，就造成我们难以科学、准确判断当前创新创业教育成效。利用科学有效的创新创业能力测量量

---

① MARTIN B，MCNALLY J J，KAY M，et al. Examining the formation of human capital in entrepreneurship：a meta-analysis of entrepreneurship education outcomes[J]. Journal of business venturing，2013(2)：211-224.

② OSTERBEEK H，VAN P M，IJSSELSTEIN A. The impact of entrepreneurship education on entrepreneurship skills and motivation[J]. European economic review，2010(3)：442-454.

③ SALLY C，CLIFF J. Appendix：GET test 2[M]//Mazzarol T. Entrepreneurship and innovation：a manager's perspective. Australia：Tilde University Press，2006：247-266.

表,对大学生创新创业能力水平进行测量,有助于我们准确判断创新创业教育的现状,探寻创新创业教育存在的问题。

二、大学生创新创业能力影响因素强调外在因素而忽视内在因素

已有研究在探讨大学生创新创业能力发展过程时,对影响大学生创新创业能力的因素进行了分析,但这些影响因素主要集中在外在影响因素上,忽视了内在影响因素。

(一)强调非教育因素对大学生创新创业能力的影响

已有研究基于经济和社会层面理解"创新创业",将"创新创业"理解为创办公司、创新发明等行为。故已有研究在探究大学生创新创业行为和能力的影响因素时,也多是从经济、社会等层面探究了非教育因素。具体而言,影响大学生创新创业的影响因素主要为六个层面的因素:[1]一是经济因素,如政府干预、税收、贸易政策等国家经济政策;[2]二是社会因素,如消费习惯、工作城市等生活方式;三是环境因素,如所属行业公司数量、获得资源机会等;[3]四是人口统计因素,如年龄、地理位置等;[4]五是文化因素,如组织文化、组织价值观,即组织是否鼓励创新创业等;[5]六是心理因素,如性格、行为技能等[6]。不少研究从管理学和心理学角度,利用计划行为理论探究了社会规范、行为控制等对大学生创新创业的影响,而较少有研究从教育学角度探究教育因素对大学生创新创业的影响。

---

[1] GADDAM S. A conceptual analysis of factors influencing entrepreneurship behavior and actions[J]. ICFAI journal of management research, 2007(11): 46-63.

[2] HUISMAN D. Entrepreneurship: economic and cultural influences on the entrepreneurial climate[J]. European research, 1985(4):10-17.

[3] SINGH S. Personality characteristics, work values, and live styles of fast- and slow progressing small-scale industrial entrepreneurs[J]. Journal of social psychology, 1990(6):801-805.

[4] GADDAM S. A conceptual analysis of factors influencing entrepreneurship behavior and actions[J]. ICFAI journal of management research, 2007(11): 46-63.

[5] HUISMAN D. Entrepreneurship: economic and cultural influences on the entrepreneurial climate[J]. European research, 1985(4):10-17.

[6] HERRON L, ROBINSON R B. A structural model of the effects of entrepreneurial characteristics on venture performance[J]. Journal of business venturing, 1993(8):281-294.

这些研究对我们探究大学生创新创业能力发展过程有一定参考价值，但是这些非教育因素涉及变量较多、范围较广，在一个研究中难以面面俱到地对其进行分析。另外，这些非教育因素也不是学校能控制或提供的因素，探究这些影响因素难以为高校创新创业教育改革提供实质性的指导。著名的创业教育专家法约尔和盖利认为应该从本体论和教育学的角度重新审视（创新）创业教育，应该重点探讨创新创业能力的教学模式和学习过程，从而发展（创新）创业教育理论。① 故本书初步计划只将家庭背景、人口统计因素等作为控制变量，重点探究教育因素对大学生创新创业能力发展的影响作用，从而为深入推进我国高校创新创业教育改革提供理论及实践方面的支撑。

（二）忽视学生个体投入对创新创业能力发展的作用

随着创新创业教育的推进，学界开始探讨教育因素对大学生创新创业能力的影响。如戈登（Gedeon）认为应评价支持学生转变的教育因素，如教师资格、课程作业、课程内容、教学方法等。② 国内学者从教育层面也探讨了影响大学生创新创业能力的院校因素。冯艳飞等提出应关注学院层面的投入如办学理念和规划、课程体系设置、师资队伍、校园文化环境、教育设施和实践基地。③ 徐英等提出应关注院校层面的师资队伍建设、课程设置教育目标定位、文化氛围等对大学生创新创业效果的影响。④ 董杜斌⑤等研究者也都从院校层面提出了影响大学生创新创业能力发展的因素，如办学理念、制度建设、课程体系、校园文化、经费投入等。整体来看，已有研究主要关注了院校层面资源投入的影响因素，没有关注学生作为学习主体这一内在因素对创新创业能力发展的影响。过于关注院校层面因素如教师参与人数、课程数、经费投入等

① FAYOLLE A，GAILLY B. From craft to a science-teaching models and learning processes in entrepreneurship education[J]. Journal of European industrial training，2008 (7)：569-593.

② GEDEON S A. Measuring student transformation in entrepreneurship education programs[J/OL]. Education research international，2017. https://doi.org/10.1155/2017/8475460.

③ 冯艳飞，童晓玲.基于模糊层次分析法的高校创新创业教育评价研究[J].华北电力大学学报（社会科学版），2013(2)：137-140.

④ 徐英，白华.高校创新创业教育绩效评价研究[J].创新与创业教育，2014(2)：29-33.

⑤ 董杜斌.基于"AHP 层次分析法"的创新创业教育评价指标体系构建[J].教育评论，2019(3)：70-73.

院校投入,难以给创新创业教育发展提供良性引导。当前高校在创新创业教育上大量投入人财物,但创新创业教育成效未知,甚至也不知道这些人财物能否作用于学生能力发展。

创新创业教育是面向全体大学生的,创新创业能力是每位大学生应具备的能力,这就意味着创新创业能力虽具有特殊性,但也是大学生经过大学教育后成长与发展的结果。创新创业能力应该是所有大学生经过大学教育后应该获得的能力,创新创业能力影响因素与教育理论、学习理论也有着较强的联系,我们更应该结合与大学生发展相关的理论对影响因素进行研究。大学生发展研究是人的发展理论在高等教育情景下的延伸和发展,兴起于 20 世纪60 年代美国心理学界,其基本目标是解释大学生在大学学习生活中是如何发展成为了解自我、他人及世界的成熟个体的。[①] 个体发展理论强调大学生就读期间的个人发展属于一种自主性发展过程,主要关注学生个体内在内容、性质的改变和个体内在影响因素,不太关注学校环境对学生发展的影响。当前只有少数研究者关注学生个体内在因素对创新创业能力发展的影响,如科普(Cope)[②]等人提出应关注学生情感投入在创新创业学习中的重要作用。纳比等研究者也提出应关注学生的情感、态度等因素对创新创业能力发展的影响。[③] 但已有研究并未系统探讨学生不同学习投入如何影响创新创业能力发展。

综上所述,已有研究利用"投入—产出"模型探究大学生创新创业能力影响因素时,过于强调了院校投入,而忽视了学生个体投入。院校投入应该是促进学生发展的外在因素,这些因素是要通过作用于学生个体投入,进而才能够影响学生的能力发展。概言之,学生才是自身能力发展的内在因素。但已有研究忽视了学生个体投入在创新创业能力发展中的作用,也并未关注院校与个体两层因素如何互动性地影响大学生创新创业能力。

---

① 李湘萍,周作宇,梁显平.增值评价与高等教育质量保障研究:理论与方法述评[J].清华大学教育研究,2013(4):40-45.

② COPE J. Entrepreneurial learning and critical reflection[J]. Management learning,2003(34):429-450.

③ NABI G , LINAN F , FAYOLLE A , et al. The impact of entrepreneurship education in higher education: a systematic review and research agenda[J]. Academy of management learning & education,2017(2):277-299.

三、大学生创新创业能力的发展过程仍是"黑匣子"

已有研究探究了大学生创新创业能力的影响因素，但这些因素的作用效果是存在矛盾的，而且并未探明这些影响因素是如何发挥作用的。

（一）大学生创新创业能力影响因素的作用效果不一

学者们在探究创新创业教育的因素后，有研究发现创新创业教育能够促进学生创新创业能力发展，但有研究却发现创新创业教育是无效的。如斯坦布利斯（Stamboulis）等测量了塞萨勒大学 169 名参加创业教育项目学生的能力发展情况，研究表明（创新）创业教育项目对学生的组织技能、人际交往等方面的收获和成长有正向影响。[①] 但是该研究并未揭示（创新）创业教育项目中的什么因素影响了学生能力的发展。亚利桑那大学的"伯杰创业教育项目评价"对 1985—1999 年间 460 名接受过该创业教育项目和 2024 名没有接受过该创业教育项目的毕业生进行了对比研究，研究结果表明创业教育项目促进了大学生的冒险精神和创业精神，提高了大学生对挑战性工作的满意度等。[②] 与以上研究结论相反的是，欧斯特贝克（Osterbeek）等人对埃文斯大学的创业项目进行实证研究，发现创业项目学习对个性特质（对成就的需求、对自主权的需求、承担风险的倾向等）和创业技能（市场意识、灵活性等）都没有显著影响。[③]

上述研究是探究了创新创业教育项目整体的有效性和影响效果，但它并未谈及到底是什么教育因素影响了创新创业教育的效果和质量。这些研究多是探讨单独课程或项目对大学生能力发展的影响，缺少教学方法、课程形式、学生背景等具体因素的探讨，也并未控制其他的背景性变量，难免得出不同的结论。不同的创新创业教育项目中提供了不同的教育因素，到底哪些因素导

① STAMBOULIS Y，BARLAS A. Entrepreneurship education impact on student attitudes[J]. The international journal of management education，2014(3)：365-373.

② CHARNEY A，LIBECAP G D. The impact of entrepreneurship education：an evaluation of the berger entrepreneurship program at the University of Arizona，1985-1999[M/OL]. https://ssrn.com/abstract=1262343 or http://dx.doi.org/10.2139/ssrn.1262343，2000：1-10.

③ OSTERBEEK H，MIRJAM V P，AUKE I. The impact of entrepreneurship education on entrepreneurship skills and motivation[J]. European economic review，2020(3)：442-454.

致教育的失败,哪些因素可以促使学生获得能力发展,我们不得而知。但通过这些研究,可以知道不同教育因素对大学生创新创业能力发展有着不同的作用效果,我们应该进一步挖掘影响大学生创新创业能力发展的关键因素。

（二）大学生创新创业能力影响因素的作用机制不明

当前探究创新创业教育对大学生创新创业能力发展影响的研究,多是基于整个项目进行整体性评价,并没有深入探究具体何种教育因素在影响大学生创新创业能力发展,也没有研究影响因素的作用路径与机制。如彼德曼(Peterman)和肯尼迪(Kennedy)的实证研究发现在创新创业教育中具有强烈创新创业意向的学生比具有弱创新创业意向的学生学习效果更好,创新创业教育能增强参与者的成功期望和责任感。但该研究并没有分析创业教育的内容、教学方法、学习风格等是如何具体影响学生的。[①] 斯托里提出了创新创业教育六步评估有效性模型,根据该模型他认为当前创新创业教育的定量评价研究多是现状监测,主要是对现状的描述,而不是评价研究,没有为创新创业教育中影响因素和效果做出因果推论提供依据。[②]

创新创业教育理论认为创新创业的教学方式是个性化、体验性和多学科方法,多数研究认为培养学生创新创业能力最好的方法是"边做边学",即创业教育极其强调"体验式教学"。有学者总结对比了经验学习(experiential learning)、情境学习(situated learning)、基于问题或项目的学习(problem / project-based learning)等学习方式的异同。[③] 这些关于创业教育教学方式的理论探讨有助于我们探究影响教育效果的要素,但实际上学界对创新创业教育中的具体变量关注较少。很少有研究将学生创新创业能力发展与不同教学方法直接联系起来,并进行深入调查研究。已有研究基本没有阐明学生是如何、

---

① PETERMAN N E, KENNEDY J. Enterprise education: influencing students' perceptions of entrepreneurship[J]. Entrepreneurship theory and practice, 2003(2):129-144.

② RIDEOUT E C, GRAY D O. Does entrepreneurship education really work? a review and methodological critique of the empirical literature on the effects of university-based entrepreneurship education[J]. Journal of small business management, 2013(3):329-351.

③ HELLE L, TYNJALA P, OLKINUORA E, et al. Project-based learning in post-secondary education-theory, practice and rubber sling shots[J]. Higher education, 2006(2):287-314.

何时和为什么发展创新创业能力,不知道创新创业教育中各项因素是如何作用于学生能力发展变化的,也就是说创新创业教育中学习过程仍然是"黑匣子"。

许多学者质疑量化研究并未揭示不同因素如何影响大学生创新创业能力发展,甚至这些量化研究得到了矛盾的结论,所以越来越多的学者开始尝试采用质性研究方法,以进一步探究大学生创新创业能力发展过程。如博德(Bird)提出了通过学生日记、关键事件访谈等质性研究技术,探究大学生获得创新创业能力的过程。[1] 学者们希望能够通过深入探究不同因素的作用效果、作用机制等,揭示大学生创新创业能力的发展过程,从而为改进创新创业教育提供更具有可操作性的建议。

综上所述,通过梳理国内外的相关研究,在大学生创新创业能力评价及影响因素方面有以下发现:(1)当前创新创业教育效果评价并未落实在学生能力发展上,对大学生创新创业能力发展水平测量较少,并未形成对大学生创新创业能力现状的整体性科学判断;(2)已有研究一方面从创新创业的狭义概念出发,关注了非教育因素对大学生创新创业能力发展的影响,另一方面探究院校投入层面的中观因素对大学生创新创业能力发展的影响,这些研究都主要是关注了大学生创新创业能力的外在影响因素,而忽视了学生个体投入这一内在因素的影响;(3)已有研究并未探明哪些微观因素是影响大学生创新创业能力发展的关键因素,这些因素的作用效果、作用路径等都不明确,造成大学生创新创业能力发展过程仍然是"黑匣子"。概言之,已有研究无法为我国创新创业教育改革提供强有力的理论支持,也无法很好地指导创新创业教育实践的深入推进。

第四节　大学生创新创业能力影响因素的设计思路与实施

一、研究内容及思路

研究内容主要分为四大部分:一是通过文献综述,在理论层面探讨影响大学生创新创业能力的主要影响因素,形成本书的创新创业能力影响因素理论模型;二是编制影响因素测量问卷,在 4 所高校进行小样本测试后,根据数据

---

① BIRD B. Towards a theory of entrepreneurial competency[J]. Advances in entrepreneurship, firm emergence and growth, 1995(2):51-72.

分析结果修订测量问卷,之后在 19 所高校进行大样本测试,利用大样本数据分析大学生创新创业能力的现状;三是对数据进行量化统计分析,从实证角度探讨院校层面、个体层面的影响因素及影响因素作用机制,进而验证研究假设;四是分析质性资料,进一步分析大学生如何看待创新创业能力影响因素,挖掘创新创业教育中存在的问题,描绘出大学生创新创业能力影响因素现状的全景图。

据此,本书的研究思路大致为:提出研究问题→构建理论模型→研制测量工具→实证分析数据→得到研究结果。具体的技术思路如图 1-2。

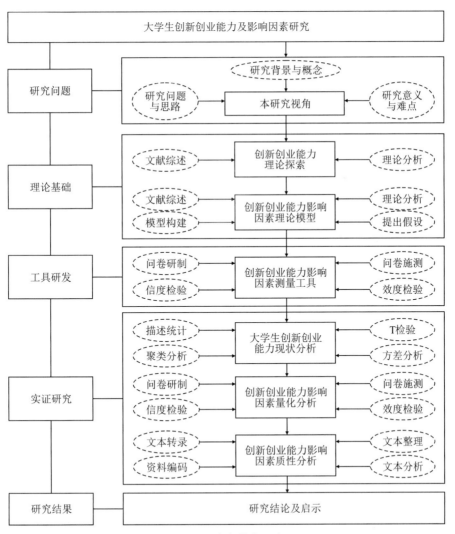

图 1-2　本书技术思路

二、研究方法及工具

(一)研究方法

本书采用量化及质性的混合研究方法,但两种研究方法并不是等同的地位,而是采用量化研究为主、质性研究为辅的嵌套性设计,[1]这种设计没有优先次序,综合两种研究方法的优势,用不同的数据回答不同的问题,以寻找和阐明更加清楚的结果。量化研究重在回答变量间的关系以把握事物本质,质性研究重在对事物进行较为全面的解释性理解。[2] 一方面本书期望能够回答学生个体因素、院校因素与创新创业能力的关系,故采用量化研究;另一方面本书期望能够解释不同因素的具体表现、发挥作用的真实情境以及改进路径,故采用质性研究。

量化研究以实证主义为其哲学依据,认为"社会实在"是超越个体心理之外的"客观"事实。社会现象是客观实在的东西,是脱离个人的生物或心理现象而存在的社会事实,它对个人来说是外在的、是强制的、是普遍共有的。基于这样的"社会实在"观,量化研究强调人类世界也如自然界一般具有一定的规律可循,人类的行为是可以预测的,社会实在是独立于个人之外的客观存在,因而可以当作客观事实而进行实证主义的研究。[3] 定量研究主要关注和回答有关整体的、相对宏观的、相对普遍的、侧重客观事实的问题,特别是有关变量之间关系的问题。定量研究的目的为描述总体的分布、结构、趋势及其相关特征,揭示变量之间的关系,验证已有理论假设等。[4] 本书认为大学生的创新创业能力受到客观的因素影响,且创新创业能力形成过程是具有一定规律的。故本书的研究问题主要为探究大学生创新创业能力的现状,验证大学生创新创业能力影响因素,证明不同影响因素的作用效果及作用路径。简而言

---

①　张绘.混合研究方法的形成、研究设计与应用价值:对"第三种教育研究范式"的探析[J].复旦教育论坛,2012(5):51-57.

②　姚计海,王喜雪.近十年来我国教育研究方法的分析与反思[J].教育研究,2013(3):20-24,73.

③　梁丽萍.量化研究与质化研究:社会科学研究方法的歧异与整合[J].山西高等学校社会科学学报,2004(1):25-28.

④　风笑天.定性研究与定量研究的差别及其结合[J].江苏行政学院学报,2017(2):70-76.

之,本书主要研究目标是解决大学生创新创业能力与影响因素两大类变量间关系问题,故本书需要采用量化研究方法解答这一问题。

为保障研究的科学性和有效性,在使用量化研究方法时,严格遵守量化研究的基本原则,在具体研究中保障研究的操作化、概括化及客观性。社会科学研究中量化研究的基本原则为:人的行为及社会生活视为具有内在因果关系的客观实在的系统;人类的感官能力是相同的;将理论的形成视为概括构造的过程,通过归纳形成定理或理论;假设性演绎及验证原则;客观中立原则。依据这些原则,量化研究在具体运用中特别强调操作化、概括化及客观性。[①] 操作化要求研究中涉及的概念必须变为可操作化的变量,从而被感觉到、被测量到。在概念的可操作化方面,本书一方面是根据已有的理论如创新创业教育理论和学生学习投入相关研究,梳理出本研究框架,同时参照教育学、心理学等其他具体理论将概念进一步细化并具体到某些变量;另一方面利用开放式的问题调查和个案访谈,以了解被调查者的创新创业能力影响因素变量的具体特征及表现,为问卷设计和量化研究做好了一定的准备。概括化要求结果必须能够推广,这也就要求被研究的样本必须具有代表性,能够利用部分样本推论总体。在概括化方面,充分考虑全国范围内的高校的类型、学科类型、学生年级等,分层分类取样,争取保障样本类型的全面性和代表性。客观性要求量化研究结果必须能够被重复。在客观性方面,本书将严格遵守调查问卷、测量统计等方法的具体要求,如实报告并呈现数据分析结果。

质性研究以现象学、建构主义、解释主义为哲学基础,认识论以主观主义为特点,研究方法范式为归纳,强调通过具体观察逐渐建构出一般模式及概念。[②] 具体而言,质性研究采用归纳法的研究论证步骤,研究者由资料出发,找出关键词、概念,再由关键词、概念归纳出解释社会现象的原理、原则。[③] 本书采用质性研究,目的是验证大学生创新创业能力圈层理论模型,同时解释不同因素间的具体关系及表现,刻画具体生动的影响因素作用场景,寻求创新创业教育的改进路径。在量化研究的基础上,期望能够利用质性分析弥合数据

---

① 梁丽萍.量化研究与质化研究:社会科学研究方法的歧异与整合[J].山西高等学校社会科学学报,2004(1):25-28.

② 田虎伟.混和方法研究:美国教育研究方法的一种新范式[J].比较教育研究,2007(1):12-17.

③ 熊秉纯.质性研究方法刍议:来自社会性别视角的探索[J].社会学研究,2001(5):17-33.

结果的简单化、线性化关系解释缺陷，得到更加丰富及全面的理解。可以说，本书采用的质性研究也是在量化研究基础上，更进一步丰富圈层理论模型，使圈层理论模型更具解释力。

（二）研究工具

本书使用的研究工具分为获取数据工具和分析数据工具。

获取数据工具主要有三个：（1）"大学生（创新创业）能力发展研究问卷"，见附录一；（2）"大学生创新创业能力发展量表"，见附录三第二部分；（3）"大学生创新创业能力发展影响因素问卷"，见附录三第三部分。"大学生（创新创业）能力发展研究问卷"用于获取质性资料，后文会详细论述，此处不再赘述。"大学生创新创业能力量表"是为了测量大学生创新创业能力水平，该量表是国家自然科学基金"大学生创新创业能力评价体系与结构模型研究"课题组研制的测量工具，且已经过了三轮测试，测量结果显示信效度较好。"大学生创新创业能力影响因素问卷"是本书在已有理论研究、质性资料分析、已有测量工具、专家咨询等基础上，自主编制的测量工具，之后会在下文详细报告编制过程、信效度分析结果等。

三、研究资料收集

本书采用量化及质性的混合研究，所以研究资料分为两部分，一部分是量化研究的资料，另一部分是质性研究的资料。量化研究资料的收集主要通过两个途径，一是问卷的小样本测试阶段，主要面向宁波 4 所不同类型高校（宁波大学、宁波工程学院、宁波财经学院、浙江工商职业技术学院）发放"大学生（创新创业）能力发展及学习体验"问卷，共回收 704 份有效的本、专科学生问卷；二是问卷的大样本调查阶段，面向全国 19 所不同类型高校发放"大学生（创新创业）能力发展及学习体验"问卷，共回收 9803 份有效的本、专科学生问卷。质性研究资料的收集也分为两个途径，一是预调研阶段访谈全国 20 所院校的创新创业型大学生、专业课教师、创新创业竞赛指导老师、学生处管理者、教务处管理者等，共计 56 人次；二是在正式调研阶段面向厦门大学各学院夏令营营员发放开放性问卷，共计回收 375 份问卷。

（一）量化研究资料的收集

本书在开展量化研究之前，需要在部分质性研究资料的基础上编制"大学生创新创业能力影响因素问卷"，之后与课题已有的"大学生创新创业能力量表"组合，最终形成"大学生（创新创业）能力发展及学习体验"①问卷。为保障"大学生创新创业能力影响因素问卷"的有效性和科学性，本书必须先进行小样本测试，之后根据数据分析结果修订问卷，最后才能形成最终的"大学生（创新创业）能力发展及学习体验"问卷。故本研究的量化研究部分有两部分的数据：一是小样本测试问卷数据；二是大样本调查问卷数据。

1. 小样本测试问卷数据收集

问卷编制后，为了保障问卷表述的准确性，本研究向厦门大学不同学院的10名本科生和玉林师范学院教育学院的10名本科生分别发放了纸质版的"大学生创新创业能力影响因素问卷"打分表，由20位本科生分别对问卷的每一个题项的清晰度和可理解度进行打分，目的是由本科生对题项表述的准确性、可读性、可理解性等进行判断，以帮助研究者进一步修订问卷题项。选择厦门大学和玉林师范学院的本科生，一是考虑问卷最终要面向不同类型和层次的学校发放，不同层次学校的学生的能力和素质不同，对题项的理解可能不同；二是考虑课题组成员分别为厦门大学校办学生事务助理、玉林师范学院教育学院教师，能够接触到不同类型的本科生，更容易获得研究样本。

"大学生创新创业能力影响因素问卷"修订后，组合"大学生创新创业能力量表"，最终形成了"大学生（创新创业）能力发展及学习体验"问卷，之后面向宁波4所不同类型的大学发放了"大学生（创新创业）能力发展及学习体验"问卷。之所以选择宁波的4所高校，是因为本研究者与课题成员多次讨论后，决定小样本测试不利用网络进行大面积的普遍发放，而是采用面对面的定向发放，故必须要考虑经济成本和时间成本。一则，宁波高校较多且类型多样，有本科第一批次、第二批次，也有专科院校，且其中也有民办高校。二则，宁波的院友较多且分别就职于不同类型的高校，能够协助发放问卷。简而言之，在宁波可以集中收集到研究所需的数据。故本研究团队于2021年4月份赴宁波集中开展了问卷发放和回收工作。

2. 大样本调查问卷数据收集

在对小样本测试的数据进行统计分析后，进一步修订了"大学生（创新创

---

① 问卷未直接采用"大学生创新创业能力及影响因素问卷"名称，而采用了"大学生能力发展及学习体验"名称，以避免学生对"创新创业能力"狭义化理解和对"影响因素"产生歧义。

业)能力发展及学习体验"问卷,之后面向全国不同类型的高校发放问卷。在选取调查高校时,优先考虑高校所在地区,因为经济因素是制约我国高校发展的关键因素之一,故这里考虑的地区是经济分区。李硕豪等人在对我国1998—2009 年的高等教育布局结构进行研究时采用了八大经济区域的划分方式,[①]杨振芳在研究我国 2009—2019 年高等教育区域布局结构的变化时也采用了八大经济分区的方式,[②]在取样时参考八大经济分区的方式,按照经济分区对高校进行取样。考虑研究数据的代表性和全面性,同时考虑研究的经济成本、时间成本等,本书初步计划取样高校数量为全国高校数量的 1%。国家统计局的数据显示 2019 年全国有 2688 所高校,[③]故初步计划全国共取样27 所高校,不同经济分区内取样时仍然按照 1%的标准。

部分地区如东部沿海地区、西北地区等完成了取样数量指标,部分地区如东北地区、北部沿海地区等未完成取样数量指标,南部沿海地区超额完成了取样数量指标。因为部分地区的高校难以联系到中间人,所以最终部分地区难以按照计划实施调查。针对这类地区,在后期发放问卷的时候,尽量增加所属经济分区其他高校的问卷数量。如黄河中游地区只调查了一所高校,故增加这一所高校问卷的发放数量,从而在一定程度上弥补黄河中游地区调查高校数量少的缺陷。

考虑高校所属经济分区后,再考虑高校水平、类型、层次、性质等,同时也要考虑能够联系到中间人协助发放问卷。最终确定了表 1-1 中的 19 所高校。在与 19 所高校的中间人进一步沟通后,研究者考虑了文、理、工、管、医等各个学科,计划对本院校大一至大四的 4 个年级、专科院校大一至大三的 3 个年级各发放 50 份左右(整班发放),每个学科回收 100 份左右,每所学校回收 500份左右。故 19 所院校,初步计划获得有效问卷 9500 份左右,但考虑部分高校的问卷数量需要增加及问卷的有效率问题,故最终发放的问卷为 12000 份。

---

① 李硕豪,魏昌廷.我国高等教育布局结构分析:基于 1998—2009 年的数据[J].教育发展研究,2011(3):8-13.

② 杨振芳.我国高等教育区域布局结构的变化与分析:基于 2009—2019 年教育统计数据[J].国家教育行政学院学报,2021(6):86-95.

③ 年度数据[DB/OL].[2021-07-22].https://data.stats.gov.cn/easyquery.htm?cn=A01.

所有院校均通过辅导员发放问卷,且告知学生该研究非学校组织的问卷调查,请学生放心填写。同时,为了提高问卷的有效性和真实性,问卷均为有偿作答,学生在作答问卷后,研究者根据作答时长及问卷中设置的测谎题对问卷质量进行审核,审核通过即为学生发放 3～5 元的不定额红包,同时将问卷标记为有效问卷。经过严格筛选后,19 所高校共计回收 9803 份有效问卷,有效率为 81.7%。具体的高校分布及有效问卷的回收情况见表 1-1。

表 1-1　大样本调查高校及有效问卷数量

序号	学校名称	有效问卷数量	所属省份	所属经济分区	东中西
1	大连理工大学	344	辽宁省	东北地区	东部
2	沧州医学高等专科学校	458	河北省	北部沿海地区	东部
3	扬州大学	155	江苏省	东部沿海地区	东部
4	上海工艺美术职业学院	313	上海市	东部沿海地区	东部
5	浙江同济科技职业学院	558	浙江省	东部沿海地区	东部
6	三亚学院	778	海南省	南部沿海地区	东部
7	深圳大学	264	广东省	南部沿海地区	东部
8	武夷学院	478	福建省	南部沿海地区	东部
9	华侨大学	635	福建省	南部沿海地区	东部
10	西藏职业技术学院	119	西藏自治区	西北地区	西部
11	四川锦城学院	355	四川省	西南地区	西部
12	电子科技大学	366	四川省	西南地区	西部
13	贺州学院	815	广西壮族自治区	西南地区	西部
14	四川文理学院	940	四川省	西南地区	西部
15	郑州科技学院	989	河南省	黄河中游地区	中部
16	江西师范大学	116	江西省	长江中游地区	中部
17	娄底职业技术学院	304	湖南省	长江中游地区	中部
18	九江学院	666	江西省	长江中游地区	中部
19	安徽工业大学	1150	安徽省	长江中游地区	中部
共计回收有效问卷数量		9803	问卷有效率	81.7%	

（二）质性研究资料的收集

质性研究中,资料收集和研究是同步进行、合二为一的。[①] 但部分质性资料有一定特殊性,难以及时分析,故并未严格遵守质性研究的资料收集和分析同步进行的方法。质性研究资料的收集主要是通过两个途径,一是访谈大学生、教师、管理者等,二是面向厦门大学 2020 年和 2021 年夏令营营员发放"大学生(创新创业)能力发展研究问卷"。

1. 访谈资料的收集

本书依托于王洪才教授的国家自然科学基金"大学生创新创业能力评价体系与结构模型研究"课题项目,且本人作为该课题成员之一,于 2019 年 1 月份正式进入课题组开展相关调研工作,工作持续至今。

鉴于依托课题的便利,本书调研的高校较为广泛,在 2019 年 1 月至 2022 年 1 月期间,系统调研高校为 5 所(武夷学院、宁波工程学院、浙江工商职业技术学院、西安欧亚学院、常熟理工学院),单独访谈或集体访谈的学生、教师、管理者共计为 56 人次,所涉院校为 15 所。为便于使用访谈资料,每位被访人员资料的编号方式为"所在学校＋身份＋姓名首字母缩写"。

访谈对象的来源主要为两类:一是调研院校根据我们的调研主题安排的相关学生、教师和管理者;二是未通过任何官方机构,而是自己单独联系的学生、教师和管理者,如通过厦门大学教育研究院的教育博士生、硕士生、导师等,由其根据研究要求为我们推荐被访谈对象,之后我们调研小组邀请访谈对象接受访谈。

在选定创新创业型学生访谈对象时,本书基于一个基本假设:创新创业能力可以表现在方方面面,即优秀大学生发展路径不是单一的,而应是多样化的,学生通过不同的路径都可以实现自我。鉴于此,最终确定创新创业型大学生访谈对象为达到如下标准中至少三条以上者:(1)本科及本科后学业成绩为年级前 30%;(2)本科及本科后至少获过 3 次校级及以上级别奖励;(3)毕业就职于事业单位、规模以上企业等;(4)有过创业经历或正在创业,且稳定运营一年以上;(5)考取或保送原 211 类及以上大学研究生;(6)担任班级、校级学生组织或社团等主要负责人一年以上;(7)主持或参加创新创业训练项目、竞赛;

---

① 嘎日达.论科学研究中质与量的两种取向和方法[J].北京大学学报(哲学社会科学版),2004(1):54-62.

(8)在学校的拔尖创新人才计划基地班、实验班等。值得说明的两点:一是不以学业成绩为最重要指标,所以学业成绩指标选取范围较宽;二是创新创业型大学生并没有固定模板,所以指标选取不是单一的,而是可以自由组合的。

本书认为教师是影响学生创新创业能力的关键人物,且大学生在校期间所经历的很多教育活动都离不开教师的支持,故也选取了教师作为访谈对象。但选取的教师并非普通教师,而是创新创业型导师。因为本书对创新创业能力的定义不是狭义的,故对创新创业型导师的要求较为宽泛,满足以下条件之一即可:(1)指导过学生创新创业项目、竞赛等的教师;(2)教授创新创业课程的教师;(3)在教学上优秀的教师,如获得过教学比赛奖项的教师,或在教学上获得学生广泛好评的教师,或不断尝试创新型教学方式的教师等;(4)在育人上优秀的教师,如学生评选出来的最喜爱老师,或优秀辅导员等。

本书认为管理者是为教师、学生提供支持的服务者,同时也是学校制度、环境等的制定者和维护者,能够直接影响学生能力发展,也能够通过很多制度、活动等影响学生,故在探究大学生创新创业能力发展及影响因素时,也访谈了相关的管理者。主要是学生处、教务处、团委等与学生学习、生活、就业等密切相关的部门管理者。

2. 开放性问卷资料的收集

在 2020 年和 2021 年,分别面向厦门大学夏令营营员发放"大学生(创新创业)能力发展研究问卷"(问卷内容见附录一),共计回收有效问卷 375 份。在此需要说明的是,面向夏令营营员发放的问卷名称没有采用"大学生创新创业能力发展研究问卷",原因主要为:一是考虑到很多老师、学生对"创新创业能力"存在误解,往往认为创新创业就是狭义的创业;二是本书的创新创业能力是广义创新创业能力概念,但又难以在短时间内向被研究者进行解释,或者为其所接受;三是考虑到本书的创新创业能力内涵与广泛意义上的大学生能力有一定相似性,且本书的基本假设是创新创业能力可以在大学的绝大多数教育活动中培养。故本书考虑到发放及回收问卷的便利性及可操作性,采用了"大学生(创新创业)能力发展研究问卷"。

收集夏令营营员的研究资料,主要是考虑到以下几个方面:一是参加厦门大学夏令营的学生为优秀大学生,各个学院已经对学生的来源学校、成绩、综合能力等各方面进行了筛选,能够保障这些学生的整体能力是较为突出的,具有一定的典型性;二是参加夏令营的学生来源广泛,是来自全国各地大学的优秀本科生,能够在一定程度上满足本书对样本多样性的需求,如多数学生担任了

班干部、学生会干部等,不少学生有参加学科竞赛、创新创业训练计划、创新创业竞赛等经历,也有部分学生在实验班就读等;三是本人所在的厦门大学多数学院都有夏令营的活动,且夏令营开展的时间相对较为集中,受研究时间及精力的限制,选取参加厦门大学夏令营的学生可以更方便地获取研究样本的数据。

夏令营营员问卷的发放步骤为:首先,与各个学院夏令营相关负责人取得联系;其次,向各个负责人宣讲研究目的、意义及问卷发放标准;再者,在 2020 年 7—8 月和 2021 年 7 月发放开放性问卷,并回收整理研究问卷;最后严格筛选出有效的答卷 375 份。375 位夏令营营员问卷的具体样本分布为:2020 年夏令营营员的发放范围为厦门大学新闻传播学院、人文学院、生命科学学院、信息学院、教育研究院、台湾研究院,回收有效问卷 281 份;2021 年夏令营营员的发放范围为厦门大学生命科学学院和信息学院,回收有效问卷 94 份。

对 375 位营员大学生的来源高校进行统计,其中 336 位营员来源于厦门大学、福建师范大学、福州大学、湖南师范大学、兰州大学等 114 所高校,另外还有 39 位营员未填写高校信息。因为这 39 位营员为第一批发放问卷的对象,当时并未要求营员填写学校名称及就读专业。后期为便于使用开放性问卷资料,每位营员的编号方式为"××年夏令营营员＋问卷编号＋所在学校＋专业"。此外,对 375 位营员大学生的就读专业进行统计,其中 336 位营员分别就读于汉语言文学、生物科学、生物技术、临床医学等 63 个专业,另外还有 39 位营员未统计就读专业信息。总体来看,开放性问卷样本具有广泛的专业覆盖面。

四、研究资料分析

本书收集的数据分为两类,即量化数据和质性资料,故使用不同分析方法。

(一)量化研究数据的分析

在量化数据分析时,主要使用的数据分析软件为 SPSS 25、AMOS 22。根据研究的需要,考虑不同软件在分析不同模型上的便利性,分别使用了不同的数据处理软件。

1. 检验测量工具的数据分析

为确保"大学生创新创业能力量表"这一测量工具的科学性和准确性,对这部分数据一是利用 AMOS 对其进行验证性因素分析,对创新创业能力的指标体系进行拟合度检验;二是进行 KMO 检验和 Bartlett's 球形检验,以检验其信效度。

"大学生创新创业能力影响因素问卷"测量出来的数据：一是采用克龙巴赫 α 系数（Cronbach's coefficient，简称"α 系数"）、KMO 检验和 Bartlett's 球形检验，以检验问卷的信效度；二是进行探索性因子分析，对指标进行筛选、修正等，探索因子并命名。在探索性因子分析的基础上，对问卷进行修正，最终形成正式的"大学生创新创业能力影响因素问卷"。

2. 验证研究假设的数据分析

分析不同院校背景、不同家庭背景、不同学生背景大学生创新创业能力差异，利用 SPSS 软件进行单因素方差分析或独立样本 t 检验。个体层面、院校层面影响因素分别对大学生创新创业能力的作用分析，利用 SPSS 软件采用 Harman 单因子检验进行共同方法偏差检验，之后检验信效度，再利用 SPSS 软件进行潜在变量的路径分析、多元回归分析、调节效应分析等，以检验研究假设。院校层面影响因素与个体层面影响之间作用机制的分析，采用 AMOS 统计软件构建结构方程模型，对不同影响因素的作用路径进行分析，以检验研究假设。

（二）质性研究资料的分析

本书在质性研究前，已经结合创新创业教育及大学生发展相关研究形成了较为清晰的理论假设，并利用量化研究验证了大学生创新创业能力圈层理论模型，发现个体投入对大学生的创新创业能力有最重要的影响，院校层面的制度、资源、同伴、教师、管理者、课程教学等对大学生的创新创业能力有影响。利用质性分析，期望能够丰富大学生创新创业能力圈层模型，进一步刻画不同影响因素的具体表现及作用路径，探究创新创业教育中存在问题及改进路径。

在对质性资料进行分析时，编码可促成资料简化，是整理定性研究资料的一个重要方式。"质性编码，是对数据内容进行定义的过程，是我们分析的第一步。编码意味着把数据片段贴上标签，同时对每一部分数据进行分类、概括和说明"。[①] 归纳式的编码主要是在收集资料和对资料自身的最初阅读后产生的编码，它可能发生在很多阶段的资料搜集过程中。循环编码过程称为分析归纳和扎根理论的基础。[②] 归纳式的编码类型中，采用最多的就是斯特劳

---

① 陆益龙.定性社会研究方法［M］.北京:商务印书馆,2011:150.
② DAVID M,SUTTON C D.社会研究方法基础［M］.陆汉文,等译.北京:高等教育出版社,2008:208-210.

斯(Strauss)定义的三种定性资料编码类型,即开放式编码、轴心式编码、选择式编码。[①] 但格拉索(Glaser)和斯特劳斯还考虑到了出于检验来自已有理论的假设的目的,而对资料进行编码的可能性。在这种情况下,编码就是由理论决定的,而且通常是以变量的形式出现。[②] 这样的编码就是演绎式编码,演绎式编码牵涉类别目录的制作,通过制作类别目录,资料会先于资料自身的收集而被编码。[③] 本书采用假设演绎法分析资料,根据个体层面和院校层面的影响因素,制定出表1-2的编码目录。之后利用演绎式编码和归纳式编码相结合的方式,对所有质性资料进行编码分析。

表 1-2   编码目录

个人层面(G)	学业认知投入(G-A)	学业自我效能感(G-A-a)
		学习动机(G-A-b)
	学习行为投入(G-B)	课堂学习(G-B-a)
		课外学习(G-B-b)
	互动学习投入(G-C)	师生互动(G-C-a)
		生生互动(G-C-b)
	反思学习投入(G-D)	反思学习(G-D)
	工具学习投入(G-E)	工具学习投入(G-E)
院校层面(S)	环境支持(S-A)	制度环境(S-A-a)
		资源环境(S-A-b)
	教师支持(S-B)	人际支持(S-B-a)
		自主支持(S-B-b)
		情感支持(S-B-c)
		能力支持(S-B-d)
	课程及教学支持(S-C)	课程教学管理(S-C-a)
		教学方式(S-C-b)
		教学水平(S-C-c)

① 风笑天.社会学研究方法:第3版[M].北京:中国人民大学出版社,2009:325.

② 艾尔·巴比.社会研究方法:第10版[M].邱泽奇,译.北京:华夏出版社,2005:368.

③ 戴维·萨顿.社会研究方法基础[M].陆汉文,等译.北京:高等教育出版社,2008:208-210.

开放性问卷资料和访谈资料在经过整理后,共获得了28.9万字的开放性问卷数据、47.8万字的访谈数据,将两者归在一起后借助NVivo11软件进行分析。在分析过程中,直接对资料中的影响因素按照编码目录进行演绎式编码。若资料中多次出现某影响因素但却未列入编码目录,则重新更新编码目录,并对其进行重新编码。资料中出现的影响因素间作用机制的编码规则为:若A影响B,则编码为A→B;若A影响B,且B影响C,则编码为A→B→C;其余以此类推。在对影响因素表现及作用机制编码分析后,本书进一步丰富理论模型,阐释不同影响因素的作用机制及改进路径。

五、研究难点

本书的难点主要为两部分。一是如何科学地界定创新创业能力,并科学地测量创新创业能力。因为学界对“创新创业能力”的概念未形成统一的成熟认识,且鲜有系统测量创新创业能力的科学有效的测量工具。二是如何挖掘并测量影响大学生创新创业能力发展的关键因素。影响大学生创新创业能力的因素很多,已有研究并未系统地、全面地探究其影响因素,更遑论关键影响因素。本书必须系统、全面地梳理出影响因素,在此基础上析出关键影响因素,并编制成测量问卷从而利用数据对其影响作用进行验证。

针对第一个难点,本书已有较为成熟的解决方案。笔者是国家自然科学基金“大学生创新创业能力评价体系与结构模型研究”课题组主要成员,全程参与了课题研究工作,该课题已经界定了“创新创业能力”,并研制出“大学生创新创业能力量表”,且量表信效度已经通过检验。本书直接借助该工具,测量大学生创新创业能力。

针对难点二,本书计划系统梳理创新创业教育相关研究、大学生能力发展相关研究,在已有研究的基础上逐步探索,形成大学生创新创业能力影响因素测量模型、问卷,挖掘并验证大学生创新创业能力关键影响因素,力求对创新创业教育有所发展和贡献。概言之,解决这一难点也将成为研究创新点。

第二章

大学生创新创业能力理论探索

　　人们对创新、创业都存在一个由浅入深的认识过程，在概念产生初期往往难以认识到创新和创业的内在联系，故将两者进行了人为分离，随着对创新、创业概念认识的深入，其内在关联不断被认识，故而有了现在的创新创业一词。本章通过文献综述系统梳理创新创业教育的演变过程、创新创业能力概念的形成过程及创新创业能力结构的理论基础，提出创新创业能力"七步骤"模型，构建创新创业能力评价指标体系，为后续研究奠定基础。

第一节　创新创业教育演变过程

　　创新创业教育概念并非一开始就存在的，而是在"创新教育""创业教育"的基础上不断演变形成的。在中国知网，以"创新创业教育"为主题词，分别在CSSCI和硕博论文库进行检索，最后获得 2150 篇与创新创业教育高度相关的期刊论文和硕博论文。利用 Citespace 软件对其关键词进行可视化分析后发现，1999 年首次出现了"创新教育"，2001 年首次出现了"创业教育"，之后两个概念在研究中并行存在，且围绕两个概念的相关研究如"素质教育""制度创新""体制创新""课程改革"等也较为活跃。此外，经分析发现，2015 年首次出现了"高校创新创业教育"，且"创新教育""创业教育"等相关概念逐渐消失。由此可以看出，创新创业教育并非横空出世，而是在创新教育和创业教育的基础上不断演化产生的。创新教育、创业教育、创新创业教育的概念及内涵演变，具有内在的发展逻辑，即改变传统教育模式，培养时代发展所需要的新型人才。可以说，创新教育、创业教育、创新创业教育都是新时代提出的历史性课题。当前,我国高等教育改革正走在创新创业教育的康庄大道上,我们将在这一道路上不断摸索并砥砺前行。

一、创新教育:概念兴起与实践误区

20世纪末,知识经济对人才规格提出了新的要求,同时传统教育模式在人才培养上的弊端日益凸显,以至于教育改革势在必行。正是在外部和内部的共同推动下,我国提出了创新教育的概念。众多学者将其视为我国教育体系改革的方向和着力点,但在实践中创新教育却被大打折扣,最后不了了之。

(一)提出背景

我国的创新教育真正被提出是在20世纪90年代。一方面知识经济的根本基础是人的创造性[1],知识经济对人的素质提出了新的要求,教育必须培养创新型人才以满足新的时代要求。1998年11月24日,江泽民同志在新西伯利亚科学城会见科技界人士时曾指出:"创新是一个民族进步的灵魂,是一个国家兴旺发达的不竭动力。创新的关键在人才,人才的成长靠教育。"[2]以此为契机,教育界开始大力讨论创新性人才培养的问题。另一方面,传统的教育方式只见知识不见人,多是采用知识灌输的教育方式,忽略了学生的主体性和个性,难以激发学生的创新意识、创新思维等。教育的对象是具有能动性、主动性的人,而不是被动的知识接受者。少数天才学生能够在接收大量系统的理论知识后,利用知识进行理论创新。但对于绝大多数学生而言,简单的知识灌输是无效的,学生无法将这些知识转化为能力,更不可能应用知识,所以侧重知识灌输的传统教育体系必须进行改革,应该将大学生创新能力的培养作为教育改革的重要目标。

正是在知识经济初见端倪的时代背景和国内教育必须改革的形势下,1999年我国召开了第三次全国教育工作会议,提出全面推进素质教育,着力提高民族素质和创新能力,会议还颁布了《中共中央 国务院关于深化教育改革全面推进素质教育的决定》。第三次全教会为中国教育事业的发展指明了方向,确

---

① 陈忠.知识经济的根本基础是人的创造性[J].自然辩证法研究,1998(11):64-65.
② 教育部.面向21世纪教育振兴行动计划学习参考资料[M].北京:北京师范大学出版社,1999:147-148.

立了大学要培养创新型人才的目标,为我国高等教育的"大发展"拉开了序幕。[①]

(二)理论内涵

创新教育被提出后,不同学者从不同角度界定了其概念。一方面,部分学者从宏观层面探讨创新教育,更注重结构与体制变化,旨在对传统教育模式进行全面改革。如阎立钦认为创新教育不仅仅是教育方法的改革或教育内容的增减,而是教育功能上的重新定位,是带有全面性、结构性的教育革新和教育发展的价值追求。[②] 这一定义方式是将创新教育看成教育体系改革的抓手,通过实行创新教育从而进行教育的综合改革。另一方面,也有学者从微观层面探究创新教育,认为创新是指学生素质,特别是指学生的创造性思维。如张立昌[③]、郭文安[④]等学者,将创新教育作为一种教育理论流派,他们认为创新教育是培养学生的创新意识、创新精神、创新能力,最终使学生形成创新人格或个性的教育。

在梳理学者对创新教育概念界定的基础上,进一步探究学者为何从教育目标、核心理念、价值取向、实施路径等方面解读创新教育,可以更全面地认识创新教育的理论内涵。创新教育的最终目标是培养创新型人才,这一目标是高等教育对外界人才需求的回应,更是对高等教育基本使命的回归。创新教育的核心理念是以学生为中心,重建学生的教育主体性。王洪才教授指出创新教学的理论内核是把独立自主的人格培养作为目标,让学生发自内心地学习,重建学生的教育主体性。[⑤] 创新教育是将学生作为教育的主体,充分激发学生内在积极性,遵循"个体逻辑"而非"知识逻辑",强调学生的充分参与,让学生自主探索知识,帮助学生创造性学习从而充分发展自身。创新教育的价值取向是学生能力的培养。创新教育不在于灌输知识而在于激发潜能,以包

---

① 王洪才,等.大学创新教学理论与实践:后现代大学来临及其回应[M].北京:科学出版社,2018:51.

② 王磊.实施创新教育培养创新人才:访中央教育科学研究所所长阎立钦教授[J].教育研究,1999(7):3-5.

③ 张立昌.创新·教育创新·创新教育[J].华东师范大学学报(教育科学版),1999(4):3-5.

④ 郭文安.试论创新教育及其特点[J].中国教育学刊,2000(1):9-12.

⑤ 王洪才,等.大学创新教学理论与实践:后现代大学来临及其回应[M].北京:科学出版社,2018:141-143.

容、开放的教育模式培养学生的多种能力。创新的人除了具备扎实的专业知识外，更应该具有批判意识、独立人格的个性，能够独立判断而不盲目从众的创新意识，同时应有强烈的内在动机、富有好奇心的冒险精神，也应具有批判能力、丰富想象力、探究能力等创新能力。创新教育的实施路径是研究型教学，让学生在问题探究的过程中发现自我并发展自我。正如张立昌教授认为："我们所追求的'新'意，只有在'创'的过程中才能表现出来。人们往往看到的是创新的结果，创新的真正意义和价值却是在其艰难的过程中。"①创新教育不应该仅重视创新的结果，更应该关照创新的过程，也就是强调学生在创新学习过程中的体验。通过设置与学生生活经验密切相关的综合活动，采用合作学习、项目式学习等以学生为主体的探究式教学方法，在师生互动、生生互动、自主探索中生成学生自己的知识，培养学生的能力。

（三）实践误区

创新教育自被提出后一度受到空前重视，但在实践中却存在多种误区。首先，作为教育理念的创新教育，往往成为一个口号。② 虽然很多学校表面上把培养拔尖创新人才或具有创新能力的人作为人才培养目标，但高校也仅仅是将创新教育作为一个时髦话题，实际上并未进行相应的人才培养体系变革。其次，创新教育被当作是精英式教育，旨在培养少数创造性天才。部分高校通过设立实验班、制订精英计划等选拔天赋高的学生，培养具有创新能力的高层次人才。这种创新教育的重点不是培养而是选拔，认为创新教育是面向少数人的，而不是面向全体学生的。创新有层次之分，但创新教育不应是将学生分为不同层次。忽视创新教育是面向全体的教育革新，则是没有充分认识创新教育的内涵与本质，没有意识到创新教育是教育体系改革的应有之义和突破口。再者，高校往往把创新教育当作是素质教育的一部分，通过引入前沿科学内容、扩充知识范围、增加人文素养等形式实施创新教育。王义遒教授指出素质教育与创新教育的目标、教育方法都不相同，不属于同一个范畴，不能简单地将创新教育归为素质教育的一个组成部分。③ 重在增补教学内容，而不变革培养目标、教学方式、管理体制等的做法是伪教育创新，是仍然强调知识中

① 张立昌.创新·教育创新·创新教育[J].华东师范大学学报(教育科学版),1999(4):3-5.

② 朱小蔓.创新教育的哲学思考[J].教育理论与实践,2000(3):19-20.

③ 王义遒.不能以创新教育代替素质教育[J].中国高等教育,2003(12):29-30.

心的传统教育模式。学生记忆的知识并不会自动转化为能力，只注重教学内容变革的教育仍然是不承认学生主体的知识教育而非能力教育。

总体而言，我国的创新教育更像是一场轰轰烈烈的运动，最终并未落实在每个课堂的教学改革上，并未真正作用于我国教育体系的整体性、综合性变革，未实现教育创新改革和创新型人才培养改革。在 2010 年前后，创新教育逐渐淡出学界的视野，最终成为载入教育改革史上的一次尚未取得成功的尝试。创新教育改革未取得成功，究其原因，大致可以分为以下几点。一是大学这种稳定组织通常具有阻碍变革和创新的"深层文化特征"，管理者趋向于求稳少变的管理策略，教师怠于在课堂上尝试创新教学。二是学校管理制度、评价标准等不仅没有激励教师进行创新教学，反而压制了教师的积极性和自主性。学校对教师的评估往往过分注重外部标准和效率，但着眼于培养学生未来发展所需的创新能力是一项长期的投资，是需要大量时间的且难以看到产出，所以教师将创新教学视为一种额外的责任或负担。三是学校未给教师提供足够的创新教学相关培训，教师缺乏进行创新教学的能力和策略，教师排斥甚至抵制教学创新。四是教师缺乏进行创新教学改革的动力，结构化的教育体系强调标准化"答案"，这就强化了以教师为中心的环境，教师不需要考虑学生的实际发展需求只需要单向输出。

二、创业教育：概念提出与实践误区

创业教育最初为解决就业难的问题而被提出，但随后其内涵不断进行发展，最终指向为变革教育教学体系，解决教育中的积弊。但在实践中，创业教育被严重误读，其功利性目的被放大，严重偏离全面提高人才培养质量的理论初衷。

（一）提出背景

我国创业教育可追溯至 1998 年清华大学举办的第一届创业计划大赛。1999 年国务院正式批转了教育部制定的《面向 21 世纪教育振兴行动计划》，该计划提出要"加强对教师和学生的创业教育，鼓励他们自主创办高新技术企业"。2002 年，教育部将清华大学、中国人民大学等 9 所院校确定为开展创业教育的试点学校。20 世纪末 21 世纪初，国家和高校开始大力推进创业教育，表面上看有两个主要原因。一方面是由于知识经济社会到来，社会经济发展越来越需要更多的新企业、产品，要求掌握了现代科学技术的、富有冒险和创

新精神的青年大学生担负起创业的历史责任。[①] 另一方面,高等教育大众化进程加快,大学毕业生的就业压力日渐增大,通过创业教育引导学生转变就业观念,鼓励学生自主创业,成为高校的重要工作内容。创业教育提出之初旨在解决大学生就业难的问题,所以重点放在高等教育阶段。[②] 最初,大学开展创业教育并鼓励大学生开展创业活动是备受争议的,但之后创业教育逐渐兴起。因为创业教育是高等教育深化改革的必然趋势。在计划经济时代,高等教育模式是注重少数精英发展的传统教育,侧重对口培养的特定知识传输,重理论轻实践的被动教育。在市场经济时代,高等教育就必须培养具有主动性、创造性,能够预测变化并积极应对变化,敢拼会创的创业型人才。创业教育正是在此背景下诞生,成为高等教育发生深层次、根本性变革的动力和出路。

(二)理论内涵

创业教育的本质即激发学生的主动性和创造性,这也就意味着教育目标的变化。鲁宇红等指出:"创业教育的过程实际上就是创新教育的一个完整的范畴,通过创业教育培养创新人才。"[③]杨晓慧指出:"创业教育的科学定位即创新型人才培养。"[④]多数学者也都提出创业教育的目标是培养具有创业意识、创业精神和创业能力的人才,目的是提高人才质量,促进学生个性化发展,发挥教育的长效作用。但不同学者对"业"的理解不同,不少学者还是将"业"定义为狭义的创办公司、企业,这种理解仍然是注重教育短期效应,将创业教育等同于创业学,是急功近利的行为,是缺乏对创业教育本质认识的表现。不少学者将创业教育作为素质教育、创新教育的一部分,如有学者认为创业活动是素质教育中的一种实践方式。[⑤] 这些认识窄化了创业教育的内涵,未从宏观层面认识创业教育引领教育模式改革的意义。

① 蔡克勇.加强创业教育:21世纪的一个重要课题[J].清华大学教育研究,2000(1):16-21.

② 刘宝存.确立创新创业教育理念 培养创新精神和实践能力[J].中国高等教育,2010(12):12-15.

③ 鲁宇红,张素红.对大学生创业教育和创新教育关系的分析[J].江苏高教,2011(6):106-108.

④ 杨晓慧.我国高校创业教育与创新型人才培养研究[J].中国高教研究,2015(1):39-44.

⑤ 衣俊卿.对高等学校开展创业教育的理性思考[J].中国高等教育,2002(10):13-15.

创业教育作为培养具有开拓精神、创新能力等高质量人才的实践活动,则必须落实在具体的教育教学中,变革教育的整个课程体系、教学方法、管理体制等。罗志敏等指出创业教育的逻辑起点是"现实的人",逻辑终点是"发展的人",而要实现从起点到终点的转变,则需要在高校整个人才培养的体系框架内,不断强化对学生开拓性素质的培养。[①] 刘德恩认为创业教育只能在做中学,也就是必须实施体验性教学,创业教育必须废止本本式的教育,代之以主动参与式的教育,以学生为中心,同时要充实大量的实例、情境和活动,开放式讨论、案例分析、活动设计等体验型教学策略。[②] 也就是说,创业教育应该是融入整个人才培养过程,鼓励学生积极参与教学并自主探索,在学习过程中不断发现自我、挑战自我并最终成就自我。创业教育不仅要有全新的课程设置范式,也有与之适应的教育教学方法等,应是一种较为全面的、彻底的教学改革。[③]

创业教育与创新教育在培养目标上有共同之处,但两者在实施过程中也有着不同,创业教育更为强调实践性、过程性和形成性。因为创业是直接面向真实的世界,所以创业教育则在课程中模拟现实世界,超越传统的理论学习,让学生在实践中探索未知,以做好迎接"现实世界"的准备。传统教育提倡理论学习而排斥实践学习,设置的任务或问题都是有既定的标准答案,学生能够通过结构性的训练就可以获得认知能力从而解决相应问题。但真实世界中的问题是没有既定答案和解决方案的,真实的问题总是非结构化的且具有高度不确定性,这就需要非传统的、无系统性的、松散的创新思维方式。强调基于行动学习的创业教育则能够让学生在真实活动中边做边学,让学生发挥自己的积极性、主动性、创造性等不断发现问题并解决问题,最终实现知行合一。

(三)实践误区

创业教育在提出之初有提出"以创促就",但绝对不是简单就业教育和面向少数学生的创业学。不幸的是,在实践中很多高校把创业教育等同于缓解就业压力的权宜之计的就业教育,将职业培训、就业指导、创业课程等作为创

---

① 罗志敏,夏人青.高校创业教育的本质与逻辑[J].教育发展研究,2011(1):29-33.

② 刘德恩.创业教育:教育改革与发展的新课题[J].外国教育资料,2000(4):64-68,18.

③ 唐德海,常小勇.从就业教育走向创业教育的历程[J].教育研究,2001(2):30-33,72.

业教育的主要内容,用就业率、创业成功率衡量创业教育的成败。也有高校是将创业教育窄化为创业学,针对少数具有创业天赋的人进行商业培训,大量开展企业家速成、老板速成、创业技能培训等。就业教育和创业学的培训都是过度关注创业教育的功利性目标,忽视了创业教育全面提升人才质量的内在目标。创业教育不是添加在高校身上的临时任务,不是应对经济下行压力加大的紧急措施,也不是解决高校毕业生就业难的权宜之计。[①] 不论是就业教育还是创业学,都不能激发学生内在的潜力,没有确立学生的教育主体性地位,与创业教育的本质是相违背的。

创业教育在实践中的另一误区是脱离专业教育,很多高校独立于专业教育外增设创业课程、技能培训课程等,这种认识和实践是将创业教育当作知识传授和技能培训。甚至有的学校认为创业教育是额外强加的教育,是挤占教育资源的创业技能培训,会扰乱学校正常的专业教学,所以学校只面向少量学生提供单一的创业课程。实际上创新能力和创业能力的培养应该融入专业教育,因为专业教育可以为高层次创新、创业提供核心竞争力。创业教育离开已有知识成果的基础,创业活动也只能是低质量的、无效的。专业教育本身就应以培养学生的知识应用和创新能力为根本,但我国的专业教育更多的是知识教育,也就是说传统课堂教学是"知识本位"。与之相反的是,创业教育的学习活动强调"能力本位"。这就意味着传统教育模式与创业教育模式所遵循的培养人才逻辑是截然相反的,所以两者难以进行融合。

创业教育在发展十余年后仍然未取得较大的突破,创业教育在高校的现状基本上是创业课程单一,创业师资力量匮乏,少数学生参与"创业活动",创业教育游离于高校传统教育之外。[②] 这一现状与期望通过创业教育改变中国高等教育人才培养积弊的理想相去甚远。

三、创新创业教育:理论内涵及实践障碍

为整合创新教育与创业教育,同时为我国教育改革找到新的出路,教育部和学界提出了创新创业教育的概念。创新创业教育一方面承继了创新教育、创业教育的理论内涵,另一方面也在教育教学改革的新形势下丰富了其内涵,

---

① 王占仁.中国高校创新创业教育的学科化特性与发展取向研究[J].教育研究,2016(3):56-63.

② 李伟铭,黎春燕,杜晓华.我国高校创业教育十年:演进、问题与体系建设[J].教育研究,2013(6):42-51.

旨在为我国高等教育改革找到新出路,提供新理念、新模式。创新创业教育在提出之初并无广义和狭义之分,但在实践中却逐渐被分化成了广义和狭义的两种理解。

(一)我国创新创业教育的提出背景

如本书研究背景部分所论述的,创新创业教育是在国家政策推动下产生与发展的一种新型教育理念与模式。自 2010 年教育部颁布的《关于大力推进高等学校创新创业教育和大学生自主创业工作的意见》首次提出"创新创业教育"一词,到 2015 年国务院办公厅下发的《关于深化高等学校创新创业教育改革的实施意见》对创新创业教育改革进行谋篇布局,我国高校创新创业教育在国家政策导向下步入了高速发展时期。

从创新与创业的关系上看,"创新""创业"融合为"创新创业"是必然的。创新和创业都是知识经济时代下的产物,虽然最初是被分别提出的,但实际上创新与创业是紧密联系的整体,两者的内容在本质上是相通的。[1] 创新是创业的灵魂,创业是创新的表现形式。创新必须有行动也就是创业,创业是应用创新的活动。正如著名创业教育专家法约尔认为"创业活动则更依赖于创新,创新是创业者们的具体工具,是他们探索变化并把变化看成机会的方法"[2]。

从创新教育与创业教育的关系看,两者之间存在着交叉重叠,互相包含,将两者作为一个整体来研究并加以推进是必然趋势。[3] 创新创业教育一词出现在较为权威的出版物上是在 2009 年,该年出版了《中国大学创新创业教育发展报告》。该报告是受教育部高等教育司委托,由中国高等教育学会秘书处独立承担的一项专题研究,并列入了 2008 年中国高等教育学会重大专项课题研究的范围。[4] 该报告指出:"创新与创业教育是两个不可割裂的教育理念,二者的目标取向是一致的,都旨在培养学生的创新精神和实践能力。作为一

---

[1] 曹胜利,雷家骕.中国大学创新创业教育发展报告[R].沈阳:万卷出版公司,2009:3-4.

[2] 阿兰·法约尔.创业教育研究手册:第 1 卷[M].刘海滨,译.北京:商务印书馆,2019:27-29.

[3] 曹胜利,雷家骕.中国大学创新创业教育发展报告[R].沈阳:万卷出版公司,2009:5.

[4] 曹胜利,雷家骕.中国大学创新创业教育发展报告[R].沈阳:万卷出版公司,2009:2.

种新的教育思潮,创新教育与创业教育应该是个统一的系统。从受教育者学生的行为主体,从生存与发展的命题,从'知行统一观'的角度看,将创新创业教育作为一个完整的范畴研究,在理论上是成立的。人为将创新与创业教育割裂开来并不科学,在实践中也难以操作,且易出现偏颇。因此,将我国高校在改革过程中先后出现的创新与创业教育活动统整合为创新创业教育的新视角、新实践,更能科学引领高等教育未来的改革与发展方向。"①

总体而言,创新教育与创业教育目的都是为了释放人自身潜能,为未来社会培养高质量的人才。同样,创新教育和创业教育都充分尊重人的主体价值,让学生成为教育的主体,这也就意味着学生在学习过程中必须是充分参与的,教学是为了"学"而不是为了"教",学生是在自主探究问题的过程中形成各种能力的。人为割裂创新教育与创业教育联系是一种错误的认识,因为创新创业教育本身就是一个整体,是适应经济社会和国家发展战略需要而产生的一种新型教育理念与模式,也是中国高等教育改革的突破口。所以,创新创业教育既不等同于原来的创新教育或者是创业教育,也不是创新教育和创业教育的简单叠加,而是在理念和内容上都实现了对传统的创新教育和创业教育的超越。② 概言之,创新创业教育概念蕴含着一种新的教育理论、教育机制和教育实践。

(二)国内学者对创新创业教育的理论解读

创新创业教育是面向全体学生而实施的个性化教育,是在专业教育基础上强调在实践中培养学生综合能力的全新教育理念与模式,具体而言如下。

面向全体学生。创新创业教育是面向全体学生的教育,目的是培养所有学生成为创新创业型人才,让学生具有创新创业潜质,从而为学生终身可持续发展奠定坚实的基础。黄兆信教授提出的"岗位创业"③、王占仁教授提出的"广谱式"创新创业教育④也都承认创新创业教育应面向全体大学生,希望创

① 曹胜利,雷家骕.中国大学创新创业教育发展报告[R].沈阳:万卷出版公司,2009:4-5.

② 李志义.创新创业教育之我见[J].中国大学教学,2014(4):5-7.

③ 黄兆信,曾尔雷,施永川,等.以岗位创业为导向:高校创业教育转型发展的战略选择[J].教育研究,2012(12):46-52.

④ 王占仁."广谱式"创新创业教育的体系架构与理论价值[J].教育研究,2015(5):56-63.

新创业教育能够融入高校现有人才培养体系,培养全体大学生创新创业能力。从学生个体发展层面看,创新创业就是让学生在思想和行动上实现革新,让每个学生成为能够发现自我、发展自我、成就自我并超越自我的人,创新创业教育就是为个体创新创业提供良好的环境,帮助个体去发现自我、发展自我,帮助学生个体成长为奋发有为、积极向上、不断突破进取的人。每个人都应该成为这种创新创业型人才,所以创新创业教育应该面向全体学生,培养每一位学生的创新创业能力。

个性化教育。创新创业教育是个性化培养的过程,是顺应每一个学生发展,激发每一个学生潜能,成就每一个学生的教育。传统教育基本上不承认学习者的主体性,他们所学习的知识与自身的经验是隔离的,只能是一种"死"知识。学生的创新和个性被压制,久而久之学生自身主动放弃创新和个性以求得认同。现在很多学生善于模仿抗拒创新,原因就是模仿的总是容易被认可的,而创新要冒着不被接受的巨大风险,这是我们文化不包容的表现。基于"创造性寓于个性之中"这一基本原理[①],在教育中必须开展个性化教育,即根据每个人的特点设计非统一模式非灌输教育活动。

融合专业教育。创新创业教育是旨在变革高校人才培养模式的新教育理念,是深化教育变革的突破口。以往认为创新创业教育与专业教育是分离的,实际上专业教育更应该融合创新创业教育,且必须融合创新创业教育才能真正实现教学改革。如黄兆信等学者都阐释了创新创业教育融合专业的必要性和可能性。[②] 专业教育侧重知识积累,而且传统上认为掌握了知识就具备了能力,实则是将知识和能力的建构过程等同为同一过程,忽略了知识与能力的不同发展路径。这也就要求大学专业教育必须与创新创业教育深度融合,培养学生不仅具有专业知识而且兼具应对外界不断变化的能力。创新创业教育,核心目标在于形成一个人具有不断改造自身和改造自然以及改变社会的能力,显然这主要是一种实践能力或行动能力,亦是非认识能力或想象能力。[③] 这也就要求创新创业必须结合专业教育,开展实践实习和创业活动,在实践过程中建构学生的行动能力。创新创业教育脱离专业教育则无法真正落地,必须融合专业教育,才能提高其专业性、增强其实践性、扩大其受众、满足

① 王洪才.创新创业教育必须树立的四个理念[J].中国高等教育,2016(21):13-15.

② 黄兆信,王志强.论高校创业教育与专业教育的融合[J].教育研究,2013(12):59-67.

③ 王洪才.论创新创业教育的多重意蕴[J].江苏高教,2018(3):1-5.

多数学生需求。两者的融合并非一厢情愿,而是两者基于互补需求的共同致力合作。

能力本位的实践教育。创新创业教育是培养学生综合能力的实践教育。创新创业教育不是仅培养学生适应当下的生活,更是要培养学生未来持续不断的改变自身、改变社会的能力。而未来社会高度发达导致学生面临的问题日益复杂,学生不可能再依靠单一学科的知识或视野去应对,这也就要求学生必须具有跨学科或交叉学科的知识、视野、思维方式去理解不确定性的复杂问题。创新创业教育是培养学生在广泛知识的基础上,理解不同领域的问题,能够理解人生和世界。学生具备了知识不等于具备了能力,灌输式教育是无法培养学生能力的。创新创业教育注重学生有效参与的实践学习,学习必须在解决真实的、与己相关的问题中形成多种能力,如形成内在成就动机、发现问题、解决问题等多种能力。

(三)国外(创新)创业教育的概念辨析

"创新创业教育"虽然是我国特有的概念,但却绝不是我国特有的事物。国外的创新教育已经贯穿于教育全过程,无须再专一强调,所以国际上的"广义创业教育"亦指"创新创业教育"。而在我国,创新教育却始终被忽视,因此,我国使用"创新创业教育"这一概念,以强调二者的紧密关系。国外的创业教育自 20 世纪 70 年代兴起后,学界对其关注度始终处于上升状态。瑞典查尔默斯工业大学查尔默斯创业学院研究者拉克乌斯(Lackéus)指出(创新)创业教育可以作为教育的起点,(创新)创业教育是学生在教育中获得更多兴趣、快乐、参与和创造力的一种手段。[1] 20 世纪 90 年代后,美国的(创新)创业教育的增长几乎是疯狂倍增的,如在课程方面,1979 年仅有 263 所院校提供创业课程,但在 1998 年则有 1400 所院校。[2] 国外(创新)创业教育的重点为培养学生一系列的通用态度、技能和行为,如与沟通、创造力和解决问题有关的技能和行为。美国阿斯彭研究所青年创业战略小组指出:"美国(创新)创业教育培养了学生的创业心态,具体而言是一种以成功为导向的积极主动性、理性冒险、协作与机会识别的组合。这种创业心态正是美国繁荣的'秘密'之一,为美

① MARTIN L. Entrepreneurship in education-what, why, when, how[R]. OECD Local Economic and Employment Development (LEED), OECD Publishing, 2015:18.

② KATZ J A. The chronology and intellectual trajectory of American entrepreneurship education:1876—1999[J]. Journal of business venturing, 2003(2):283-300.

国的发展提供了创新引擎。"①目前，已有 142 个国家或地区开展了（创新）创业教育研究，尤其是美国、英国、芬兰等国家的研究具有较高影响力。

对美国、英国、芬兰等国家的创业教育研究进行梳理，发现国外的创业教育概念并没有统一的界定方式，但不论如何界定，目前已没有学者坚持认为创业教育就是培养学生创建新企业。我们可以从各国对创业教育的分类出发，对其内涵进行深入解剖。世界各国使用的"创业教育"一词各有不同，目前最常用的两个术语是企业教育（enterprise education）和创业教育（entrepreneurship education）。在英国，企业教育（enterprise education），指更广泛地关注与个人发展有关的心态、技能和能力教育；创业教育（entrepreneurship education）是指更加注重建立企业和个体经营的教育。在美国，只有一个术语就是创业教育（entrepreneurship education），但它几乎没有统一的定义，不过美国普遍认可创业教育是面向所有学生实施的广义创业教育，有些类似"通过创业的教育"（education through entrepreneurship）。"通过创业的教育"是一种以创业为教学手段的教育方法，重点是培养创新、有创造力和有进取心的个人。高校不应该局限在只通过狭义创业教育的环境培养学生创业能力，而应该将创业教育教学模式嵌入到专业教育学习中。② 美国创业教育联盟认为广义的创业是一个终身的学习过程，（创新）创业教育应该贯穿从 K-12 到高等教育及成人教育的全过程。③ 在芬兰，使用内部创业教育（internal entrepreneurship education）和外部创业教育（external entrepreneurship education）两个术语。内部创业教育类似于英国的企业教育，也就是广义的创业教育；外部创业教育指创办企业的狭义创业教育。欧盟和经合组织中各国的创业计划和倡议中提出创业教育目标主要为两个：一是支持新企业和初创企业，二是在社会（特别是在年轻人中）培养创业心态。前者的创业教育课程侧重于培训个人成为企业家并创业，主要是为了增加初创企业数量，增加经济财富和创造社会价值。后者

① Aspen Institute Youth Entrepreneurship Strategy Group (US)(YESG). Youth entrepreneurship education in America：a policymaker's action guide[M]. Aspen Institute，Washington，District of Columbia，2008：40.

② PENALUNA A，PENALUNA K. In search of entrepreneurial competencies：peripheral vision and multidisciplinary inspiration[J].Industry and higher education，2021(4)：471-484.

③ National content Standards for entrepreneurship education ［EB/OL］.（2004-06-02）［2019-01-07］. http://www.entre-ed.org/natstandards/.

的创业教育课程旨在培养学生的创业心态,获得一系列动态的态度、价值观和跨学科能力,以应对不确定和不可预测的未来世界。[①] 第一种创业教育更多地是在商学院中,而第二种创业教育则是面向所有学生的。因为在快速发展的现代社会,人们越来越需要掌握自己的命运,就必须大力发展创业精神和自助意识。[②] 简而言之,每个人必须充分发挥自身的积极性和主动性,不断进取以应对不确定的未来并实现自我价值。

在对英国、美国、芬兰等国家的创业教育概念进行辨析后可知,虽然国外学者对创业教育的概念并未达成一致认知,但基本上都承认创业教育是对课程及教学的全面变革。芬兰著名的创业教育学者塔蒂拉(Taatila)教授认为:"我们大学课程中找不到与创业有关的技能或心态教育,我没有看到一门名为'自信'或'容忍不确定性'的课程。学术教育似乎只教会人们如何规避风险,而不是帮助他们看待未来的潜力。目前,芬兰高等教育界普遍重视学术知识的传播,忽视了对学生心理成长的辅助作用。"[③]他还指出,大学应该考虑并调整其教育哲学,以支持更务实的学习方法。他认为(创新)创业教育应该以学生为中心,让学生在现实生活中学习。(创新)创业教育对高等教育机构的要求可能发生的变化不应被视为一种威胁,而应被视为更新整个教学过程的真正可能性。吉布(Gibb)[④]、拉福(Raffo)[⑤]等认为传统的教学方法在教授创业方面几乎是无效的。对许多学科而言,传统的讲授理论的方法是一种有效的教学策略。但创新创业的理念要求更多的知识整合;更多的跨学科教学;更好的体验式学习机会;更大的在实践中检验显性知识的空间;更加强调如何教和

---

① TOUTAIN O, FAYOLLE A. Labour market uncertainty and career perspectives: competence in entrepreneurship courses[M]//MULDER M. Competence-based vocational and professional education. Cham:Springer International Publishing,2017:985.

② 阿兰·法约尔.创业教育研究手册:第1卷[M].刘海滨,译.北京:商务印书馆,2019:27-29.

③ TAATILA V. Learning entrepreneurship in higher education[J].Journal of education and training,2010(1):48-61.

④ GIBB A. Enterprise culture:its meaning and implications for education and training[J].Journal of European industrial training,1987(2):38-38.

⑤ RAFFO C, LOVATT A, BANKS M, et al. Teaching and learning entrepreneurship for micro and small businesses in the cultural industries sector[J]. Journal of education and training,2000(6):356-365.

教什么；评估和评审程序的改革；一些学习的基本理念的变化。① 换言之，在教室中培养创业者就是要开发创业的环境和相关的学习方法，需要"不仅在教什么，还要在怎么教方面具有巨大的转变"。

传统的教育提倡理论学习，而排斥实践学习，但（创新）创业教育要求必须超越理论框框，以务实的态度使学生准备好迎接"现实世界"。创业者们通过试验想法和"做事情"学得最好。（创新）创业教育必须在课程上模拟现实世界，让学生在实践中进行探索式学习。传统教育的教学方式是标准化、以内容为中心、被动和单一学科为基础的课程，（创新）创业教育的教学方式是个性化、主动性、体验性和多学科方法。② 不同学者们对（创新）创业教育的教学方式有着不同的描述，但其本质基本一致，都极为强调"体验式学习"，强调学生"边做边学"，这也与约翰·杜威的经验哲学强调"做中学"是一致的。（创新）创业教育在教学策略上都超越了传统的说教方式。传统教育是教给学生确定的知识，学生的角色更倾向于知识的被动接受者，但学生面临的是不确定的未来，必须有能够创新地解决问题的能力，这就需要变革教育范式。换言之，传统教育难以培养出当前社会所需的创新创业型人才，创新创业教育培养的人才更加符合社会发展的需求。

国外学者对比传统教育与创业教育后，认为传统教育是一种侧重于"教"的范式，即强调教师与教学；（创新）创业教育则是一种注重"学"的范式，即强调学习与学生。③ 具体而言，传统教育的特征其一是面向教学内容，具体而言是让学生知道是什么、强调概念理论、关注单一学科、害怕错误；其二是以教师为中心，具体而言教师是专家、教师是绝对正确的、学生被动接受知识、强加的学习目标、情感超脱、有限互动、编程式教案。（创新）创业教育的特征与之相反，其一是面向学习过程，具体而言是让学生知道"如何"和"谁"、强调理论与实践的关联性、关注问题和多学科、从错误中学习；其二是以学生为中心，教师是促进者、教师与学生双向学习、学生积极生产知识、协商的学习目标、情感投入、互动学习、灵活的教案。吉布总结了创新创业学习的特征：相互学习；注重

---

① 阿兰·法约尔.创业教育研究手册：第 1 卷［M］.刘海滨，译.北京：商务印书馆，2019：118.

② MARTIN L. Entrepreneurship in education - what，why，when，how［R］.OECD Local Economic and Employment Development（LEED），OECD Publishing，2015：7-17.

③ BARR R B，TAGG J. From teaching to learning：a new paradigm for undergraduate education［J］. Change：the magazine of higher learning，1995（27）：12-26.

实践;辩论和交流思想;引导学生自我发现;将学生置身于非正式和灵活的学习氛围中,让学生从错误中学习,通过解决问题学习。[①]

进一步梳理国外学者对(创新)创业教育的理论内涵界定,发现绝大多数学者对(创新)创业教育本质的认识已经趋向一致。如布伦克(Blenker)等学者皆认为(创新)创业教育是面向所有学生实施的创新教学改革,旨在培养所有学生的能力,而不是为培养个别学生创办企业。[②] 创新创业教育旨在激发学生的兴趣,培养学生的内在动机,塑造学生创新思维和创业意识,让学生主动学习、乐意学习,而不是为文凭被动学习。

综上所述,在系统分析国内外创新创业教育相关研究基础上,本书认为创新创业教育是强调"学习范式"的全新教育模式,强调充分尊重人的主体价值,让学生成为教育活动的真正主体。这也就意味着学校需要为学生创设支持学生自主行动的资源、课程等支持性环境,引导学生在发现问题、解决问题的自主探索过程中不断发现自我、发展自我,从而提高创新创业能力。

(四)我国创新创业教育实践中的障碍

创新创业教育在实践中存在最根本的障碍就是传统观念障碍。绝大多数人仍然将创新创业教育误读为"创业教育",这是一种狭义的创新创业教育。绝大多数人对传统教育模式存在强烈的路径依赖,未能深刻理解创新创业教育的内涵,不接受创新创业教育这种新的教育理念所带来的教育内容、教育形式等方面的改革。从创新创业教育的理论内涵解读上看,我们期望实施的创新创业教育应该是广义创新创业教育,是能够深入到高校课堂的,是全员、全过程、全方位的育人体系。但从当前高校创新创业教育的实践上看,创新创业教育是狭义的创新创业教育,是被误读的创新创业教育,是形式化的创新创业教育,或者说是运动式的创新创业教育。

当前的创新创业教育是一种指标式教育,学校在评价创新创业教育时,都在关注创新创业课程数量、创新创业学分、获奖数量等,用漂亮的数据指标包

---

① GIBB A. In pursuit of a new 'enterprise' and 'entrepreneurship' paradigm for learning: creative destruction, new values, new ways of doing things and new combinations of knowledge[J].International journal of management reviews,2002(3):233-269.

② BLENKER P, FREDERIKSEN S H, KORSGAARD S, et al. Entrepreneurship as everyday practice: towards a personalized pedagogy of enterprise education[J].Industry and higher education,2012(6):417-430.

装自己的创新创业教育,但学生在其中的收获和成长却往往是被忽视的。不少高校将职业培训、就业指导、创业课程等作为创新创业教育的主要内容,用就业率、创业成功率衡量创新创业教育的成败,过度关注创新创业教育的功利性目标,忽视了创新创业教育全面提升人才质量的内在目标。这是将创新创业教育窄化为了创业教育,即多数人一般认为的狭义创新创业教育实际上就是以前的创业教育。狭义创新创业教育排斥了大多数人接受创新创业教育的可能,因为狭义创新创业教育是针对少数具有创业天赋的人进行的教育,而大多数人不具备这种天赋,所以大家则会认为大学开展"创新创业教育"(这里的创新创业教育是被窄化的,即创业教育)是无效的。这是对创新创业教育的典型认识误区,是与绩效主义联系在一起的教育观念,而非"以育人为中心"教育理念的反映。[①]

创新创业教育若真是关注学生创新创业精神的养成,关注学生创新创业能力的培养,则不应该是在创业导师、创业课程、创业竞赛等指标上大下功夫,而应该是注重提高教师教学能力、改革课程内容及形式、鼓励学生自由探索等,将创新创业教育真正落实在影响学生成长的关键要素上。但当前我们的创新创业教育轰轰烈烈且投入颇多,但哪些投入是有效的,哪些是无效的,我们不得而知。因为我们并不知道创新创业教育到底要培养学生什么能力? 哪些要素能够影响学生能力的成长? 学生能力的成长才应该是我们创新创业教育所追求的长效目标,但在当前却是被我们直接忽视的。

第二节　创新创业能力概念的证成

"创新""创业""创新创业"都可以从两个角度对其进行解读,一是社会这一宏观角度,二是个体这一微观角度。从社会角度解读"创新""创业""创新创业",多是从集体利益出发,关注它们的经济价值和社会效益,这种理解倾向于狭义的理解,忽视了社会发展中的个体发展。从个体角度解读"创新""创业""创新创业",关注的是个体在知情意行等方面的变化,是对人的成长和发展的终极关怀。个体发展是社会发展的前提条件,也是社会发展所追求的终极目标。学校作为培养人的场所,应该关注"创新""创业""创新创业"的个体意义,

---

① 王洪才.论创新创业教育的多重意蕴[J].江苏高教,2018(3):1-5.

从个体发展角度对其进行深入解读,从而摒弃狭义的认识。从个体发展角度看,创新与创业是不可分割的一体两面。创新是个体思维模式的转变,创业是个体行动模式的转变,创新创业是将创新性想法变为创业性行动的过程,是个体持续发展的动力所在。创新创业能力就是个体进行创新创业的能力,具体应为产生创新想法并实施创业性行动的能力,它应由多种能力构成。

一、创新是个体思维模式的转变

美国经济学家约瑟夫·熊彼得(Joseph Schumpeter)在其 1912 年出版的《经济发展理论》(theory of economic development)一书中第一次将"创新"一词引入了经济研究领域,认为创新是指企业家通过将生产要素和生产方法"重新组合"后引入生产体系,他提出了"引入一种新商品""引入一种新的生产方法""一个新市场的开放""一个新的原材料供应来源""一个新的行业组织"等五种新组合,通过以上方法进而能够创造新的价值①。经济学上的"创新"是关注企业自身经济价值的狭义理解,其内涵与教育学上所讲的"创新"相去甚远。从教育学角度理解创新,更多的是从学生个体发展的角度。

通过批判性地审视不同学者对创新的认识,可以发现,虽然他们对创新的界定方式不同,但基本上都认可创新是个体思维模式的转变这一本质内涵。如张鹏等认为创新能力是指怀疑、批判和调查的能力,它包括创新意识、创新思维和创新技能等三部分,核心是创新思维。② 岳晓东认为创新包括思维、人格、智慧三个层面,思维层面是最根本的。③ 从这些表述可以看出,研究者都承认创新主要是个体在思维方面的改变,是个体产生独特的、新颖的想法。张彦、李志义等也认为创新包含更多思维层面的创造。④ 在知识经济时代,文化、科技以及经济发展瞬息万变,思考问题的方式也与以往大不相同,人们若想改造和创造新的生活条件,就必须不断完善自我,如此就需要强调创新精神、创新观念和创新行为。换言之,只有不断地突破常规或产生某种新颖想

　　① 约瑟夫·熊彼得.经济发展理论[M].郭武军,译.北京:中国华侨出版社,2020:10-15.
　　② 张鹏,于兰,刘助柏,等.高校大学生创新能力培养现状及对策研究[J].大学教育科学,2005(3):50-53.
　　③ 岳晓东.大学生创新能力培养之我见[J].高等教育研究,2004(1):84-91.
　　④ 张彦.高校创新创业教育的观念辨析与战略思考[J].中国高等教育,2010(23):45-46.

法,在与社会互动的过程中进行自我革命和实现自我超越,[①]才能适应环境变化并成功应对挑战。

二、创业是个体行动模式的转变

创业一词最初兴起时,主要用来专指创办企业、发明创造或成为个体经营者,且国内外的用法都如此。换言之,创业是指为了促进经济增长而采取的各种行动。但在 20 世纪 80 年代,国外在使用创业一词时,已经开始突破狭义的内涵。创业受到不同领域的广泛关注,多个领域已经越来越认可创业的广义内涵,认为创业代表着创新、创造力和积极的变革,创业几乎适用于任何社会背景下的任何积极的个人或群体。[②] 美国森林大学创业中心负责人盖特伍德(Gatewood)和韦斯特(West)认为企业家是一个利用知识和资源来发现机会并追求机会,从而在自己和他人的生活中引发变革并创造价值的人。[③] 因为随着社会进入瞬息万变的时代,且社会变化越来越快,我们甚至不能自信地预测我们自己的生活将会发生什么。每个人只有具备创新创业能力,才能应对不确定的未来。换言之,人们越来越需要掌握自己的命运,就必须大力发展创业精神和自助意识。

在现今社会,创业者早已不再局限于商业创业者,而是出现在各行各业中,如学术创业者、技术创业者等。正如美国德保罗大学管理学院教授维尔施(Welsch)和克库斯(Kickuls)所说:"(创新)创业教育不再单单是商学院的事情,这将成为一个趋势。"[④]创业的概念已不再是狭义的创办企业,如著名创业教育专家法约尔将创业定义为一个过程,一个由个体——要么他们自己,要么在现有组织内——以创新、冒险、主动的方式追求新机会的过程。[⑤] "创业"不

① 王洪才,郑雅倩.创新创业教育的哲学假设与实践意蕴[J].高校教育管理,2020(6):34-40.

② SÁ C M, KRETZ A J. The entrepreneurship movement[M]//PALGRAVE M. The entrepreneurship movement and the university. New York: palgrave macmillan.2015:1-19.

③ GATEWOOD E J, WEST III G P. Responding to opportunity and need[J].Peer review,2005(3):12-14.

④ WELSCH H P, KICKULS J. Training for successful entrepreneurship careers in the creative arts[M]// BROCKHAUS R H, HIIIS G E, KLANDT H, et al. Entrepreneurship education: a global view. Aldershot: Ashgate Publishing Ltd, 2001:167-184.

⑤ 阿兰·法约尔.创业教育研究手册:第 1 卷[M].刘海滨,译.北京:商务印书馆,2019:175.

再是关注经济行为的狭义概念,而是从经济层面转向个体层面,成为能够满足人自身内在发展需求的一条路径。创业的含义已经成为每个人必须充分发挥自身的积极性和主动性,采取各种行动并不断进取,从而实现自我价值。

三、创新创业是真正的知行合一

学界普遍认为,创新是创业的源泉。[①] 创业活动依赖于创新,创新是创业者的具体工具,是他们探索变化并把变化看成机会的方法。如哈佛商学院创业研究领域的教父霍华德·史蒂文森(Howard Stevenson)教授等人认为创业是一种利用创新来创造价值的过程,它将独特的资源组合在一起以开发机会。[②] 经济学家约瑟夫·熊彼特也将企业家定义为创新者。[③] 熊彼特作为创新理论的奠基人,他将创新引入经济学后,创新与创业就此紧密联系在了一起。熊彼特将创业与创新联系起来并将其视为推动经济发展的动力,他认为经济体系的动力来自于勇敢的人,他们冒着风险去实施新的想法,敢于创新,勇于尝试和扩张。[④] 熊彼特提出一个关键的概念:创造性破坏。它意味着现有的做事方式需要被摧毁,通过创新实现向新的做事方式的转变。企业家正是利用创新来破坏事情的运作方式,并建立一种更好的做事方式。[⑤] 创新是产生一种新的想法,创业是将想法付诸实践,转变为具体的行动。一言蔽之,创业和创新互为表里,创新离开创业如临渊羡鱼,创业离开创新如触石决木。创新是创业的基础起点和核心竞争力,创业是创新的实践及可行性证明。

如果从个体发展层面看创新与创业,那么个体能够革新自我认识实际上

---

① 王洪才,刘隽颖.大学创新创业教育核心·难点·突破点[J].中国高等教育,2017(Z2):61-63.

② STEVENSON H,ROBERTS M J,GROUSBECK H I. New business ventures and the entrepreneur,homewood[M].Ill:Irwin,1985:55.

③ PAHUJA A,RINKU S. Introduction to entrepreneurship[M]//P SINHA,U MAKKAR,DUTTA K. Entrepreneurship:learning and implementation. CEGR,New Delhi,2015:1-41.

④ SADLER R J. A framework for the emergence of entrepreneurship and innovation in education[C/OL]//New industries and the VET system conference proceedings.2001. http://monash. edu/education/non-cms/centres/ceet/docs/conferencepapers/2001confpapersadler. pdf.

⑤ SWANSON L A. Entrepreneurship and innovation toolkit[EB/OL]. (2017-08-07)[2020-01-05]. https://openlibrary-repo. ecampusontario. ca/jspui/bitstream/123456789/634/6/Entrepreneurship-and-Innovation-Toolkit-1568142286. pdf.

就是创新,如果再进一步实现行为模式的转变就是创业。个体的发展必须建立在思想和行动的统一革新上,才能够获得真正的发展进而取得成功。创新创业是个体将创新性想法变为创业性行动的过程,创新创业不再是简单的经济行为,而是关乎每个人发展的问题。这就意味着创新创业是知行合一思想的体现,两者是密不可分的,是知识经济时代每个人必备的能力。

若个体真正践行知行合一进行创新创业,那么个体将会持续不断地获得自我发展。英国著名的创业教育专家吉布在 1998 年的国际创业教育大会(Internationalizing Entrepreneurship Education Conference)的主题演讲上就指出"创业是一种生活方式"[1]。本书认为每个人都可以创新创业,因为创新创业精神存在于每个人身上,大多数人都有创新创业的能力,只是它可能处于休眠状态,需要被激活。[2] 本书认为每个人也应该创新创业,因为创新创业是一个人在应答环境挑战过程中发现自我、发展自我、实现自我、超越自我的一系列行动[3],这就意味着创新创业是个体持续发展的动力所在。

四、创新创业能力是多种能力集合

在阐明"创新""创业""创新创业"概念的基础上,我们就可以深入解读创新创业能力。简单地讲,创新创业能力就是个体进行创新创业的能力。具体地讲,创新创业是将创新性想法变为创业性行动的过程,那么创新创业能力为个体产生创新想法并实施创业性行动的能力。换言之,创新创业能力是个体追求创新性目标的理性行动能力。

个体进行创新创业,一般是包括多个步骤的。首先,个体需要产生创新性想法;其次,需要在认识自我和外部环境的基础上,将想法具象为可行的目标;再次,需要根据目标制定相应的规划、整合资源等;最后,还需要在关键时刻进行决策,调整规划,并防范风险等。创新创业行动中的每一个步骤都需要各种

---

① GIBB A. Entrepreneurial core capacities, competitiveness and management development in the 21st century[C]// Keynote Address to the Internationalizing Entrepreneurship Education 8th Annual Conference, Oestrich-winkel, 1998:1-21.

② EKPIKEN W E, UKPABIO G U. Entrepreneurship education, job creation for graduate employment in south-south geopolitical zone of Nigeria[J].British journal of education, 2015(1):23-31.

③ 王洪才.论创新创业人才的人格特质、核心素质与关键能力[J].江苏高教,2020(12):44-51.

能力,如产生创新性想法就需要创新能力,确定目标需要自我认知能力、判断能力等,制定规划需要规划能力、资源整合能力等,决策需要决策能力。这就意味着创新创业能力不是某一种能力,而是由多种能力组成的能力集合。

已有研究也都认为创新创业能力是由多种能力组成的能力集合,但不同研究对创新创业能力的构成持有不同意见。如英国著名心理学教授巴特莱姆(Bartram)基于人格理论,认为创新创业能力由领导与决策、支持与合作、沟通与交往等八种能力构成[1];如瑞典查尔姆斯理工大学学者拉克乌斯基于胜任力理论,认为创新创业能力由机会技能、资源技能、人际交往技能、自我效能、创新性等 16 种能力构成[2];再如欧盟基于行动理论提出的创新创业能力框架(即欧盟 EnterComp 框架[3]),指出创新创业能力包括发现机会、创造力、合作能力等 15 种能力。已有研究基于不同理论,对创新创业能力结构进行了分析,但当前并未就创新创业能力结构形成统一认识。本书接下来将在已有理论研究的基础上,结合创新创业的本质,对创新创业能力结构进行深入剖析,建构本书的创新创业能力结构模型。

第三节　创新创业能力结构模型

一、创新创业能力结构的理论基础

(一)基于人格理论的能力模型

从心理学的角度看,人的一切行为都与其人格特质密不可分,人的创新创业行为亦是如此。因此有学者提出,与人格特质相关的创新创业能力也是非

---

① BARTRAM D, ROBERTSON I T, CALLINAN M. Introduction: a framework for examining organizational effectiveness[M]// ROBERTSON I T, CALLINAN M, BARTRAM D. Organizational effectiveness: the role of psychology. Chichester, UK: Wiley, 2002: 1-10.

② LACKÉUS M. Developing entrepreneurial competencies: an action-based approach and classification in education[D]. Goteborg: Chalmers University of Technology, 2013: 12.

③ BACIGALUPO M, KAMPYLIS P, PUNIE Y, et al. EntreComp: the entrepreneurship competence framework[R]. Luxembourg: Publication Office of the European Union, 2016: 6-13.

第二章　大学生创新创业能力理论探索

053

常稳定的,很难随时间推移而改变,从而这类能力难以通过正规教育获得。[①] 持这类观点者多基于个案研究,从探究企业家身上的典型特质出发构建创新创业能力模型。这类研究表明有些人更适于从事创新创业,有些人则不适于从事创新创业。

著名的人本主义心理学家罗杰斯(Rogers)认为,人格是一个人根据自己对外在世界的认识而力求自我实现的行为表现。[②] 这一论断突破了人格遗传决定论束缚,使人格发展变成一种主动建构的行为。创新创业型人才正是因为其创造性人格,从而不断突破自我、锐意进取,将自我实现作为最高追求。行为主义人格理论认为,人格特质常常会表现为某种具体行为,[③]从而可以通过人格测量预测其工作表现,也可以通过相匹配的任务来培养相应的人格。[④]

已有研究证明,部分人格特质对创新创业行为具有显著的影响。吉森大学著名创业学教授劳赫(Rauch)在探究创业行为的心理过程中,证明了成就需要、自我效能感、创新性、压力承受能力、风险承担、主动性等人格特质与创业行为显著相关。[⑤] 其中,成就需要意味着选择中等难度任务,愿意承担责任,并积极关注行动结果;自我效能感意味着对自己在不确定情况下完成各种任务的能力充满信心;创新性意味着一个人愿意寻找新颖的行动方式;创新创业都是在不确定情况下做出有限理性的冒险决策,必然面临着风险和压力,压力承受能力和风险承担都是必不可少的;创新创业者必须自我启动,积极自主

① ROCCAS S, SAGIV L, SCHWARTZ S H, et al. The big five personality factors and personal values[J]. Personality and social psychological bulletin,2002(6):789-801.

② 李剑锋.组织行为学[M].北京:首都经济贸易大学出版社,2003:32,34.

③ RAUCH A, FRESE M. Let's put the person back into entrepreneurship research: a meta-analysis on the relationship between business owners' personality traits, business creation, and success[J].European journal of work and organizational psychology,2007(4): 353-385.

④ BARTRAM D. The great eight competencies: a criterion-centric approach to validation[J].The journal of applied psychology,2005(6):1185-1203.

⑤ RAUCH A, FRESE M. Let's put the person back into entrepreneurship research: a meta-analysis on the relationship between business owners' personality traits, business creation, and success[J].European journal of work and organizational psychology,2007(4): 353-385.

地发现机会、采取行动等实现与环境的有效互动,这就要求必须具有极高主动性。① 心理学教授德里森(Driessen)等通过实证方法也证明创新创业能力依赖一些关键的人格特质,如自我效能感、冒险精神、创新性、进取心等。② 由此可见,创新创业能力隐含一些必备的人格特质,这些人格特质并非直接从成功的创新创业者身上萃取出来的,而是发现其与创新创业过程具有内在逻辑关联,并在特定情境下能够有效发挥作用。③

劳赫、德里森、桑切斯等研究更关注人格特质,对能力构成探讨更为关注态度层面。而英国著名心理学教授巴特莱姆整合了人格特质、动机等要素,基于人格理论开发了"八大能力"模型,其能力构成更为关注行为层面。该能力模型不是直接挖掘创新创业人才所具有的人格要素,而是在深入探究与创新创业人格要素关联性极高的可测行为表现之后构建出的能力模型。巴特莱姆将能力定义为"有助于实现预期结果的一系列行为",④ 故基于人格理论的能力可以进行测量。该研究认为创新创业能力包含了八大能力,即领导与决策、支持与合作、沟通与交往、分析与表达、创新与变革、组织与执行、适应与调整、进取心,它们与五大人格(开放性、外向性、宜人性、责任心、神经质)、动机(成就需要、权力和控制需要)、特质(一般心智能力)等具有很高的相关性,而且八大能力往往直接影响工作绩效表现,从而可以不同程度地预测工作绩效。

总体而言,人格理论对创新创业能力研究具有如下重要启示:(1)人格特质往往表现为一系列行为,创新创业型人才所具有的创造性人格也可以通过

① RAUCH A,FRESE M. Let's put the person back into entrepreneurship research:a meta-analysis on the relationship between business owners' personality traits,business creation,and success[J].European journal of work and organizational psychology,2007(4):353-385.

② DRIESSEN M P,ZWART P S. The entrepreneur scan measuring characteristics and traits of entrepreneurs[EB/OL].(2007-07-12)[2019-10-03].http://www.necarbo.eu/files/E-scan%20MAB%20Article.pdf.

③ RAUCH A,FRESE M. Let's put the person back into entrepreneurship research:a meta-analysis on the relationship between business owners' personality traits,business creation,and success[J].European journal of work and organizational psychology,2007(4):353-385.

④ BARTRAM D,ROBERTSON I T,CALLINAN M. Introduction:a framework for examining organizational effectiveness [M]// ROBERTSON I T,CALLINAN M,BARTRAM D. Organizational effectiveness:the role of psychology. Chichester,UK:Wiley,2002:1-10.

一系列行为表现出来,进而可以构建出创新创业能力模型;(2)创新创业能力所蕴含的人格特质是可以测量和培养的,如进取心、冒险精神、自我效能感、创新性等;(3)创新创业能力所包含的人格特质与创新创业过程中的特定行为具有内在的逻辑关系,如冒险精神主要体现在个体在不确定的环境中果断决策的行为上。可以说,人格理论是创新创业能力研究不可或缺的理论基础。

(二)基于胜任力理论的能力模型

"胜任力"概念最早由哈佛大学教授戴维·麦克利兰(David McClelland)提出,他强调胜任力是某一工作中将有卓越成就者与普通人区分开来的典型个体特征。该理论虽然受到人格特质理论和认知风格理论的影响,但影响力却超越了两者,因为该理论更关注可观察和可测量的知识、技能、态度和行为,具有更强的实践指导力。换言之,胜任力理论不仅关注态度或行为,更注重对态度和行为的综合分析。如拉克乌斯在研究创业能力时,利用胜任力理论,从知识、技能、态度三个维度设计了创业能力框架,其能力框架包括 3 个层面的16 个具体子能力,如机会技能、资源技能、人际交往技能、自我效能、主动性、创新性等。[1] 不过,虽然拉克乌斯的能力模型所涵盖的能力要素非常广且具有可测性,但比较静态化且缺乏内在的逻辑,这些能力可否培养也值得怀疑。

另一学者昂斯滕克(Onstenk)基于胜任力理论提出了创业精神的关键技能(enterprising key skills)概念,认为它类似于职业教育和终身学习中的关键技能,适用于广泛创业活动,它的培养应面向所有学生。[2] 能力构成包括主动性、冒险精神、自信、自主和独立的需要、动机等。创业精神的关键技能这一概念被教育界接受,但其能力结构并未得到广泛认可。因为该能力结构比较散乱且缺乏实证支持,更偏向于态度而非行为,导致了控制和测量难的问题。

莫瑞斯(Morris)基于胜任力理论提出的十三能力模型较为完善。他认为创新创业能力是个体与环境之间不断互动的结果,是可测的和发展的。[3] 莫

---

[1] LACKÉUS M. Developing entrepreneurial competencies:an action-based approach and classification in education[D]. Goteborg:Chalmers University of Technology,2013:12.

[2] ONSTENK J. Entrepreneurship and vocational education[J].European educational research journal,2003(1):74-89.

[3] MORRIS M H,WEBB J W,FU J,et al. A competency-based perspective on entrepreneurship education:conceptual and empirical insights[J].Journal of small business management,2013(3):352-369.

瑞斯利用德尔菲法,从态度和行为两个层面构建了二元十三能力框架:(1)态度能力(韧性、弹性、自我效能);(2)行为能力(机会识别、机会评估、防范风险、构建愿景、创新行为、资源筹划、灵活性、创造价值、规划及调适能力、人际交往能力)。之后莫瑞斯对40名学生参加创新创业项目前后的13种能力进行了量表测量,发现13种能力都得到了显著提高,从而证明这13种能力都是可以通过学习而获得发展的。这说明,莫瑞斯的能力观比较科学且具有可操作性。然而在其研究设计中并未给出关于创新创业能力发展的完整框架,[①]从而其关于创新创业能力的结构论述有待进一步完善。

由此可见,基于胜任力理论关于创新创业能力研究证实了创新创业能力的可测性与可发展性。但相关研究采用的均是典型个案调查,缺乏对创新创业过程的系统解剖,无法找到创新创业行动节点及相匹配的关键能力,从而所建构的能力结构更像是一个散乱的拼盘,无法为创新创业教育提供理论指引。

(三)基于行动理论的能力模型

创业的本质是行动。创业是从机会识别,到计划确定、获取资源、应对风险,再到调整策略的一系列充满了不确定、令人紧张的活动。[②] 斯蒂文森(Stevenson)和杰里罗(Jarillo)认为创业行为的本质在于追求机会,且不论拥有何种资源。[③] 这就意味着创新创业者必须根据环境中的机会尽一切可能去采取行动,以实现识别、评估和利用机会的过程。[④] 也即创业是一个过程,是个人随着与环境的互动而采取的一系列行为。同时,创业也是一种思维方式,是一

① SILVEYRA G, HERRERO-CRESPO N, ANDREA P. Model of teachable entrepreneurship competencies (M-TEC): scale development[J]. The international journal of management education,2021(1):1-20.

② MORRIS M H, WEBB J W, FU J, et al. A competency-based perspective on entrepreneurship education: conceptual and empirical insights[J]. Journal of small business management,2013(3):352-369.

③ STEVENSON H, JARILLO J C. A paradigm of entrepreneurship:entrepreneurial management[J].Strategic management journal.1990(5):17-27.

④ VENKATARAMAN S, SHANE S. The promise of entrepreneurship as a field of research[J].Academy of management review,2000(1):217-226.

种有计划、有目的的行为。①

基于此，欧盟把创新创业能力定义为将想法转化为行动的能力。在文献梳理、指标筛选、专家研讨、案例研究、利益相关者评分等一系列研究后，欧盟专家建立了一个包括3领域15种能力的创新创业能力框架（即 EnterComp框架）。领域1：想法和机会，包括发现机会、创造力、愿景、评估想法、道德的及可持续发展的思路；领域2：资源，包括自我认知和自我效能、推动力和毅力、财务和经济的认知、动员他人、整合资源；领域3：付诸行动，包括采取主动、规划与管理、应对不确定性和风险、与他人合作、通过经历学习。② 该能力框架从想法和机会、资源到行动，分析了创新创业过程，将不同能力分配给特定阶段。

欧盟把创新创业能力看作是一种动态的、互动性的行动能力。其能力框架基于"产生想法—准备—实现想法"的行动逻辑，所涵盖能力要素非常全，但将整个行动仅划分为三步骤未免有些粗糙。另一方面，欧盟的能力框架更为关注社会价值而非个体自我发展，这就远离了行动理论的实质。因为行动理论强调个体是其发展的主体，行动是其发展的根源。行动理论的代表学者约森·布兰德施塔特（Jochen Brandtstädter）把"行动"界定为个体影响他们所处情景的一种手段，根据行动引发的反馈，个体实现对所处情景和自身的认识，并由此产生一系列未来行动的动机或意图。个体就是在"行动—反馈—自我组织—进一步行动"的过程中得以发展。③ 个体既是自身发展的积极建构者，也是自身建构的产物，从而行动过程是一种有意识的自我发展过程。

创新创业活动具有个体的和社会的双重意义，而对个体发展的意义是更根本的。从个体意义看，创新的本质即实现自我超越，而创业的本质即追求人

① GIANESINI G，CUBICO S，FAVRETTO G，et al. Entrepreneurial competences：comparing and contrasting models and taxonomies[M]//CUBICO S，FAVRETTO G，LEITÃO J，et al. Entrepreneurship and the industry life cycle. studies on entrepreneurship，structural change and industrial dynamics. Cham：Springer International Pulishing，2018：13-32.

② BACIGALUPO M，KAMPYLIS P，PUNIE Y，et al. EntreComp：the entrepreneurship competence framework[R]. Luxembourg：publication office of the European U-nion，2016：6-13.

③ 理查德·M.勒纳.人类发展的概念与理论[M].张文新，主译.北京：北京大学出版社，2011：264-270.

生理想价值实现;从社会意义看,创新指实现了科技突破,创业指获得了经营成功。[①] 显然,个体意义的创新创业更具有普遍意义,也是创新创业教育的出发点,社会意义的创新创业是一种结果,需要依赖个体意义的创新创业能力增长。故而,欧盟能力框架虽然具有很强的参考价值,但对创新创业教育开展的指导意义并不强。

综上所述,无论从人格理论出发构建的"八能力模型",还是从胜任力出发构建的"十三能力模型",或是从行动理论出发的欧盟能力框架,都无法为我国创新创业教育提供强有力的理论支撑。本书认为创新创业是一个人在应答环境挑战过程中发现自我、发展自我、实现自我进而超越自我的一系列行动,也是个体持续发展的动力所在。

二、创新创业能力"七步骤"模型的提出

（一）创新创业能力"七步骤"模型的设想

创新创业是一种思想见之于行动的过程,即将创新性想法变为创业性行动的过程。不论何种创新创业,最终都是由一个个具体行动构成的,创新创业能力就体现在一步步的行动过程中。创新创业过程可以划分为不同的阶段,不同阶段需要不同的能力,按照行动逻辑对创新创业能力进行分解,就可以对创新创业能力获得一个比较全面系统的认识。德国心理学家弗里塞(Frese)和扎普夫(Zapf)于1994年提出了行动理论模式(图2-1),描述了一个将目标与意图、行为相联系的过程。[②] 该模式揭示了个体行动的具体步骤,在其中,行动源于"渴望",即"某种需要",起点表现在"建立目标"上,行动过程则表现为"计划—执行"。行动结束则表现在"反馈"上,这也是新的行动的开始。

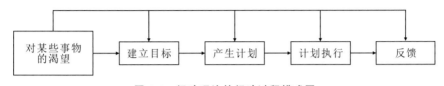

图2-1　行动理论的行动过程模式图

---

① 王洪才,郑雅倩.创新创业教育的哲学假设与实践意蕴[J].高校教育管理,2020(6):34-40.

② 俞文钊,苏永华.管理心理学[M].5版.大连:东北财经大学出版社,2015:142-143.

本书认为创新创业过程包含七个关键步骤，即"确定目标（起点）—行动筹划—果断决策—沟通合作—把握机遇—防范风险—逆境奋起（终点）"。它们对应七种关键能力，即目标确定能力、行动筹划能力、果断决策能力、沟通合作能力、把握机遇能力、防范风险能力、逆境奋起能力。[①] 这七种能力代表了行动的演化逻辑，也代表了人们行为的基本流程。[②] 因为做任何事情，首先要确定目标，其次是进行筹划，再次是需要果断决策、沟通合作和把握机遇并防范风险，最后当遇到挫折时或失败时必须能够乐观面对、百折不挠。

这七种能力是一个崭新的创新创业能力框架，也是创新创业活动必经步骤，具有普适性；而且这些行为具有可观察性，可以测量，也可以针对性地培养。[③] 这一能力框架不仅遵循了行动逻辑，也契合了中国传统哲学"知行合一"思想，是对传统中国哲学思想的创造性应用。

（二）创新创业能力"七步骤"模型的推演过程

1. 发现自我的能力

发现自我指个体对自我潜能有了一个比较敏锐的认识，当个体知道自己的潜能所在，就会为自己确立发展目标，从而发现自我过程就成为目标确定过程。目标确定过程是个体主体性强的集中体现，它是个体积极进取、不断探索的结果。当个体发现这种潜能之后就会对自己产生自我期待，愿意投入到实现自我潜能的行动中。具体而言，发现自我的根源是自信，自信是自我认同的结果。[④] 在此基础上，个体初步清楚了自身发展方向。此后，个体在与环境互动中进一步调适自己的发展目标，确保其发展目标实现的可能性。最后，个体在平衡内在追求和社会需求的基础上，最终确立一个明确的具有吸引力、挑战性的发展目标，从而指引个体不断付诸行动。所以目标确定过程，具体而言应该包括个体自我认知、自我认同、环境评估和目标确立四个环节，这四者之间

① 王洪才.论创新创业人才的人格特质、核心素质与关键能力[J].江苏高教，2020（12）：44-51.

② 王洪才，郑雅倩.创新创业教育的哲学假设与实践意蕴[J].高校教育管理，2020（6）：34-40.

③ SILVEYRA G，HERRERO-CRESPO N，ANDREA P. Model of teachable entrepreneurship competencies （M-TEC）：scale development[J].The international journal of management education，2021（1）：1-20.

④ 彭贺.人为激励研究[M].上海：格致出版社，2009：122.

是一个不断递进的关系。

2. 发展自我的能力

当个体发现自我潜能后,产生进一步证实这种潜能的动力,使自己的潜能由不可见变成可见,把不确定的潜能变成较为确定的能力,这就是一个发展自我的过程。这个发展过程包括行动筹划和果断决策两个关键环节。因为在有目的行动前必须进行通盘考虑和系统规划,初步设计出行动路径。行动筹划更多地是在理想层面,一旦付诸行动则必须慎重抉择和果断抉择,从而保障行动路径的最优化。

发展自我意味着个体必须以目标为导向,积极地将想法落实在具体行动中,只有在行动中才能够找到并缩短主观自我与客观自我之间的差距,从而对自我进行更加客观的审视并进一步挖掘自我发展潜能。发展自我的行动过程应该是有筹划的,因为人作为理性行动者,[①]行动往往既要独立自主,又要符合社会规范,同时还要勤于反思。[②] 具体而言,行动首先需要有具体的行动路径、资源,这是个体行动前必须做的准备工作。行动筹划就是为了找到较为完善的行动路径而不断修订行动方案的过程,它不仅需要充分利用各类已有资源,而且需要挖掘潜在的可用资源,从而探寻新的路径。所以,行动筹划需要具有制定规划、筹划资源和主动性等三个方面的能力。

个体在筹划行动后,就必须果断决策。果断决策也是一个人决断性强的表现,能够在关键时刻敢于冒险、不惧失败,做事当机立断、雷厉风行,这是一个人将思想上的设计付诸行动必不可少的,它包含了冒险精神和决策能力两个关键要素。一方面,个体必须在多种行动可能性中选择出最优方案,这是对一个人胆识和谋略的考验,因为决策就意味着风险性。[③] 另一方面,个体发展目标具有挑战性,这意味着接下来的行动可能面临着困难、风险甚至失败,个体在实施行动前,必须坚定信心与决心,抱定不达目标决不罢休的意志,果断决定采取下一步行动。这实质上也是一种风险决策。[④] 这就需要个体具有较强的冒险精神,若瞻前顾后、犹豫不决,难以克服内心的懦弱,就难以下定决心

---

① 乔恩·埃尔斯特.解释社会行为:社会科学的机制视角[M].刘骥,何淑静,熊彩,译.重庆:重庆大学出版社,2019:155-222.

② 奈杰尔·吉尔伯特.基于行动者的模型[M].盛智明,译.上海:上海人民出版社,2012:35.

③ 刘蓉,熊海鸥.运筹学[M].2版.北京:北京理工大学出版社,2018:126.

④ 张圣华.管理学基础[M].青岛:中国海洋大学出版社,2017:48.

061

采取之后的行动。

3. 实现自我的能力

实现自我是指实现理想自我，是个体面对外部世界积极进取的过程。要实现理想自我，首先就需要借助外力帮助，其次是把握好机遇，再次是防范风险。

个体在应对复杂的外部环境时，首先就需要借助外力帮助，这就要求具有较强的沟通合作能力。个体需要与他人沟通、合作并建立有利的社会网络，同时个体也在其中进行自我建构。沟通合作能力是一个人进入社会场域的必备能力，包括良好的表达、尊重他人、消除彼此间分歧、与他人达成共识等。如此，个体才能够与他人达成共同奋斗目标，组建为利益共同体，形成合力实现合作共赢。

其次，在不确定的环境中个体能够准确把握时机，并通过创新将机会的效益发挥到最大，这就会成为个体实现自我的关键节点。但机遇不可能从天而降，而是个体坚持开放的心态和创新的思维，在不确定环境中能够积极进取、勇于开拓，才有可能发现机会并抓住机会。这就要求个体必须能够忍受不确定性，对陌生的环境、事物抱有好奇心和容忍度，能够发现并评估机会，并且能够实施创新行为推动想法落地。故而把握机遇需要识别机会、忍受不确定性和创新性等要素。

再次，环境的复杂性、多变性决定了行动的风险性，所以行动中必须防范风险。实现自我应该是稳中求进，在把握机遇的同时也必须留意可能的风险，避免因轻视风险而造成重大的损失。防范风险是一种主动行为，而非被动为之。为此，个体在行动之前就必须设立防范机制，时时进行反思学习，预估各种可能风险，并对风险保持敏感性。如此才能防患于未然，并在风险来临时具有控制和应对能力。所以，防范风险要求个体具备建立防范机制的能力、反思能力、风险感知能力、风险管理能力。

4. 超越自我的能力

超越自我是著名心理学家弗兰克（Viktor Emil Frank）提出的一个概念，超越自我是个体对自身所处位置进一步的探索和理解，是为了更好地把握人生，更有意义地去生活。人生不应满足于现状，而是勇于挑战自我、不断创造。超越自我意味着个体必须扩展个人能力，突破成长上限，不断实现心中的梦想。超越自我并不容易，必须重新认识自己，经历磨砺及修炼，挖掘出内心向上的欲望和潜能,以一种更加积极的、创造性的态度面向环境。[①] 个体面临挑战、困难、失败等境况时,能否打破僵局并顺利度过,决定了个体是否能够迈向新台阶。

个体成长过程始终是一个机遇与挑战共存、希望与困难共生的过程,任何尝试也都可能会面临困难、风险和失败,这就意味着个体需要具备强大的心理资本。能够勇敢面对挫折并将压力转化为动力,以积极的态度寻求解决问题的办法,是个体在成长和发展过程中的一种积极心理状态,是促进个人成长和绩效提升的重要心理资源。[②] 为此,个体需要始终对事物保持乐观的心态,在逆境中能够迅速恢复,并锲而不舍地追求更高的自我目标。该心态能够帮助个体进行自我调节、自我管理、自我完善,最终实现自我超越。心理资本主要的表现就是抗挫折性,能够在逆境奋起,具体能力应为乐观、希望和韧性。

(三)创新创业能力"七步骤"模型的形成

本书认为创新创业是个体在与环境互动中,通过一系列行动发现自我、发展自我、实现自我和超越自我。这一自我发展理论构成了创新创业能力模型构建的哲学基础。创新创业主体能力框架是基于行动理论设计而成,将创新创业过程分为七个关键行动节点,这七个关键行动不仅符合理性行为的客观规律,而且与自我发展过程存在内在逻辑关系。需要说明的是,行动不仅仅包括外显行为,也包括内在的态度。态度和行为是一体的,不可能截然分开,因为真正的行动必须是知行合一的。对此,人格理论、胜任力理论、行动理论都认可态度能力和行为能力。故本书在思考每个关键能力的具体能力指标设计时,参照了胜任力理论、人格理论和行动理论,分别对七个关键能力的内涵、特征、表现等进行探究,从而构建出一个完整的、可测量的、具有普适性的创新创业能力评价指标体系。该创新创业能力模型详见图 2-2。

---

① FRANKL V E. Self-transcendence as a human phenomenon[J].Journal of human-istic psychology,1966(2):97-106.

② FRED L, CAROLYN Y M, BRUCE A.心理资本:第 2 版[M].王垒,童佳瑾,高永东,等译.北京:中国轻工业出版社,2018:21-50.

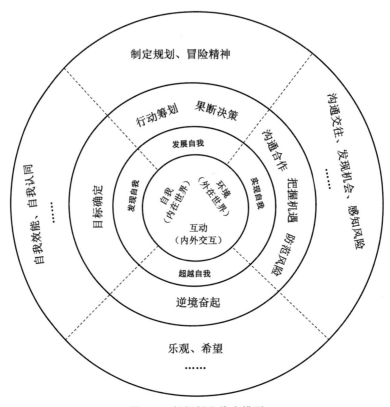

图 2-2　创新创业能力模型

三、创新创业能力评价指标体系的构建

（一）评价指标的拟定

评价指标体系拟定主要分为两步：一是指标的发散；二是指标的聚合。

指标发散是根据七个二级能力的内涵、评价可操作性、能力行为表现，对二级能力进行分解，进而形成三级能力指标，初步建立能力评价指标库。如"目标确定能力"强调个体主动探寻内在世界（自我意义、自我追求等），再对外在环境有清晰全面的评估后形成自我判断，明确自己所处的位置及与外部环境的关系，从而确立自身发展目标。根据"目标确定能力"的内涵对其可观测指标进行分解，之后汇总不同的分解指标。汇总后发现有不同的分解结果："自信""自尊""自我和谐""自我意识""自我效能""自我认同""核心自我评价""自我认知""分析判断""环境评估""目标设置""目标导向"，将这些指标的内涵、特点、行为表现、参考文献来源等均录入评价指标库。其余二级能力的操作步骤同上，最终形成创新创业能力评价指标库Ⅰ。

指标的聚合是对评价指标库中的指标进行二次探索，删除与二级能力之间相关性低的三级能力指标，合并相互之间存在包含关系的三级能力指标，整合相互之间存在交叉关系的三级能力指标，以形成相互间独立且与二级能力指标相关性高的三级能力指标。为完成指标聚合，研究团队所有成员分别就自己设计的指标体系进行阐释，之后大家分别就指标发表意见，再集中讨论，最后确定指标的取舍及修正结果。仍以"目标确定能力"为例，指标库中的"自我认同""自我和谐""自我效能"存在重叠关系，且包含"自信""自尊"，保留"自我认同"，其余删除；"自我意识""自我认知""核心自我评价"高度重合，将三者进行整合，命名为"自我认知"；"分析判断"和"环境评估"存在交叉关系，整合为"评估形势"；"目标设置"包含"目标导向"，删除"目标导向"。"目标确定能力"经过聚合分析后，其三级指标为"自我认同""自我认知""评估形势""目标设置"，将指标的内涵、操作性定义、行为特征录入评价指标库。其余能力操作步骤同上，最终形成创新创业能力评价指标库Ⅱ（以下简称"指标库Ⅱ"）。该库包括 7 个二级指标，25 个三级指标。

(二)评价指标的修订

拟定评价指标后，采取专家评议法对指标库Ⅱ中的指标进行修订完善，主要步骤为指标评分、专家研讨、指标修订，最终形成创新创业能力评价指标体系。

1. 指标评分阶段

面向专家学者、教师、创新创业者、研究生、本科生发放问卷 40 份，回收的有效问卷为 38 份，有效回收率为 95%。其中包括 3 名创新创业教育、教育测量与评价、教育心理学的专家学者，4 名创新创业导师、课程教师，3 名创新创业者，9 名教育学、心理学、管理学研究生，19 名文理工农医等学科的本科生。研究对象根据指标的操作性定义对指标的合理性进行评分，评分为 1—5 分（非常不合理、不合理、不确定、合理、非常合理）的选项，最后一题为开放性题目，由评分人对指标体系提出其他意见及建议。对评分结果进行统计，发现所有指标的平均分均在 4.2 以上，同级能力的组间标准差在 0.65 以下，说明专家、教师、创新创业者、学生对指标体系基本上持有相同的看法，对该指标体系也是基本认同的。征集到的开放性意见主要为修改指标名称表述，接受部分

较为集中且合理的建议,对部分指标重新命名。

2. 专家研讨阶段

请 4 名专家对指标划分、名称、可操作定义、观测点进行研讨,并提出建设性意见。创新创业能力的二级指标框架得到了专家学者的认可,部分三级指标存在命名欠妥、能力内涵交叉、操作性定义不清等问题。

3. 指标修订阶段

研究团队综合专家的所有建议,进一步对指标进行修订,最终确定了 7 个二级能力指标和 21 个三级能力指标。

（三）评价指标的确立

经过一系列的指标研制工作,研究团队最终确立了创新创业能力评价指标体系,具体指标及操作性定义见表 2-1。

表 2-1　创新创业能力评价指标体系

能力框架	能力指标	能力分类	操作性定义
目标确定能力	自我认知	态度能力	一个人对自己的性格、兴趣和优势有清晰的认识
	自我认同	态度能力	一个人对自己能力和存在价值的肯定
	评估形势	行为能力	一个人对自己所处环境态势能够做出准确的把握
	目标设置	行为能力	一个人知道自己在合适的时间内该追求什么
行动筹划能力	制定规划	行为能力	一个人对自己应做的事项能够进行全盘考虑
	筹划资源	行为能力	一个人知道自己行动需要什么资源并能够想办法获得
	主动性	态度能力	一个人积极地把想法付诸行动
果断决策能力	冒险精神	态度能力	一个人在没有十足把握的前提下仍敢于采取行动
	大胆决策	行为能力	一个人善于在冲突的选择中做出最符合自己意愿的决定
沟通合作能力	沟通交往	行为能力	一个人有效地表达自己意见并获取他人意见
	团队合作	行为能力	一个人善于与他人共同解决问题和克服困难
	解决冲突	行为能力	一个人善于调解分歧并获得共识

能力框架	能力指标	能力分类	操作性定义
把握机遇能力	发现并评估机会	行为能力	一个人善于发现事物的有利方面并把它转变成现实
	忍受不确定性	态度能力	一个人能够对事物发展的不明晰状态保持平和的心态
	创新行为	行为能力	一个人善于从新角度思考问题并采取行动
防范风险能力	感知风险	行为能力	一个人具有善于发现事物不良苗头的意识及敏感性
	反思学习	行为能力	一个人发现自己不足并加以弥补
	风险管理	行为能力	一个人善于从不利角度思考问题并采取对策
逆境奋起能力	乐观	态度能力	一个人对事物经常持积极的态度
	希望	态度能力	一个人对自我始终持肯定的态度
	韧性	态度能力	一个人不惧怕挫折并能够在挫折中成长的能力

第三章

大学生创新创业能力影响因素理论模型

本章首先系统分析了大学生创新创业能力影响因素相关研究；其次，在已有研究的基础上，构建了大学生创新创业能力影响因素圈层理论模型；最后，在大学生创新创业能力影响因素圈层理论模型的指导下，结合大学生能力发展相关研究，提出系列研究假设。

第一节　大学生创新创业能力影响因素相关研究综述

著名的创业教育研究者法约尔和图坦（Toutain）对创业教育已有较为清晰的区分：一是狭义创业教育的学习目标是培养学生狭义创业能力，也就是培养学生去创业的能力，这属于技术技能（technical skills）；二是广义创业教育的学习目标是培养学生广义创业能力，也就是创业思维能力，这属于软技能（soft skills）。[1] 他们将创业思维能力定义为一套动态的态度、价值观和跨学科能力，具体而言包括行为能力和态度能力，如动机、自信、团队合作、自我反思等。创业教育的能力目标分为软技能和技术技能，[2]这种分类方式已经得到了国外较多研究的认可。广义创业教育理论认为创业教育的目的是让学习

---

① TOUTAIN O，FAYOLLE A. Labour market uncertainty and career perspectives：competence in entrepreneurship courses[M]//MULDER M. Competence-based vocational and professional education. Cham：Springer International Publishing，2017：988.

② MARTÍNEZ L，MUÑOZ J. Are andragogy and heutagogy the secret recipe for transdisciplinary entrepreneurship education? [J].European business review，2021(6)：957-974.

者实现行为方式和观察世界的方式转换,培养所有学生拥有软技能。[①] 本书的创新创业能力与软技能有高度相似之处,故本书在探讨创新创业能力影响因素时借鉴广义创业教育理论。

广义创业教育理论对创新创业能力影响因素已有较为系统的认识。如法约尔和图坦认为不论是培养学生狭义创新创业能力,还是培养学生广义创新创业能力,都与四种关键因素有关:(1)学生的个人投入;(2)学习目标;(3)学习环境;(4)教师角色。[②] 他们在此基础上提出了获得创业能力的过程模型[③],见图 3-1。该模型认为学习目标、环境、教师与学生存在互动关系,最终影响学生的能力获得。学习目标决定了课程与教学的实施范式。获得狭义创业能力的课程与教学是"教学范式"。因为获得狭义创业能力是为了让学习者成为企业家,学校的使命是传授一套确定的技能和"真理",个人被训练成拥有已被证实的知识体系和理性批判性思维,教学的主要途径是知识转移。根据这种"教学范式",教育者期望学生阅读、使用演绎推理、提供逻辑和理性的论证,并展示良好的知识结构。[④] 但获得广义创业能力的课程与教学是"学习范式",而非"教学范式"。因为广义创业教育是将经验转化为学习,学生正是在知识创造的整个过程中转化了自我,[⑤]这也就是杜威提倡的"做中学",也就是从经验中学习。在这种模式下,学校和教师倾向于通过感觉和经验对学生进行教育,这意味着学生通过理解他们自己的日常经验来学习。从"教学范式"转向"学习范式",意味着学生角色、教师角色、课程及教学的形式以及学校环境都发生了改变。

① HARRISON R T,LEITCH C M. Entrepreneurial learning:researching the interface between learning and the entrepreneurial context[J].Entrepreneurship:theory & practice,2005(4):351-371.

② TOUTAIN O,FAYOLLE A. Labour market uncertainty and career perspectives:competence in entrepreneurship courses[M]//MULDER M. Competence-based vocational and professional education. Cham:Springer International Publishing,2017:988.

③ TOUTAIN O,FAYOLLE A. Labour market uncertainty and career perspectives:competence in entrepreneurship courses[M]//MULDER M. Competence-based vocational and professional education. Cham:Springer International Publishing,2017:988.

④ BARR R B,TAGG J. From teaching to learning:a new paradigm for undergraduate education[J].Change:the magazine of higher learning,1995(27):12-26.

⑤ HARRISON R T,LEITCH C M. Entrepreneurial learning:researching the interface between learning and the entrepreneurial context[J].Entrepreneurship theory & practice,2010(4):351-371.

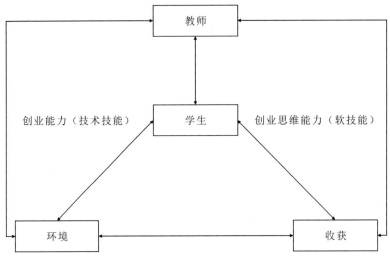

图 3-1　获得创新创业能力的过程模型

一、学生角色是主动行动者

从比较角度看，传统教育主要目的是让学生获得系统的理论知识，教师是专家及权威，教学方式多为讲授式，学生是知识的被动接受者。（创新）创业教育主要目的是让学生有能力创新地解决问题，鼓励学生自主探索现实世界，让学生从自己的经验中学习。英国高等教育质量保障总署（QAA）认为发展学生创新行动能力的关键是学生的主动学习模式（active learning mode），在这种模式中学生把问题和机遇当作创造性解决问题的工具，从而进行深入探索。[①] QAA 还认为学习活动通常应以小组为单位，倡导体验式学习，而且鼓励个人及小组进行反思性学习。在（创新）创业教育中，学生的角色已经不再是传统教育中的被动接受者，而是主动行动者。

学生角色是主动行动者，意味着学生在学习中具有高度行动自觉性。悉尼大学著名创业学教授劳赫认为创新创业者必须自我启动，积极自主地发现

---

① Quality Assurance Agency for Higher Education. Enterprise and entrepreneurship education：guidance for UK higher education providers[M].Gloucester：QAA,2012:19.

070

机会、采取行动等，实现与环境有效互动，这就要求个体必须具有极高主动性。[①] 意大利贝加莫大学哈恩（Hahn）教授等[②]、美国百森商学院学者尼克（Neck）等[③]都认可创业教育是一种主动学习的形式，这种主动学习形式允许学生像真正的企业家那样通过自己的行动学习。英国著名创业教育专家杜伦大学教授吉布[④]、英国著名创业教育专家格罗斯泰斯特主教大学教授雷（Rae）[⑤]也认为创业教育应强调主动学习，即学生自己在学习过程中发挥中心作用的自主学习。

学生在创新创业教育中是自主行动者，特征表现是自主学习（self-directed learning），学生通过自主学习获得创新创业能力。自主学习产生于20世纪70年代，其理论基础是认知建构主义和社会建构主义。自主学习的学习者利用动机、行动能力等控制影响学习过程的因素，学生"训练自己"，脱离传统的基于传播的学习模式。自主学习取决于三个关键要素：自我决定（self-determination）、自我调节（self-regulation）、自我效能（self-efficacy）。[⑥]自我决定（self-determination）也就是拥有自主权，是个体感觉可以自由选择

---

① RAUCH A，FRESE M. Let's put the person back into entrepreneurship research：a meta-analysis on the relationship between business owners' personality traits，business creation，and success[J].European journal of work and organizational psychology，2007(4)：353-385.

② HAHN D，MINOLA T，VAN G A，et al. Entrepreneurial education and learning at universities：exploring multilevel contingencies[J].Entrepreneurship and regional development，2017(9-10)：945-974.

③ NECK H M，GREENE P G. Entrepreneurship education：known worlds and new frontiers[J].Journal of small business management，2011(1)：55-70.

④ GIBB A. Concepts into practice：meeting the challenge of development of entrepreneurship educators around an innovative paradigm：the case of the international entrepreneurship educators programme（IEEP）[J].International journal of entrepreneurial behaviour and research，2011(2)：146-165.

⑤ RAE D. Action learning in new creative ventures[J].International journal of entrepreneurial behaviour and research，2012(5)：603-623.

⑥ TOUTAIN O，FAYOLLE A. Labour market uncertainty and career perspectives：competence in entrepreneurship courses[M]//MULDER M. Competence-based vocational and professional education. Cham：Springer International Publishing，2017：988.

自己的行动，并可以自由开展行动，个体在选择行动以及行动过程中是积极主动的。[①] 自我决定是自主学习的关键，因为自我决定程度与学习动机强度高度相关，尤其影响动机的持续性。自我调节（self-regulation）是自主学习的另一个决定性维度，自我调节是个人通过使用策略来实现自己设定的行动目标，从而对当前行为、认知、情绪和动机进行控制。齐默尔曼（Zimmerman）的自我调节周期模型将自我调节分为三个阶段，即计划阶段、行为或意志控制阶段、自我反思阶段，这三个阶段组成了循环周期。[②] 在计划阶段，学习者要在分析任务后设置目标、策略，形成自我动机信念，如自我效能、目标定向等；在行为或意志控制阶段，学习者需要自我指导、使用策略、自我观察等；在自我反思阶段，学习者需要自我评价、归因等。自我调节在能力发展中起着重要作用，因为个体需要自我调节来获得能力，需要自我调节统一知识、技能和思想。[③] 自我效能（self-efficacy）是个体对行为难易程度的感知，最佳的自我效能感会产生信心和自信，从而当个体面对挑战时会受到内在激励，并坚持下去。[④]

在创新创业教育中，学生的自主学习过程也是学生自主行动的过程，体现了学生具有较强的行动能力。自我决定（self-determination）与动机、满足有关，自我调节（self-regulation）与策略有关，自我效能（self-efficacy）与实现目标的行动能力信念有关。这三者的结合促进了所谓的"能动性"（agentivity），也就是一个人的行动能力，个体通过与环境中的各种资源交互来指导自身学习。[⑤] 学生作为一个社会主体，可以说是一个社会行动者，表现出主动性，与

① CARRÉ P. L'autodirection des apprentissages[M]// CARRÉ P, MOISAN A, POISSON D. L'autoformation, perspectives de recherche. Paris：Presses Universitaires de France，2010：117-169.

② ZIMMERMAN B J, MOYLAN A R. Self-regulation：where metacognition and motivation intersect[M]//HACKER D J, DUNLOSKY J, GRAESSER A C. Handbook of metacognition in education.New York：routledge.2009：299-315.

③ MULDER M. Conceptions of professional competence [M]//BILLETT S, HARTEIS C, GRUBER H. International handbook of research in professional and practice-based learning.Dordrecht：Springer，2014：107-137.

④ BANDURA A, LOCKE E. Negative self-efficacy and goal effects revisited[J]. Journal of applied psychology，2003(1)：87-99.

⑤ TOUTAIN O, FAYOLLE A. Labour market uncertainty and career perspectives：competence in entrepreneurship courses[M]//MULDER M. Competence-based vocational and professional education. Cham：Springer International Publishing，2017：985-1006.

环境互动并从互动中学习,所以学生同时也是知识的共同生产者。自主学习者本身就像一个企业家,在学习中表现出主动性、独立性和坚持性;他们对自己的学习负责,认为问题是挑战,而不是障碍;自主学习者能够自律,并表现出高度的好奇心;他们有自信和强烈的改变欲望;他们愿意运用自己的学习技能来安排时间和调整自己的节奏,并制订计划成功完成工作;自主学习者是喜欢学习并倾向于拥有强烈目标导向的个体。[①] 学生自主学习过程是学生自主采取行动的过程,学生有能力的行动意味着自我负责、自我组织、自主地、灵活地、创造性地行动,以适应和应对未知的情况。[②] 学生的自主学习过程与创新创业行动过程有着本质上的相似之处,都极为强调学生主动性、创造性。

　　已有(创新)创业教育研究将自主学习理论应用于学生的(创新)创业学习过程中,认为学生的(创新)创业学习过程,与学生的已有成功经验、内在动机等具有密切的关系。芬兰的(创新)创业教育学者塔蒂拉教授将自主学习理论应用于创业学习过程,认为(创新)创业学习是在现实生活中获得知识,这既不是归纳的,也不是演绎的,而是一个溯因过程(abductive process)。[③] 溯因过程是一个知识创造过程,作为知识获取的一部分,获取者需要为已获得的信息创造新的概念或意义。一个(创新)创业型的学生通过实际经验不断学习,并通过提出解决新问题的创造性解决方案来创造新的个人知识。同时,学生也有强烈的动机去创造一些个人感兴趣的东西,而且会很专注。塔蒂拉还认为有动机的学习变成了一个周期性的过程,通过溯因过程不断地创造新的知识。[④] 学生之所以能形成创业学习周期,其中很重要的一环就是动机,学生的学习不是受外部因素引导的,而是受内在因素引导的。换言之,如果学习真是基于个人兴趣,如此就产生了强大的内在动力。内在动机促使(创新)创业的发展,进而产生学习,之后获得个人成功,使个人获得意义、效能感、自我控制

　　① TOUTAIN O, FAYOLLE A. Labour market uncertainty and career perspectives: competence in entrepreneurship courses[M]//MULDER M. Competence-based vocational and professional education. Cham: Springer International Publishing, 2017:1000.

　　② MATTHIAS V. Competence, qualification and action theory[M]//MULDER M. Competence-based vocational and professional education. Cham: Springer International Publishing, 2017:67-82.

　　③ TAATILA V. Learning entrepreneurship in higher education[J]. Journal of education and training, 2010(1):48-61.

　　④ TAATILA V. Learning entrepreneurship in higher education[J]. Journal of education and training, 2010(1):48-61.

感等心理授权,进而再次形成动机。

有学者在自主学习理论基础上,系统探讨了学生的(创新)创业学习过程。雷系统地探究了学生通过行动学习(创新)创业的四个主要问题:"why,who,how,what",即"为什么学习、和谁学习、怎么学习、学习什么"。[①] "为什么学习"是指学生学习的动机是什么,雷认为学生主动学习的原因主要为兴趣或好奇心、计划学习、对机会的反应、对紧急或当前需要的认识等。兴趣或好奇心是学生学习的内在动机,后三者均为外在动机,持有这三种动机的学生更多的是为了获得某种成绩。"和谁学习"是指学生利用何种人力资源学习,雷认为学生要向导师、同伴、企业家等学习,这实际上也就是我们强调的师生互动、生生互动等学习策略。"怎么学习"是指学生的学习途径和方法,雷指出学生通过课程、活动、讲座、体验式和发现式学习、电子学习资源等学习,也就是学生要在课堂、课外活动、实践实习、利用工具资源中学习。"学习什么",雷认为学生要学习人际关系、自我效能感、创新、时间管理、规划管理等。雷较为系统地阐释了创新创业教育中学生主动学习的动机、学习方式、学习策略等,为我们挖掘大学生创新创业能力影响因素提供了借鉴。

总体而言,创新创业教育理论普遍强调学生的主动性,认为创新创业能力需要学生在自主学习过程中,通过一个个的行动实践而获得。这一过程离不开学生的主动性、自我调节、自我效能等。创新创业教育中学生是主动行动者,创新创业能力学习过程与学生的动机、学习策略、自我效能、行为投入等都有着很强的相关性。创新创业教育的核心是如何促进学生主动学习,如何发挥学生的主体性和能动性。

二、教师角色是行动促进者

在创新创业教育中,教师把学习的控制权交给学生自己,让学生自主决定何时采取何种行动、如何采取行动等。国外关于(创新)创业教育的认识都强调了减少教师的控制、增强学生在学习中的自主性,让学生自主决定自己的行动。可以说,创新创业教育的教学方法发展是学术界实现"真正的主动学习"

---

① RAE D. Action learning in new creative ventures[J].International journal of entrepreneurial behaviour and research,2012(5):603-623.

的一项挑战。① 因为创业思维所需的软技能要求学生必须具有主动性,并具有创造性、合作性和自主性,以便找到创造性的解决方案。所以教师就必须采用更具有社会建构意义的方法,鼓励学生在不确定和混乱的环境中冒险。如此,教师的角色就不再是知识的传递者,而是学生行动的鼓励者、促进者、创意企业家等。②

毋庸置疑,教师对学生的学习过程和学习收获都有至关重要的影响。③ 具体而言,教师激发学生学习兴趣,激励学生学业参与,以及教师与学生互动,均是影响学生学习过程和收获的关键因素。④（创新）创业教育强调教师为学生设置一系列学习项目或任务,学生个体或团体自主完成项目或任务。这种教育模式看似弱化了教师的作用,实则是强化了教师的作用,而且对教师的能力提出了更高的要求。教师作为学生行动的促进者,必须创造性地设计课程或项目,激发学生主动学习的兴趣、动机等,激励学生在学习过程中不断克服困难,及时指导学生创造性地解决问题。在学生自主学习过程中,教师需要为学生提供多种支持,如自主支持、情感支持、能力支持等。这就要求教师必须与学生有较好的人际关系,较多的师生互动。概言之,良好的师生关系、较多的师生互动是教师能够发挥支持性作用的前提条件。

教师发挥行动促进者作用是有前提条件的,即师生之间必须建立起民主平等的关系。但已有研究认为我国大学中的师生关系是不平等的,阻碍了教师在课堂内外发挥引导学生自主成长的作用。如贝尔(Bell)认为中国的课堂中教师权力较大,学生的权力和影响较小,如此就培养了一种大学文化,即教

① LANTU D C, SUHARTO Y, FACHIRA I, et al. Experiential learning model: improving entrepreneurial values through internship program at start-ups[J]. Higher education, skills and work-based learning, 2021(1):107-125.

② MEZIROW J. Transformative learning: theory to practice[J]. New directions for adult and continuing education, 1997(74):5-12.

③ WUTTKE E, SEIFRIED J. Modeling and measurement of teacher competence: old wine in new skins? [M]// MULDER M. Competence-based vocational and professional education. Cham: Springer International Publishing, 2017:883-901.

④ DAY C. Competence-based education and teacher professional development[M]// MULDER M. Competence-based vocational and professional education. Cham: Springer International Publishing, 2017:165-182.

师是被委托传递知识的人,学生是被动的学习者。① 中国学生长期在更大权力距离和较弱个人主义文化影响下,形成了传统的接受式学习风格,即学生更习惯于教师在教学中采用说教的方式。② 换言之,我国大学生更喜欢以理论为导向的课程学习模式,不习惯以实践为导向的学习模式。在我国,当教师尝试采用"以学生为中心"的教学模式时,学生却仍然是被动学习,参与积极性低、投入少。建构主义提倡的体验式学习、行动学习等都需要学生作为积极的学习者和教师作为促进者,如此才可以实现教学方法应有的作用。概言之,任何以学生为中心的体验式教学方法都要求学生积极参与教学过程。当前,我国教师反映大多数学生在课堂上缺乏参与度,尤其是当教师采用需要学生参与的创新教学方法时,学生对这些教学方法缺乏热情或合作,故而导致创新教学改革难以推进。课堂是师生互动的载体,也是良好师生关系形成的关键场域,高质量的课堂能够将师生互动延续至课外。若教师在课堂上是具有较强包容性的鼓励者,鼓励学生自主学习,与学生形成了学习共同体,则为课堂外的师生互动奠定基础。

鉴于我国的特殊师生文化,在创新创业教育中发挥教师的行动促进者作用时,应格外关注师生关系、师生互动、教师支持等影响因素。当教师给予学生更多的支持,与学生有良好的师生关系,有更多师生互动时,则能够缩短教师与学生之间的权力距离,从而帮助学生更多地参与课堂学习,学生在课堂之外也能够与教师有更多的交往学习机会。

三、课程教学理念是能力本位

创新创业要求学生在面对复杂现实情景时,必须能够创造性地解决问题。这就意味着创新创业要求学生具有一系列的知识、技能、态度等,传统教育难以培养学生的创新创业能力。因为传统教育的课程教学多是知识本位,强调教授学生固定的知识,让学生掌握既定的理论及抽象概念。知识本位的课程教学将学科知识"原子化",对单个知识点进行讲授,忽略不同知识在实际应用中的组合和联系。实际上学生仅仅知道知识是不够的,学生拥有知识并不意

① BELL R. Adapting to constructivist approaches to entrepreneurship education in the Chinese classroom[J].Studies in higher education,2020(8):1694-1710.

② BELL R, LIU P. Educator challenges in the development and delivery of constructivist active and experiential entrepreneurship classrooms in Chinese vocational higher education[J].Journal of small business and enterprise development,2019(2):209-227.

味着拥有能力。因为能力是指个人具有在特定环境下调动和运用知识、技能、价值观、动机、态度等成功完成特定任务的主观条件。一言蔽之,学生必须能够运用所学的知识。

创新创业教育改革的重点是课程及教学,通过能力本位(competence-based)的课程及教学培养学生的创新创业能力。能力本位的课程模式强调学生主动学习,强调在实践中学习,强调有意义学习,强调课程内容跨学科性及教学方法的灵活性。[1] 教师通过设置情景化问题,指导学生综合运用知识、技能及态度等创造性地解决问题,以获得创新创业能力。具体而言,教师根据学生特点设计灵活的学习计划;学习计划的核心是复杂的情境性问题;课堂学习与实践经验学习紧密联系;知识、技能和态度始终融入学习过程;学生以个体或团队的形式在各种有意义的具体实践环境中开展学习活动;学生需要随时反思自己的学习,对自己的学习进行自我调节,并对自己的学习过程负责;教师是教练、导师和专家,随时根据学生的学习需要调整学生学习计划,并提供各种指导、鼓励和帮助。[2]

创新创业教育课程在很大程度上是跨学科的,它不专注于某一个领域,而是涵盖了许多学科。芬兰的(创新)创业教育学者塔蒂拉教授认为(创新)创业教育要采用整体的学习方式,这与成为企业家的情况非常相似,即一个人永远不知道明天会发生什么,但必须做好相应的准备工作。[3] 他认为传统的学术学习方式,是对学科进行"原子化",即将学科知识拆分成一个个的原子然后讲授它。但创新创业教育必须采用整体观点的学习方式。因为创新创业的关键不在于掌握所涉及的全部技能,而是在于个体能够控制它们之间的联系。雷教授也认为与掌握单个技能相比,整体的创新创业技能更为重要,整体的创新

① WESSELINK R,BIEMANS H,GULIKERS J,et al. Models and principles for designing competence-based curricula,teaching,learning and assessment[M]//MULDER M. Competence-based vocational and professional education. Cham:Springer International Publishing,2017:533-553.

② STURING L,BIEMANS H J A,MULDER M,et al. The nature of study programmes in vocational education:evaluation of the model for comprehensive competence-based vocational education in the Netherlands[J]. Vocations and learning,2011(3):191-210.

③ TAATILA V. Learning entrepreneurship in higher education[J].Journal of education and training,2010(1):48-61.

创业技能强调不同技能之间的相互作用和协调。① 进言之，创新创业不是一个有严格计划并循序渐进的过程，而是一种迭代学习的过程。所以创新创业学习也不可能采用循序渐进的程序化课程培训模式，而应该采取行动学习（action learning），让学生在解决问题的过程中获得能力。所以创新创业教育的内容不再是强调系统性和逻辑性的学科知识传递，而是要为学生提供更为综合性、挑战性的实践问题，让学生利用多学科的思维、知识等，具有主动性、创造性、合作性和自主性地开发出创造性的解决方案。

能力本位的课程教学策略超越了传统的说教方式，更为强调开放性及参与性。因为知识本位的传统课程教学方法是规定性的，目的是让学生获取技术知识、执行任务；但能力本位的创业教育教学方法及教学策略应该是开放式的，目的是教会学生如何行动。创新创业教育的有效教学模式是要考虑学生的经验，采用灵活的、情境性的、以学生为中心的方法，鼓励学生探索和自我导向的学习行动，同时帮助学生了解如何掌握自主学习。国外已有大量文献对比了传统教育与创新创业教育的方法，具体而言为：被动方法与主动（或反思）方法②；传统（被动、演绎）方法与创新（主动、归纳）方法③；供给模式、需求模式及能力模式④；以教师为中心的教学与以学生为中心的教学⑤；普遍性风格与

① RAE D. Understanding entrepreneurial learning: a question of how? [J].International journal of entrepreneurial behaviour and research,2000(3):145-59.

② BENNETT R. Business lecturers' perceptions of the nature of entrepreneurship [J].International journal of entrepreneurial behavior & research,2006(3):165-188.

③ PECH M, REHOR P, SLABOVÁ M. Students preferences in teaching methods of entrepreneurship education[J]. Journal on efficiency and responsibility in education and science,2021(2):66-78.

④ B'ECHARD J P, GR'EGOIRE D. Entrepreneurship education research revisited: the case of higher education[J].The academy of management learning and education,2005(1):22-43.

⑤ KRUEGER N. What lies beneath? The experiential essence of entrepreneurial thinking[J].Entrepreneurship theory and practice,2007(1):123-138.

特殊性风格①；说教式教学与体验式教学②；以理论为导向与以实践为导向③。布朗（Brown）总结了创新创业教育项目及课程中的教学策略特点如下：(1)将学习放在其实际应用的背景下；(2)要求深入理解问题的概念；(3)提供学习活动，使学生能够利用他们喜欢的学习方式；(4)课堂以学生为中心，指导学生制定自己的目标和实现目标的策略，为学生提供了自我实现的机会，让学生承担起学习的责任；(5)整合内容和背景；(6)教师是教练和导师，而不是知识的传递者；(7)需要协作和团队合作；(8)要求学生达到创新标准；(9)让学生自主探索、解决问题和反思。④ 这些教学策略的目的都是为了给学生提供充分支持自主学习、自由探索的环境和机会，让学生能够以自己的方式充分参与学习。

四、学习环境强调支持性及开放性

在创新创业教育中，环境对教学的成功和学生个人的自我发展起着关键作用，因为它是个体学习及能力建构的关键资源。开放的支持性环境让学生与环境中的各种参与者互动，而这种互动在学生的学习过程中发挥着重要作用，能够促进学生获得能力。环境的开放度和支持度决定了学生的参与深度和互动程度，构建开放的学习方法、学习过程等，目的都是让学生最大限度地与环境互动，并在互动及合作中找到问题解决方法。创新创业教育认为影响学生创业能力的关键因素为环境、教学、教师、学生等，而这些因素并非孤立存在的，而是在不断互动的，是相互适配的整体性架构，最终目的是为学生提供"自主支持"(autonomy-supportive)的学习环境，从而促进学生主动学习。戴维（Davey）等认为（创新）创业教育需要三个支持性条件：(1)实施实践教学的条件，如具备跨学科素养的教师、创新教学法、体验式学习法等；(2)吸引校内外利益相关者合作，如与教师、校长、学生社团、企业家等合作；(3)创造有利的

① BLENKER P，FREDERIKSEN S H，KORSGAARD S，et al. Entrepreneurship as everyday practice：towards a personalized pedagogy of enterprise education[J].Industry and higher education,2012(6):417-430.

② ISMAIL A，SAWANG S，ZOLIN R. Entrepreneurship education pedagogy：teacher-student-centred paradox[J].Education ＋ training,2018(2):168-184.

③ LYU J，SHEPHERD D M，LEE K. Teaching entrepreneurship in China：culture matters[J].International journal of entrepreneurial behavior ＆ research,2021(5):1285-1310.

④ BROWN B L. Entrepreneurship success stories：implications for teaching and learning [J].Columbus：ERIC publications,1999(3):1-4.

制度环境,如校园文化建设、明确人才培养目标等。①

创新创业学习是一种特定类型的主动学习,学校必须为学生创设支持主动学习的环境。沃斯尼亚杜(Vosniadou)等人在已有研究的基础上提出了主动学习环境的一般原则:(1)学习环境应支持主动学习,并能引导学生自我调节;(2)学习任务与实践有密切联系,并具有现实意义;(3)学习不是个人的事,而要鼓励同伴合作学习;(4)考虑个体差异。② 芬兰图尔库大学创业教育学者伊洛宁(Ilonen)借鉴了沃斯尼亚杜等人提出的主动学习环境原则,并在质性研究的基础上对该原则进行了进一步的阐释。③

针对原则一,伊洛宁认为创业教育学习环境应强调"新颖性""创造性"等,通过设置角色扮演、游戏化学习、模拟、实地调研、实验等活动支持主动学习,减少不支持主动学习的讲座、讲授、阅读等被动学习活动。通过这些积极的学习方法,让学生必须开始并持续参与学习过程。积极的方法和以学生为中心的方法遵循建构主义,尊重学生先前的知识和经验,强调在此基础上组织新知识,对已有认知结构进行修正。除了行动本身,建构主义也强调元认知的作用,即强调反思性学习的重要性。同时,建构主义强调理论融入实践,而不是仅仅为了做而做。针对原则二,伊洛宁认为没有通用的教学方法,但应首选体验式学习、实践学习、主动式学习和参与式学习的方法,根据学生的反馈和需求及时调整学习任务。针对原则三,伊洛宁进一步强调了团队合作学习的重要性,鼓励学生与其他学生合作并相互学习。针对原则四,伊洛宁认为教师应该理解并尊重每个学生的长处与短处,并在设计学习环境时充分考虑个体差异,这就意味着环境应该是多元化学习环境。哈达德(Haddad)将多元化学习环境定义为学生对学校尊重多样性并包容个体差异的环境感知,将多元化学习环境分为校园氛围、课程内容、课外实践、生生互动、师生互动等,发现多元

① DAVEY T, HANNON P, PENALUNA A. Entrepreneurship education and the role of universities in entrepreneurship: introduction to the special issue[J]. Industry & higher education, 2016(3):171-182.

② VOSNIADOU S, IOANNIDES C, DIMITRAKOPOULOU A, et al. Designing learning environments to promote conceptual change in science [J]. Learning and instruction,2001(4-5):381-419.

③ ILONEN S. Creating an entrepreneurial learning environment for entrepreneurship education in HE: the educator's perspective[J]. Industry and higher education,2021(4):518-530.

化学习环境能够影响大学生的创业态度。具体而言，多元化学习环境重视差异，考虑学生个性化需求，让学生感受到尊重和被认可，从而提高学生的绩效、创造力、积极态度等，可以影响大学生的创业态度。[①] 多元化学习环境为学生提供了一个重要的互动社区，让学生能够与老师、同伴等积极交流社会经验，从而获得自身发展。大学中的创业学习环境可以定义为由学生、教师等共同创造的，支持学生自我调节，支持不同背景的学生在团队中学习，包括制度、资源、课程教学、教师等多种因素的支持性环境。

整体而言，创新创业教育理论认为影响学生创业能力形成的因素为学生个体投入、教师支持、课程教学支持、环境支持，能力形成过程是学生、课程教学、教师、环境的互动过程。换言之，学校创设支持学生自主学习的环境；教师为学生自主行动提供支持；课程摆脱传统的知识传播法，采用创新的教学方法，将学习者置于他们能够或必须采取行动的环境中，帮助并指导学生控制自己的学习过程；学生在主动学习中成为自主、创新、负责、合作并能够承担经过计算的风险的人。创新创业教育就是为学生创设自主行动的环境及条件，鼓励学生在不确定的情境中自主行动，引导学生主动学习，帮助学生从经验中获得创新创业能力。

第二节　大学生创新创业能力影响因素圈层理论模型

基于创新创业教育相关研究，本书对大学生创新创业能力的形成和培养有以下认识：一是培养能力不是仅开设一门课程而已，而应是对行动能力的系统训练过程；二是能力的发展应重在工作或学习的体验过程，而不在于结果；三是能力的形成不是知识的获得，而是行动方式的改变。

本书认为创新创业能力是追求创新性目标的理性行动能力，创新创业是发现自我、发展自我、实现自我并超越自我的过程。创新创业能力从根本上讲是一种行动能力，也即只有在行动中才能产生新思想，在行动中才能实践新思想。所以在培养创新创业能力时，学生主动性是影响创新创业能力的根本因

---

① HADDAD GHADA, HADDAD GCORIA, NAGPAL G. Can students' perception of the diverse learning environment affect their intentions toward entrepreneurship? [J].Journal of innovation & knowledge,2021(3):167-176.

素，大学教育的作用是为学生提供行动的机会、环境等支持性要素。本书对四个研究问题的初步认识为：

（1）学生主动性是影响大学生创新创业能力的根本因素。

（2）教师、课程及教学、资源及制度这些都是影响大学生创新创业能力的外在环境因素，这些外在因素对大学生创新创业能力发挥作用的主要路径是间接的，即主要通过影响学生的主动性，进而影响学生创新创业能力。

（3）教师、课程及教学、资源及制度对学生主动性的影响依次减弱，三者的作用分别为：教师支持是影响大学生创新创业能力的关键支撑因素；课程学习是影响大学生创新创业能力的重要发展途径；院校应为学生提供基于"需求模式"的资源及制度环境。

在解答四个主要研究问题的基础上，初步构建出理论模型，即大学生创新创业能力影响因素圈层理论模型（图 3-2）。

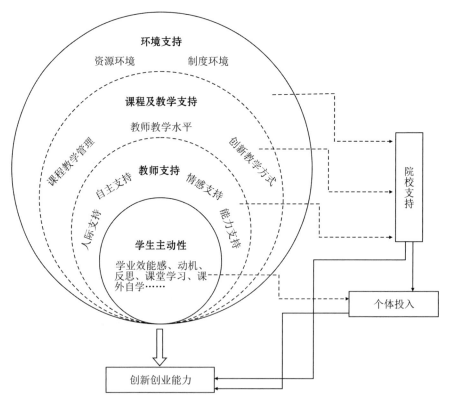

图 3-2　大学生创新创业能力影响因素圈层理论模型

一、学生主动性是影响大学生创新创业能力的内在因素

在创新创业教育研究中,强调大学生应该是自主行动者,学生必须主动学习才能够获得创业思维能力发展。创新创业教育的教学和学习活动依赖于建构主义范式。这种范式要求学生必须参与和反思,也就是说实现学习目标的前提条件是每一个学生都必须是积极的创造者,新知识的形成是通过将新信息与先验知识联系后而创建起来的。[①] 创新创业能力的形成不可能是学生被动接受知识的过程,而是学生主动探索和实践的行动过程,这就需要学生在学业上有大量的学习投入。换言之,学生获得创新创业能力的过程就是学生自主学习的过程。这就意味着学生的主动性是影响大学生创新创业能力的内在因素,或者说根本因素。学生是具有主观能动性的独立个体,学生的个体投入是改变自身能力发展的直接因素,学校层面的因素如课堂教学、教师等都是影响学生学习投入的前因变量,即教师支持、同伴支持、自主支持型课堂等因素都可以促进学生学习投入,进而促进学生的能力发展。

学生主动性在学业学习中表现为自主学习。自主学习意味着学生必须具有较强的学业自我效能感,在对自己能力、兴趣等全面认识的基础上,为自身制定出符合自己发展所需的目标,进而参与大量课内及课外学习活动,并使用多种学习策略如互动性学习、反思性学习、合作性学习等,积极面对各种挑战,积极把握机遇并勇于克服困难,进而实现自己的学业目标,实现自身能力的增长。由此可见,学生自主学习的过程也是学生创新创业的行动过程,需要个体大量的多种形式的学习投入。已有研究将学习投入分为行为、认知和情感投入[②],具体包括课堂学习、课外学习、学习动机、学习策略、努力等投入,不同类型的投入可能导致不同的教育结果。

已有研究证明学生个体投入是影响学生发展的重要变量,如周廷勇和周作宇的研究发现大学生在校期间在图书馆、课堂学习、师生互动、同伴交往等

---

① ILONEN S. Creating an entrepreneurial learning environment for entrepreneurship education in HE: the educator's perspective[J]. Industry and higher education, 2021(4): 518-530.

② FREDRICKS J A, BLUMENFELD P C, PARIS A H. School engagement: potential of the concept, state of the evidence[J]. Review of educational research, 2004(1): 59-109.

方面的学习参与是影响大学生学习成就与发展的主要因素，[①]再如王纾采用"中国大学生学情调查"（NSSE-China）2009年数据，证明学习性投入比院校环境和学生家庭背景对学生学业收获的影响都大。[②]已有研究还发现学生的学习投入能够显著正向影响学生的能力发展，学习投入与学习收获（如表达能力、组织领导能力、自我认知能力等）显著正向相关；[③]学生的师生互动、阅读、利用在线资源等投入可以促进学生的自我认知、社会沟通技能发展。[④]

二、教师支持是影响大学生创新创业能力的关键支撑因素

创新创业教育的学习理念依赖于建构主义方法，教师鼓励个体和团队主动发现问题并自行解决，所以教师并不是知识的传递者，而是促进者。[⑤]教师提出问题，帮助学生个体和团队自己找到解决方法。学生个体或团队自主决策，教师帮助他们讨论和反思学习经历，让学习环境以学生为中心并具有互动性。基于此，教师在促进学生自主学习的过程中，要为学生提供充分的支持，才能够促进学生在学业学习中投入更多时间及精力。教师是影响学生投入的前因变量，教师支持可以促进学生学习投入，从而促进学生能力发展。[⑥]教师支持可以通过改变学生的学业自我效能、成就目标等影响学生学习投入。[⑦]

不同学者利用自我系统理论进一步证明了教师在大学生自我发展中的重

---

① 周廷勇，周作宇.高校学生发展影响因素的探索性研究[J].复旦教育论坛，2012（3）：48-55，86.

② 王纾.研究型大学学生学习性投入对学习收获的影响机制研究：基于2009年"中国大学生学情调查"的数据分析[J].清华大学教育研究，2011（4）：24-32.

③ 刘选会，钟定国，行金玲.大学生专业满意度、学习投入度与学习效果的关系研究[J].高教探索，2017（2）：58-63.

④ 陆根书，刘秀英.大学生能力发展及其影响因素分析：基于西安交通大学大学生就读经历的调查[J].高等教育研究，2017（8）：60-68.

⑤ ILONEN S. Creating an entrepreneurial learning environment for entrepreneurship education in HE: the educator's perspective[J]. Industry and higher education, 2021（4）: 518-530.

⑥ FREDRICKS J A, BLUMENFELD P C, PARIS A H. School engagement: potential of the concept, state of the evidence[J]. Review of educational research, 2004（1）: 59-109.

⑦ 迟翔蓝.基于自我决定动机理论的教师支持对大学生学习投入的影响机制研究[D].天津：天津大学，2017.

要性。康奈尔(Connell)①、斯金纳(Skinner)和贝尔蒙特(Belmont)②的研究分析了环境与个人需求的相互作用关系,研究了环境如何促进或削弱个体的参与。具体而言,康奈尔的自我系统理论强调个体的主动性、个体与社会之间的互动性。学生个体对情感、自主和能力有基本的心理需求,当学校为学生提供相应的环境支持,并满足学生心理需求时,学生会表现出更强的动机、行为等学习投入和优秀的学业成绩。斯金纳和贝尔蒙特在康奈尔和韦尔伯恩(Wellborn)的自我系统理论③基础上提出了影响学习投入的动机模型,该模型探讨了情景(context)、自我(self)、行动(action)和结果(outcome)之间的关系。教师作为创新创业教育中的关键人物,可以为学生发展提供多种情景支持,以满足学生自我发展的心理需求。可以说,教师支持是学生学业投入的特别重要的预测因素,也是影响学生能力发展结果的前提变量。

在创新创业教育中教师作为学生的行动促进者,要给予学生充分的自主学习空间,给予学生大量鼓励,并在学生遇到困难时给予帮助。这就意味着教师需要为学生的自主发展提供多种支持,满足学生的基本心理需求,从而影响学生的学习投入,并影响学生的创新创业能力发展。但在我国强调尊师重道的文化背景下,教师与学生之间往往存在较大的权力距离,学生往往与教师交流交往较少,更遑论感受到教师的情感支持、能力支持。为充分发挥教师的支持作用,我国的创新创业教育应首先重视良好师生关系的建立。良好的师生关系,是学生能够感受到的重要的人际支持环境,也是教师在学生成长过程中发挥引导作用的前提条件。另外,教师应为学生提供自主支持、情感支持、能力支持,以满足学生的自主需要、关系需要和胜任需要这三类基本心理需要。教师支持是影响学生创新创业能力发展的关键支撑因素。

① CONNELL J P. Context, self, and action: a motivational analysis of self-system processes across the life-span [M]// CICCHETTI D. The self in transition: Infancy to childhood. Chicago: University of Chicago Press,1990:61-97.

② SKINNER E A, BELMONT M J. Motivation in the classroom: reciprocal effect of teacher behavior and student engagement across the school year[J].Journal of educational psychology,1993(85):571-581.

③ CONNELL J P, WELLBORN J G. Competence, autonomy, and relatedness: a motivational analysis of self-system processes[M]// GUNNAR M R, SROUFE L A. Self processes and development. Lawrence Erlbaum Associates,Inc.1991:43-77.

三、课程学习是影响大学生创新创业能力的重要发展途径

　　创新创业教育是强调"学习范式"的全新教育模式，改革重点就是课程及教学。因为课程与教学活动作为正式学习活动是大学生学业生涯中最为重要的经历，也是大学生学习的主要途径，其质量高低对大学生的能力发展有最直接的影响。当前有些研究较为关注课外活动对大学生创新创业能力的作用，认为课外学习是培养创新创业能力的主要途径，忽视课程学习对创新创业能力的作用，实际上这是未能科学认识创新创业教育的表现。课程学习活动和课外学习活动应该都是基于学生专业的，是有内在联系而非割裂的，如此才能系统地影响学生创新创业能力发展。QAA 在《创业教育：英国高等教育指导教育提供者》的报告中，对课程、课外课和课外活动的学习过程进行了阐释。[①] QAA 认为课程、课外课以及课外活动的开发要侧重与学科背景相一致，即融合学生的专业教育。这些学习活动不仅要帮助学生发展创新创业思维，而且要让其找到自己的兴趣和志向。

　　融合专业教育的课程学习是影响大学生创新创业能力的重要发展途径，课程及教学活动是影响大学生创新创业能力的关键因素。创新创业教育的课程教学以能力为导向，课程教学管理、教师教学策略等都不同于传统的课程教学模式。创新创业教育的课程教学强调学生在课程学习中的主体性、能动性和创造性，鼓励学生深度参与、自主探索。课程教学强调以学生为中心，课程目标是为了满足学生发展需求，课程实施过程是强调实践性和学生参与性的。吉布[②]、萨拉（Zahra）和维尔特（Welter）[③]都认为创新创业的教学要以学习者为中心，帮助学生理解创新创业活动的要素。国外大多数研究表明，大学中的

　　① Quality Assurance Agency for Higher Education. Enterprise and entrepreneurship education：guidance for UK higher education providers[M].Gloucester：QAA，2012：19.

　　② GIBB A. In pursuit of a new 'enterprise' and 'entrepreneurship' paradigm for learning：creative destruction，new values，new ways of doing things and new combinations of knowledge[J].International journal of management reviews，2002(3)：233-269.

　　③ ZAHRA S A，WELTER F. Entrepreneurship education for central，eastern and southeastern Europe[M]//POTTER J. Entrepreneurship and higher education，OECD and LEED，Paris，2008：165-192.

创新创业教学计划是受到认知主义和社会认知主义理论广泛影响的,[①]所以其使用的教学法通常为体验式学习、边做边学、游戏化教学、案例研究、基于问题的学习和项目式学习等,这与杜威的经验哲学所强调的"做中学"是一致的。这些教学方式都超越了传统的说教方式,均强调学生的主动参与、自主行动和基于经验发展能力。琼斯(Jones)和艾尔戴尔(Iredale)指出创业教育的体验式学习方式、创造性问题解决和边做边学能够激发学生学习兴趣。[②]

四、院校应为大学生提供基于"需求模式"的自主学习环境

根据创新创业教育理论和大学生学习理论相关研究,可以确定的是大学生创新创业能力受到两方面因素的影响,即院校支持和个体投入,且院校支持能够影响学生的学业投入。换言之,学生作为自主行动者,学生的主动性是影响创新创业能力的最根本的因素;院校作为培养学生的场所,基于学生发展需求创设支持学生自主学习的环境,是保障大学生创新创业能力发展的重要外在因素。前文已经论述了课程教学、教师这两类院校层面投入对大学生创新创业能力的重要性,此外,资源、制度等支持学生自主学习的环境性要素也是非常重要的。吉尤尔(Gieure)通过理论分析认为学习环境对学生创新创业能力有直接影响和间接影响,他调查了34个国家74所大学的276位大学生,经过数据分析后却发现大学环境不能直接影响学生创业能力的发展,而是间接影响创业能力的发展。[③] 不论院校创设的自主学习环境是直接影响还是间接影响大学生创新创业能力,已有研究几乎都认可环境对能力的重要作用。学校具体提供何种环境因素支持,环境支持是通过何种路径影响大学生创新创业能力的,这些都还有待进一步探究。

虽然已有研究大都认可环境对学生能力发展具有重要作用,但是不同研

① BYRNE J, FAYOLLE A, TOUTAIN O. Entrepreneurship education: what we know and what we need to know[M]// CHELL E, KARATAŞ-ÖZKAN M. Handbook of research on small business and entrepreneurship. Cheltenham: Edward Elgar Publishing. 2014:261-288.

② JONES B, IREDALE N. Enterprise education as pedagogy[J].Education + training,2010(1):7-19.

③ GIEURE C, DEL MAR BENAVIDES-ESPINOSA M, ROIG-DOBÓN S. Entrepreneurial intentions in an international university environment[J].International journal of entrepreneurial behavior & research,2019(8):1606-1620.

究对院校提供的环境支持的看法不同，因而产生了不同的分类方式。王纾将校园环境支持分为政策行为支持和人际情感支持；①周廷勇和周作宇将其分为院校资源条件、物质环境以及院校人际和文化层面的环境；②李硕豪将学校环境分为物质环境、精神环境和制度环境。③ 整体而言，这些环境支持可以分为制度支持、资源支持和人际支持。本书在分析教师支持时已经纳入了人际支持，故这里不再列出。院校为学生提供资源环境支持、制度环境支持时，应充分考虑学生学习和发展的诉求。因为院校提供资源、制度支持目的就是为了创设支持学生主动学习的环境，所以满足学生自主发展需求的支持，才能够更好地促进学生的成长。

第三节　大学生创新创业能力影响因素研究假设提出

一、学生个体投入对创新创业能力有显著正向影响

学生主动性是影响大学生创新创业能力的最根本因素，学生主动性体现在学生个体的学业投入上，④这就意味着学生个体投入对学生能力成长具有重要影响作用。多项实证研究证明学生的个体投入对学生的能力发展具有显著正向影响，⑤不同类型的投入可能导致不同的教育结果。⑥

① 王纾.研究型大学学生学习性投入对学习收获的影响机制研究：基于2009年"中国大学生学情调查"的数据分析[J].清华大学教育研究,2011(4):24-32.

② 周廷勇,周作宇.高校学生发展影响因素的探索性研究[J].复旦教育论坛,2012(3):48-55,86.

③ 李硕豪."拔尖计划"学生创造力发展影响因素实证研究[J].中国高教研究,2020(4):51-58.

④ 何瑾,王一诺,庄明科,等.大学新生学习投入的影响因素和辅导策略[J].教育学术月刊,2021(1):85-90.

⑤ 杨立军,韩晓玲.什么影响了大学生的教育收获？基于校内追踪的实证研究[J].复旦教育论坛,2014(6):33-40.

⑥ FREDRICKS J A, BLUMENFELD P C, PARIS A H. School engagement: potential of the concept, state of the evidence[J]. Review of educational research,2004(1):59-109.

（一）学业认知投入对创新创业能力有显著正向影响

在学生的学业认知投入与创新创业能力的关系方面，学业自我效能感、学习动机这两个决定自主学习的关键因素，能够显著影响学生的创新创业能力。霍尼克（Honicke）等认为学业自我效能感会促进努力调节、深度加工策略和目标取向等学习投入。[①] 雷认为在创业教育中学生自主学习的原因为兴趣或好奇心、计划学习、对机会的反应、对紧急或当前需要的认识等，[②]这就强调了大学生自主学习的动机。进一步梳理已有研究中自我效能感、学习动机与创新创业能力发展的关系，具体发现如下。

自我效能感可以正向影响学生的创新创业能力发展。班杜拉（Bandura）认为自我效能感是对自己的能力进行衡量与评价的结果，而这种结果又转而调节人们对行为的选择、投入努力的程度，并且决定其在特定任务中所表现出的能力。[③] 自我效能感能够激发学生的动机和情感，开发学生的潜在能力，促进积极的自我意识发展。学业自我效能感应该是学生自身发展的内在动力，即个体只有具有较高的效能感，相信自己应该发展并能够发展时，才能不断采取积极行动以提高自身能力。一方面，学生具有高自我效能感时，会为自我发展制定更高的目标，并为实现目标付出更多的努力，从而挖掘并发展个体的潜在能力。如潘炳如和顾建民的实证研究表明学生的自我效能感显著正向影响创新能力。[④] 另一方面，自我效能感可以显著正向影响心理调节能力，显著负向影响焦虑。[⑤] 高自我效能感能够降低学生面对困难的焦虑、抑郁等情感因素影响，提升其勇敢面对挑战的心理资本，让学生在困难中能够保持乐观心态，能够迎难而上。总体而言，学业自我效能感可以促进学生创新创业能力发展。

① HONICKE T，BROADBENT J. The influence of academic self-efficacy on academic performance：a systematic review[J].Educational research review，2016(17)：63-84.

② RAE D. Action learning in new creative ventures[J].International journal of entrepreneurial behaviour and research，2012(5)：603-623.

③ BANDURA A. Self-efficacy：toward a unifying theory of behavioral change[J]. Psychological review，1977(84)：191-215.

④ 潘炳如，顾建民.在培养过程中影响研究生创新能力的因素有哪些[J].江苏高教，2022(2)：74-81.

⑤ 王才康，刘勇.一般自我效能感与特质焦虑、状态焦虑和考试焦虑的相关研究[J].中国临床心理学杂志，2000(4)：229-230.

学习动机可以影响学生的创新创业能力发展。社会认知理论认为人们行为的动机是目标，即个体行为是由目标指导的，个体为自身制定目标并促使自身行为指向这些目标。① 20 世纪 70 年代，随着成就动机理论研究的不断深入，心理学家们越来越关注个体的认知因素对成就行为的影响，一种关于成就动机的新理论即目标定向理论应运而生，代表人物有德韦克（Dweck）、艾姆斯（Ames）、埃利奥特（Elliot）、宾特里奇（Pintrich）等。② 成就目标是动机理论中重要的概念，德韦克和莱格特（Leggett）把它分为两个目标定向，分别命名为学习目标（learning goals）和成绩目标（performance goals）。学习目标关注的是能力提高，而成绩目标关注的是获得积极评价，避免获得消极评价。③ 艾姆斯把目标分为掌握目标④（mastery goals）和成绩目标（performance goals），有掌握目标定向的学生关注"形成新的技能，努力理解他们的工作，发展他们的能力水平或获得自我参照标准（self-reference standards）的掌握感"。⑤ 冈萨雷斯（Gonzales）等人发现目标定向对自我完善具有直接的推动作用⑥，也就是说成就目标作为动机是一种激励性的心理力量，促使人获得自我成长和发展。王雁飞等人的研究发现学生的成就目标定向与韧性、乐观这些逆境奋起能力显著正向相关。⑦ 具有强烈成就目标定向的学生，往往会选择具有挑战性的学习任务，并能够在遇到困难时持之以恒地克服困难，在这一过程中就可以锻炼学生的韧性、乐观等能力。总体而言，强烈的学习动机可以促进学生创新创业能力发展。

---

① 奥姆罗德.教育心理学：下［M］.彭运石，等译.西安：陕西师范大学出版社，2006：399.

② 朱丽雅.大学生成就动机、成就目标定向、学业自我效能对成绩的影响模式探析［D］.长春：吉林大学，2012.

③ DWECK C，LEGGETT E. A social-cognitive approach to motivation and person-ality［J］.Psychological review，1988(2)：256-273.

④ 成就目标理论被引入中国后，多位学者将"mastery goals"翻译为"掌握目标"，当前在教育学、心理学等领域这一翻译方式已被广泛使用。

⑤ AMES C. Classrooms：goals，structures，and student motivation［J］.Journal of educational psychology，1992(3)：261-271.

⑥ GONZALES M H，BURGESS D J，MOBILIO L J. The allure of bad plans：im-plications of plan quality for progress toward possible selves and postplanning energization［J］.Basic and applied social psychology，2001(2)：87-108.

⑦ 王雁飞，李云健，黄悦新.大学生心理资本、成就目标定向与学业成就关系研究［J］.高教探索，2011(6)：128-136，148.

（二）学习行为投入对创新创业能力有显著正向影响

在学生的学习行为投入与创新创业能力关系方面，国外的相关研究发现学生的课堂学习、课外学习都可以显著影响学生的创新创业能力。如博多利卡（Bodolica）等人在文献研究和案例研究的基础上，提出了创业教育中课程学习及课外活动的概念框架。该框架强调学生学习的重要性，不仅强调在课程中学习，而且尤为强调在课程外学习，并将课外活动置于学生课堂外学习的核心位置，因为课外活动为学生提供了与更大、更多样的同伴群体互动的机会。[①] 大学的课外活动可以被视为实现未来发展目标过程中反复尝试的安全港，能够容忍学生的失败。[②] 学生可以享受这种尝试的机会，体验创新和变革，并从中汲取宝贵经验。学生在课外活动中能够运用课程中所学的知识，可以在学习过程中锻炼各种创业能力，如沟通能力、创新能力、规划能力、团队合作能力等。所以，包容自由的大学环境（sanction-free university environment）在发展学生创业能力方面尤为重要。

另外，国内相关研究也证明了学生在课堂内外的学习行为投入可以影响学生创新创业能力。如王烁的研究发现学生在课程学习、课外活动、同伴互动的参与度对自我发展（包括自我认知能力、团队合作能力等）有显著正向影响，尤其是课外活动、同伴互动对自我发展的影响最大。[③] 如刘声涛等人的实证研究发现课外学习投入对大学生分析和批判性思维、社交技能、自我认知和理解三项能力发展均有积极影响，课外活动投入对学生的分析和批判性思维、社交技能的发展有积极影响。[④] 该研究发现课外活动投入对学生自我认知能力影响不显著，可能是由于当代大学生选择和参与课外活动时多是出于外在动机（如综合测评加分、丰富简历内容），而非出于自身内在需求（认识自我、实现自我），所以导致学生在课外活动中忽视了对自我的认识及发展。如查奇芬等

① BODOLICA V，SPRAGGON M，BADI H. Extracurricular activities and social entrepreneurial leadership of graduating youth in universities from the Middle East[J].The international journal of management education，2021(2):1-11.

② GHALWASH S，TOLBA A，ISMAIL A. What motivates social entrepreneurs to start social ventures? an exploratory study in the context of a developing economy[J].Social enterprise journal，2017(3):268-298.

③ 王烁.基于学生参与度的课程学习收获实证研究[J].高教探索，2017(5):49-53.

④ 刘声涛，张婷，徐丹.本科生课外时间投入对能力发展的影响:基于H大学学生就读经历调查数据[J].复旦教育论坛，2015(5):55-61.

人的研究发现课外学习与能力收获（如表达能力、合作能力、组织领导能力、批判性思维等）、自我收获（如自我发展规划、自我认知等）显著正相关。[①] 再如李改等人的研究发现课外活动参与显著正向影响学生的一般自我概念（如自信心）和领导力（包括沟通能力、合作能力、决策能力等）。[②]

概言之，学生在课堂内外参与很多实践性、探索性和自主性强的活动，能够充分发挥自身的主动性、创造性等，这些活动往往需要学生制定目标、规划、沟通合作等，如此就锻炼了学生的沟通能力、合作能力、决策能力、自我认知能力等创新创业能力。

（三）互动学习投入对创新创业能力有显著正向影响

在学生的互动学习投入与创新创业能力方面，互动学习能够影响创新创业能力已经得到一定验证。世界经济论坛全球教育倡议（GEI）在一系列报告中建议采用互动教学法这种新的学习模式，因为互动学习对于发展创业思维和创业能力是至关重要的。[③] 建构主义、认知主义等也都强调互动式学习，希金斯（Higgins）等人认为学习是通过与具有不同观点和想法的人进行互动和对话来实现的[④]，王（Wang）等认为与独自学习相比，学生更乐意从他人的经历中学习，并从中收获更多的乐趣。[⑤]

大学生的学习环境中互动主要为师生互动和生生互动。师生互动投入对学生的自我认知与社会沟通技能、批判性思维、团队合作能力等都有显著促进

① 查奇芬,胡蕾,汪云香.大学生课外时间分配特征及对学习收获的影响：基于2016年J大学学情数据的调查分析[J].高教探索,2017(7)：44-49.

② 李改,王斌.课外活动参与对学生领导力的影响：一般自我概念的中介作用[J].上海体育学院学报,2015(3)：75-82.

③ World Economic Forum. Unlocking entrepreneurial capabilities to meet the global challenges of the 21st century：final report on the entrepreneurship education workstream[C]//World Economic Forum Global Education Initiative. World Economic Forum,2011：6.

④ HIGGINS D，SMITH K，MIRZA M. Entrepreneurial education：reflexive approaches to entrepreneurial learning in practice[J].Journal of entrepreneurship,2013(2)：135-160.

⑤ WANG Y，VERZAT C. Generalist or specific studies for engineering entrepreneurs? comparison of French engineering students' trajectories in two different curricula[J].Journal of small business and enterprise development,2011(2)：366-383.

作用。① 生生互动是同辈学习的重要方式,学生通过镜中我可以发现自我、认识自我,生生互动投入对领导能力、人际交往能力、团队合作能力等有显著促进作用;②生生互动对自我认知与社会沟通能力具有显著的积极影响;③生生互动对批判性思维、创业自我效能感、创业意图都有积极影响。④

生生互动、师生互动可以促进大学生能力发展的实证研究颇多,只是不同研究对其影响大小有争议,如陆根书等的研究发现师生互动的作用效果更强,⑤但李一飞等的研究认为生生互动对大学生能力发展的预测作用更大。⑥郭卉和韩婷的实证研究表明学生的互动性学习投入如与教师互动、与学长互动以及与同辈学生互动,都对学习收获如组织能力、合作能力、人际沟通能力、未来规划能力有显著正向影响,其中与教师互动的频率对学生的未来规划能力最具解释力,与同辈互动的频率对学生的组织能力、合作能力、人际沟通能力等最具解释力。⑦

整体而言,已有研究表明互动学习是学生学习的重要方式,可以增强学生的学习兴趣,也能够让学生获得更多的能力成长。综合已有研究,发现互动学习投入可以积极影响学生的领导能力、沟通能力、合作能力、自我认知能力、效能感等创新创业能力。

---

① 袁建林,张亮亮.教育教学中的互动何以影响大学生能力发展:院校归属感的中介作用分析[J].大学教育科学,2020(4):105-112.

② 袁建林,张亮亮.教育教学中的互动何以影响大学生能力发展:院校归属感的中介作用分析[J].大学教育科学,2020(4):105-112.

③ 陆根书,胡文静.师生、同伴互动与大学生能力发展:第一代与非第一代大学生的差异分析[J].高等工程教育研究,2015(5):51-58.

④ HADDAD GHADA, HADDAD GCORIA, NAGPAL G. Can students' perception of the diverse learning environment affect their intentions toward entrepreneurship? [J].Journal of innovation & knowledge,2021(3):167-176.

⑤ 陆根书,刘秀英.大学生能力发展及其影响因素分析:基于西安交通大学大学生就读经历的调查[J].高等教育研究,2017(8):60-68.

⑥ 李一飞,史静寰.生师互动对大学生教育收获和教育满意度的影响[J].教育学术月刊,2014(8):71-79.

⑦ 郭卉,韩婷.大学生科研学习投入对学习收获影响的实证研究[J].教育研究,2018(6):60-69.

（四）反思学习投入对创新创业能力有显著正向影响

在学生的反思学习投入与创新创业能力关系方面，反思学习是影响创新创业能力的关键变量。反思是决定自主学习的核心因素之一[①]，学生在行动中对自己的表现进行自我判断和自我教学，以及在行动后进行自我监控都离不开自我反思。反思学习是一种主动的与具有建构性的学习过程。反思学习的过程实际上是行动（经验）与探究性的思考之间的关联与互动的过程，学习者以自身经验、活动或身心结构为对象，以反身性的自我观察、分析、评价、改造、修炼等方式进行学习，从而提高学习者自我认识、自我评价、自我对待以及自我发展能力。[②] 反思学习与能力收获（如表达能力、合作能力、组织领导能力、批判性思维等）、自我收获（如自我发展规划、自我认知等）显著正相关。[③]

反思性学习是学生自我教育的重要策略，是学生作为自主行动者必不可少的一种学习投入。美国心理学研究者提出反思性自主发展，研究发现自我反思对自主发展有显著的正向作用。[④] 汤姆森（Thomsen）等利用案例研究对比了行动研究、服务学习、传统创业学习三种方法对学生发展和创业能力培养的作用后，发现与传统创业学习方法相比，体验式学习（行动研究和服务学习）对学生的影响作用更大，尤其是当自我反思和课堂讨论相结合时，体验式学习的效果更佳。[⑤] 学生在任务和活动中进行自我体验后，及时进行自我反思可以实现自我认识、自我调整等，从而进一步发展自我、成就自我。因为学生在自我反思中可以明确自身优势及不足，提高自我效能感，激发自主发展的内在动力，进一步明确行动目标，清晰规划自我发展的路径，从而采取有效行动实现自主发展。

---

① 邓启云,崔玲,王文君.基于"做中学"理念下学习效果相关因子的分析研究:以大学生的课堂学习为例[J].现代教育技术,2009(11):25-28.

② 陈佑清.反思学习:涵义、功能与过程[J].教育学术月刊,2010(5):5-9.

③ 查奇芬,胡蕾,汪云香.大学生课外时间分配特征及对学习收获的影响:基于2016年J大学学情数据的调查分析[J].高教探索,2017(7):44-49.

④ ANNA S. Measuring the effects of self-awareness: construction of the self-awareness outcomes questionnaire [J].Europe's journal of psychology,2016(4):645-658.

⑤ THOMSEN B, MUURLINK O, BEST T. Backpack bootstrapping: social entrepreneurship education through experiential learning[J].Journal of social entrepreneurship,2019(2):1-27.

（五）工具学习投入对创新创业能力有显著正向影响

利用工具学习,如利用手机、电脑、网络等工具进行学习,对学生的创新创业能力发展应该有一定影响。手机、电脑等电子产品已经成为当代大学生生活中必不可少的工具,使用电子产品进行学习、娱乐等已经成为大学生日常行为,而且这一行为既可以促进大学生能力成长,也可能会阻碍大学生能力成长。部分学生过度使用电子产品导致占用太多时间,甚至不少学生出现手机成瘾的问题。高斌等人的研究发现手机成瘾可以负向预测大学生学习投入,手机成瘾对学习投入的直接预测作用受到核心自我评价的调节。[①] 不合理使用工具和拖延性对大学生的时间、精力等都是消耗,影响学生在行动中的投入,影响学生的积极性和斗志,所以对创新创业能力应该有负向影响。相反,合理使用电子产品进行学习、与他人互动、获得有利信息等,则会对能力有正向影响。如有研究发现学生利用在线资源等投入越多,学生自我认知、社会沟通技能发展越好。[②]

综上所述,本书认为学生在学业认知(学业自我效能感、目标定向)、学习行为(课堂学习、课外学习)、互动学习(生生互动、师生互动)、反思学习、工具学习这些方面有较多的学习投入,能够促进学生的创新创业能力发展。尤其是学业效能感、目标定向、反思这三个决定自主学习的关键因素,[③]应该对创新创业能力有更明显的促进作用。本书认为学生主动性越强,则学生的个体学习投入越多,学生的创新创业能力越强。所以本书提出以下假设:

假设1:学生个体的学习投入能够促进大学生创新创业能力发展。

二、教师对学生创新创业能力有显著正向影响

教师支持是影响大学生创新创业能力的关键支撑因素,教师支持一方面可以直接影响学生的创新创业能力,另一方面是可以通过影响学生个体投入

① 高斌,朱穗京,吴晶玲.大学生手机成瘾与学习投入的关系:自我控制的中介作用和核心自我评价的调节作用[J].心理发展与教育,2021(3):400-406.

② 陆根彬,刘秀英.大学生能力发展及其影响因素分析:基于西安交通大学大学生就读经历的调查[J].高等教育研究,2017(8):60-68.

③ TOUTAIN O, FAYOLLE A. Labour market uncertainty and career perspectives: competence in entrepreneurship courses[M]//MULDER M. Competence-based vocational and professional education. Cham:Springer International Publishing,2017:988.

进而间接影响学生的创新创业能力。

（一）直接作用

本书初步认为教师是影响大学生创新创业能力的关键支撑因素。教师在促进学生主动学习过程中有着不可推卸的责任,[①]同时,教师也是促进学生个体发展的重要社会支持之一,对促进学生成长有着不可或缺的作用。

教师提供的人际支持、情感支持、自主支持、能力支持均能够影响学生的创新创业能力。人际支持为师生共同学习创造了人际情感环境,能够让学生更加勇于表现自己以开发潜力,如有研究发现人际支持对学生的创新行为方面具有显著的影响。[②] 教师情感支持意味着教师与学生平等地沟通交流,关心关爱并鼓励学生,对学生的沟通交流能力、逆境奋起能力都有积极影响。已有研究发现感知的教师情感支持可以显著正向影响留守儿童的心理素质。[③] 也有研究发现学生感知的情感支持、人际支持等教师支持,均可以显著正向影响学生的学习毅力、交往能力、开放性等非认知能力。[④] 教师自主支持是教师在尊重和理解学生的基础上给予学生充分的自我发展空间,引导学生独立思考、认识自我、勇于行动,这对学生的自我认知、自我认同、冒险精神、创新性等都有积极作用。教师能力支持指教师为学生提出期待,帮助学生确立发展目标,对学生的目标确定能力有积极作用;教师及时为学生提供指导和反馈,尤其是当学生遇到发展瓶颈时,教师的指导能够帮助学生获得新的成长,如已有研究发现导师指导能够显著正向影响研究生的创新能力,[⑤]也有研究发现教师支持对学生的创新精神、批判性有正向预测作用。[⑥] 所以本书提出以下

① 王洪才,等.大学创新教学理论与实践:后现代大学来临及其回应[M].北京:科学出版社,2018:155-156.

② 梅红,任之光,冯国娟,等.创新支持是否改变了在校大学生的创新行为?[J].复旦教育论坛,2015(6):26-32.

③ 陈旭,张大均,程刚,等.教师支持与心理素质对中学生学业成绩的影响[J].心理发展与教育,2018(6):707-714.

④ 雷万鹏,李贞义.教师支持对农村留守儿童非认知能力的影响:基于 CEPS 数据的实证分析[J].华中师范大学学报(人文社会科学版),2020(6):160-168.

⑤ 潘炳如,顾建民.在培养过程中影响研究生创新能力的因素有哪些[J].江苏高教,2022(2):74-81.

⑥ 毛晋平,钟妮,黄亚雯,等.师范生创新精神与目标定向、学校环境因素关系的实证研究[J].教师教育研究,2019(5):60-66,72.

假设:

假设 2:教师支持能够直接促进大学生创新创业能力发展。

(二)调节作用

传统教育中强调师生之间的教学关系,这是静态的"师教生学"关系,也是将学生仅作为"受教育者"的表现。[1] 创新创业教育中学生的角色是自主行动者,即学生更多的是自我教育者,教师的角色是鼓励者、促进者和引导者。所以在创新创业教育中,师生关系不再是静态的教学关系,而是强调师生互动的心理关系。教师对学生创新创业能力发挥作用是有条件的,就是学生需要与老师交流交往,即师生互动。当学生主动性较强,乐意与教师有更多互动时,教师才能够影响学生成长。良好师生关系是师生双方共同建立的,教师的自主支持、情感支持及能力支持也都需要学生在与老师的互动中才能感受到。当学生与教师互动较少时,教师难以发挥鼓励者、促进者的作用,故教师引导作用是受到师生互动条件限制的。学生的师生互动投入可以正向调节教师人际支持、教师自主支持、教师情感支持、教师能力支持与创新创业能力之间的关系。所以本书提出以下假设:

假设 3:教师支持与大学生创新创业能力的关系受到师生互动水平的调节。

(三)间接作用

在创新创业教育中,教师是一种重要的院校支持,教师角色是促进者、鼓励者和引导者。这就意味着教师对学生创新创业能力发挥支撑性作用,其作用机理是影响学生的主动性,也就是教师支持可以间接促进学生的创新创业能力。良好的师生关系能够使学生感受到良好的学习氛围,对学校生活感到愉悦和满意,从而愿意在学业上付出更多。教师的期待和反馈,也能够激发学生的目标定向,为自身制定发展目标。教师的情感支持让学生感受到鼓励和肯定,让学生感受到教师的关心关爱,学生就乐意与教师交流交往,从而促进师生互动。教师的自主支持能够鼓励学生思考和探索,并激起学生的自我认同感、学习兴趣和反思性学习。已有大量研究也发现感知教师支持显著正向

① 吴康宁.学生仅仅是"受教育者"吗? 兼谈师生关系观的转换[J].教育研究,2003
(4):43-47.

影响学生的学习投入，①并能够通过学习投入显著正向影响学业成就，②所以本书认为教师支持主要是通过促进学生的学习投入，从而间接影响学生的创新创业能力发展。感知的人际支持、自主支持、情感支持、能力支持与学习投入的关系分析如下。

良好师生关系为大学生提供了人际支持，把师生双方联结在一定的情感氛围和体验中，实现人格、精神和情感信息的传递和交流。③ 良好师生关系是师生平等对话的软环境，是教师发挥鼓励者、促进者作用的前提。人际支持可以促进学生在课堂上有更多参与，促进学生在课堂上的积极表达行为④，张东海⑤等人的研究也证明了这一点。

教师自主支持是指教师对学生自主学习的支持。⑥ 教师承认学生的自主性与主体性，为学生提供决策的选择与机会，尊重学生的想法，考虑学生的需求和兴趣等。教师的自主支持能够满足学生自主的心理需要，让其体验到更强的内在控制感，从而在自主学习中投入更多。如贾绪计等通过对 498 名高中生进行问卷调查，发现教师支持对学生投入有显著正向作用；⑦刘惠军等通过对 150 名学生进行调查，发现教师的自主支持与学生内部动机和胜任感之间存在显著正相关；⑧奥利奥尔（Oriol）等对大学生进行调查研究，结果显示教

---

① 王国霞,赵扬.教师自主支持与学生学业成就关系的元分析:心理需要满足、动机及投入的中介作用[J].心理发展与教育,2022(3):380-390.

② 李维,白颖颖.初二学生感知的教师支持如何影响学业成绩？基于学业自我效能感与学习投入的多重中介效应分析[J].教育与经济,2018(6):86-92.

③ 李瑾瑜.关于师生关系本质的认识[J].教育评论,1998(4):36-38.

④ 张华峰,史静寰.中国大学生课堂积极表达行为的影响因素分析[J].高等教育研究,2020(3):86-93.

⑤ 张东海.大学生课堂动机性沉默的影响因素及其效应[J].教育发展研究,2019(1):40-46.

⑥ 马思腾,赵茜,焦欣然.自主支持:教师教学方式的转变[J].华东师范大学学报(教育科学版),2018(1):15-21,159.

⑦ 贾绪计,蔡林,林琳,等.高中生感知教师支持与学习投入的关系:学业自我效能感和成就目标定向的链式中介作用[J].心理发展与教育,2020(6):700-707.

⑧ 刘惠军,李洋,朱丽雯,等.教师的自主支持与学生内部动机和胜任感的关系[J].河北大学学报(哲学社会科学版),2006(2):26-30.

师自主支持对学习投入有显著的正向影响。[1] 自主支持能够营造良好的学习氛围,激发学生的内在动机,让学生拥有更高的胜任感,从而在学业上表现出更多的兴趣并投入更多。

教师情感支持指教师关心、关爱、尊重学生,能够为学生考虑,并在学生需要帮助的时候提供支持。学生感知到教师的情感关怀,会表现出更为积极的学习态度,会对学校更为满意,也会在学习中投入更多。相反,如果学生感觉自己受到了不公平或冷漠的待遇,则会消极对待学业,对学校感到不满意和失望,甚至出现厌学等严重的心理问题。如李晓玉等对 1028 位中学生进行调查,结果显示领悟教师情感支持负向影响学习倦怠,学习动机在领悟教师情感支持与学习倦怠之间起调节作用,学业自我效能感在领悟教师情感支持与学习倦怠之间起中介作用。[2] 教师情感支持不仅能够直接为学生学习提供帮助,而且能够改善师生关系,增加师生互动,让学生感受到更好的支持性人际环境。

教师能力支持是指老师能够给学生提出学业期望、指导、帮助和反馈。教师能力支持是与学生学习最直接、最相关的支持。因为学生在自主学习过程中出现任何困难或问题时,最希望也最便利的帮助就来自教师,这也正是教师的促进者角色责任所在。文策尔(Wentzel)等的研究发现教师期望对学生学业努力有显著的正向影响;[3]贾绪计等的研究发现感知教师支持正向预测学生的学业自我效能感和成就目标定向;[4]陈旭等研究发现教师的能力支持与中学生心理素质存在显著正相关。[5] 教师作为学生自主学习的促进者,及时

---

① ORIOL-GRANADO X, MENDOZA-LIRA M, COVARRUBIAS-APABLAZA C G, et al. Positive emotions, autonomy support and academic performance of university students: the mediating role of academic engagement and self-efficacy[J]. Revista de psicodidáctica (English ed.),2017(1):45-53.

② 李晓玉,乔红晓,刘云,等.中学生领悟教师情感支持对学习倦怠的影响:有中介的调节效应[J].中国临床心理学杂志,2019(2):414-417.

③ WENTZEL K R, RUSSELL S, BAKER S. Emotional support and expectations from parents, teachers, and peers predict adolescent competence at school[J].Journal of educational psychology,2016(2):242-255.

④ 贾绪计,蔡林,林琳,等.高中生感知教师支持与学习投入的关系:学业自我效能感和成就目标定向的链式中介作用[J].心理发展与教育,2020(6):700-707.

⑤ 陈旭,张大均,程刚,等.教师支持与心理素质对中学生学业成绩的影响[J].心理发展与教育,2018(6):707-714.

为学生自主解决问题提供能力支持，能够帮助大学生发展创新创业能力。鉴于以上分析，本书初步提出研究假设：

假设4：教师支持通过促进学生个体投入，进而促进学生创新创业能力发展。

三、课程及教学对学生创新创业能力有显著正向影响

课程及教学是大学教育中的主要活动，也是对学生影响较大的正式性学习活动，对学生能力的影响机制也是较为复杂的。

（一）直接作用

课程及教学不仅应该传授给学生知识，更应该发展学生的能力。课程及教学为学生能力的自主发展提供了专业性引导，对促进学生开展行动实践起到了推动作用。这就需要课程及教学为学生提供鼓励自主探索的氛围和机会，鼓励学生自行行动，在行动中不断发展自我。班尼特（Bennett）认为教师应使用创新教学方法，刺激学生参与学习，并鼓励学生在能力、知识和态度方面重新发现自己。[①] 创设以学生为中心的教学模式需要教师具有较强的创造力，具有创造力的教师在处理课堂问题和促进学生成功实现教育目标方面能够提供多种解决方案，通过使用各种方法、策略、工具等让课堂变得有趣，帮助学生理解、为学生提供示例等，并给学生提供创造性思维空间，从而促进形成有意义的学习氛围并鼓励学生独立解决问题。[②]

高质量的课程吸引学生积极参与其中，能够激发学生的主动性和创新性。如毛晋平等人的研究发现大学课程对师范生创新精神有正向预测作用，[③]潘炳如和顾建民的研究发现课程教学能够显著正向影响研究生的创新能力。[④]教师在教学中鼓励小组学习、课堂讨论等，能够促进学生的沟通交往能力、合

① BENNETT R. Business lecturers' perception of the nature of entrepreneurship[J].International journal of entrepreneurship behaviour and research，2006(3)：165-188.

② PISHGHADAM R，NEJAD T G，SHAYESTEH S. Creativity and its relationship with teacher success[J]. Brazilian English language teaching journal，2012(2)：204-216.

③ 毛晋平，钟妮，黄亚雯，等.师范生创新精神与目标定向、学校环境因素关系的实证研究[J].教师教育研究，2019(5)：60-66,72.

④ 潘炳如，顾建民.在培养过程中影响研究生创新能力的因素有哪些[J].江苏高教，2022(2)：74-81.

作能力等。如陆根书和刘秀英的研究发现,在课堂学习中学生的互助合作越高,学生的自我认知及社会沟通技能的发展越好。[1] 任务型作业、以问题为中心的作业等考核方式都要求学生必须制订出学习计划并全情投入,这就锻炼了学生的目标确定能力、行动筹划能力等。所以本书提出研究假设:

假设5:课程及教学支持能够直接促进大学生创新创业能力发展。

(二)调节作用

创新创业教育的创新教学不同于传统教育的讲授式教学,更强调学生的主动学习。换言之,课程及教学发挥作用是有条件的,就是学生在课程学习上有较多投入,即课堂学习投入和课外自学投入。当学生学习主动性差,在课堂上不参与学习或者无法将学习延续至课外,即使课程及教学是高质量的,也难以对学生能力发展发挥促进作用。所以创新创业教育的课程教学对学生创新创业能力发挥作用,受到学生课程学习投入限制。课程教学这种影响大学生成长的外在条件,只有在学生高度学习投入这种内在条件的配合下,才能对创新创业能力发挥正向影响作用。课堂学习投入可以正向调节课程教学管理、教师教学水平、创新教学方式与创新创业能力之间的关系。所以本书提出假设:

假设6:课程及教学支持与大学生创新创业能力的关系受到学生课程学习投入的调节。

(三)间接作用

课程及教学活动对学生创新创业能力发挥作用,往往是激发了学生学习主动性,促进了学生的个体投入,进而影响学生创新创业能力。创新创业教育的课程强调以学生为中心,以学生为中心并不是一切听学生的,也不是知识越简单越好,更不是不需要老师指导。恰恰相反,以学生为中心是要设置具有适当挑战性的课程,同时为学生提出合理的课程要求和考核评价,从而促进学生的深度学习和学业投入。学业评价方式对学生的学习态度、学习策略和学习行为投入、学业成果都有显著的影响。[2] 学生会根据课程的评价内容、方式、

---

① 陆根书,刘秀英.大学生能力发展及其影响因素分析:基于西安交通大学大学生就读经历的调查[J].高等教育研究,2017(8):60-68.

② 郭芳芳,史静寰.课程学习评价与不同学科本科生学习之间的关系[J].高等教育研究,2014(5):63-70.

要求等决定自己的努力程度，选择学习方法，分配学习时间和重点。[①] 如探究式教学方式，可以显著促进学生的课堂积极表达行为。[②] 已有研究表明深度学习在课程学习经验与教育收获之间存在显著的中介效应，课堂学习经验、课外学习经验完全通过促进学生深度学习对教育收获产生影响，课程要求部分地通过促进学生深度学习对教育收获产生影响。[③]

高质量课程及教学活动能够吸引学生，学生从中会有较多收获，也会为自己制定较高的目标。即高质量课程及教学活动对学生掌握目标定向有积极影响。学生希望在高质量课程上有较好的表现，从而也会对自己有较高的要求。高质量课程往往对学生有较多的作业任务等要求，学生能够较好地完成后，也会提高其自身的学业效能感。高质量课程往往会激发学生的学习兴趣，引导学生积极思考和参与学习，同时教师通过设置课堂讨论、汇报、小组作业等形式，让学生个体或团体在课上及课下投入更多时间和精力。课程及教学的实施离不开教师，教师是联结课程教学活动与学生学习投入的桥梁。换言之，教师是课程及教学发挥支持作用的载体。本书初步认为课程及教学可能是通过影响教师支持，进而间接影响学生投入。所以本研究提出研究假设：

假设7：课程及教学支持可以间接促进大学生的创新创业能力发展。

四、环境支持对学生创新创业能力有显著正向影响

（一）直接作用

任何能力发展都离不开环境的支持，因为环境为学生发展提供了整体性、支持性的实践条件。培养学生创新创业能力需要充分发挥学生的主体性、自主性、能动性，让学生在行动中不断探索、反思、互动等，从而认识自我并发展自我。如此，就需要学校为学生提供合理开放的制度设计、丰富的学习资源、具有正向引导性的学习氛围等，鼓励并支持学生自主探索。环境对能力的影响可能并不是显而易见的，应该是一种潜移默化的，甚至是只有在影响积累到

---

① 苏林琴.适应·参与·评价·收获：高等院校学生发展质量评价研究[M].北京：人民出版社，2018：26.

② 张华峰，史静寰.中国大学生课堂积极表达行为的影响因素分析[J].高等教育研究，2020（3）：86-93.

③ 王树涛，宋文红，张德美.大学生课程学习经验与教育收获：基于深度学习的中介效应检验[J].电化教育研究，2015（4）：90-94，107.

一定程度才能看到学生改变的一种变量,也就是说环境对能力的影响并不是非常直观的。在制度环境方面,导师制、综合考评制度、选课制度等能够影响学生的目标确定能力、行动筹划能力、沟通能力等。如学生可以通过导师制与导师进行全方位的交流交往,获得学业规划、职业规划等方面的指导,从而进一步明确学业目标等发展目标,在这个过程中提高沟通能力、行动筹划能力、目标确定能力。再如,不合理的专业制度会导致学生学习热情下降甚至出现学习困难,从而影响学生学业效能感。在资源环境方面,学生感受到学校支持自由探索的学习氛围,促使学生发挥自身的主动性和创新性。所以本书初步认为环境支持对创新创业能力有影响,提出研究假设:

假设8:环境支持能够直接促进大学生创新创业能力发展。

（二）调节作用

本书认为资源环境及制度环境影响创新创业能力是有条件的。相对于教师、课程教学这些环境支持,资源支持及制度支持实际上是一种更为外在的环境条件。也就是说教师支持、课程及教学支持这类环境是由师生共同创造及互动的结果,这类环境的形成已经暗含了学生的投入。但资源及制度支持却没有包含学生的参与及投入,也就是这种环境支持能否发挥作用应该受到学生自身投入的影响。

资源环境、制度环境是客观存在,只有当学生充分利用资源及制度支持,将资源及制度支持作为自身创新创业能力发展的有利条件时,资源环境及制度环境才能够真正发挥应有的支持作用。当大学生拥有强烈的内在动机时,即具有掌握目标定向时,会有强烈的发展自身创新创业能力的意愿,也会充分寻求外在的环境支持,才能够充分利用资源环境及制度环境。当大学生拥有强烈的外在动机,即具有成绩目标定向时,学生使用对学生个体能力发展有帮助的资源、制度支持的意愿和程度将会下降。这就意味掌握目标定向和成绩目标定向可以调节资源环境及制度环境与创新创业能力之间的关系,且两者的调节作用不同。所以本书提出研究假设:

假设9:环境支持与大学生创新创业能力的关系受到学习动机的调节。

（三）间接作用

资源环境、制度环境主要通过促进学生学习主动性,从而促进创新创业能力发展。环境影响个体的认知、行为等,是显而易见的。如选课制、转专业制

度可以影响学生的目标定向,因为学生选择自身感兴趣的课程、专业进行学习时,往往会产生较强的目标定向,尤其是掌握目标定向。学生通过导师制与导师的交流交往,在导师的帮助下往往能够走出对学业、未来规划等迷茫无知的状态,从而确定新的目标方向。综合素质考评制度可以促进学生在课外活动中的投入,提高学生的生生互动水平。资源环境可以为学生提供良好学习条件支持,促进学生的学业投入。环境支持可以影响学生,同样也可以影响教师。学校为学生提供较好的资源、制度支持,意味着学校是将培养学生作为大学发展的根本理念,同时学校也会为教师提供相应的环境支持,激励教师敬业奉献,为学生提供更多支持。所以环境支持也可以通过影响教师支持,进而影响学生个体投入。所以本书提出研究假设:

假设 10:环境支持可以间接促进学生的创新创业能力发展。

综上所述,本节分析了个体层面因素及院校层面因素对创新创业能力的作用,并分析了不同因素之间的作用机制,提出了主要假设,总结在表 3-1 中。

表 3-1　本书的主要假设

作用机制	主要假设
直接作用	假设 1:个体投入直接促进大学生创新创业能力发展
	假设 2:教师支持直接促进大学生创新创业能力发展
	假设 5:课程及教学支持直接促进大学生创新创业能力发展
	假设 8:环境支持直接促进大学生创新创业能力发展
调节作用	假设 3:教师支持与大学生创新创业能力的关系受到师生互动水平的调节
	假设 6:课程及教学支持与大学生创新创业能力的关系受到学生课程学习投入的调节
	假设 9:环境支持与大学生创新创业能力的关系受到学习动机的调节
间接作用	假设 4:教师支持间接促进大学生创新创业能力发展
	假设 7:课程及教学支持间接促进大学生创新创业能力发展
	假设 10:环境支持间接促进大学生创新创业能力发展

本书在理论分析及研究假设的基础上,构建了个人层面因素、院校层面因素对大学生创新创业能力影响的假设模型,如图 3-3 所示。

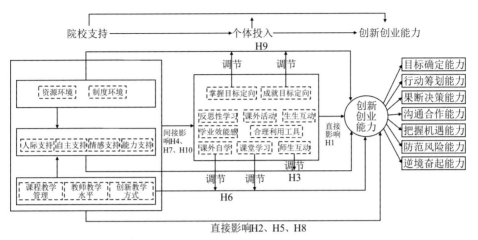

图 3-3　大学生创新创业能力影响因素假设模型

　　图中 H1、H2、H5 和 H8 分别表示假设 1、假设 2、假设 5 和假设 8,即个体投入、教师支持、课程及教学支持、环境支持可以直接促进大学生创新创业能力。图中 H3、H6 和 H9 分别表示假设 3、假设 6 和假设 9,即教师支持、课程及教学支持、环境支持对大学生创新创业能力的影响受到不同个体变量的调节。图中 H4、H7 和 H10 分别表示假设 4、假设 7 和假设 10,即教师支持、课程及教学支持、环境支持可以间接促进大学生创新创业能力。所有假设整体可以概括为:个体投入、院校支持均可以直接影响大学生创新创业能力;院校支持也可以通过个体投入间接影响大学生创新创业能力;院校投入对大学生创新创业能力的影响作用,受到学生个体投入的调节。

第四章

大学生创新创业能力及其影响因素量表研制

第一节 大学生创新创业能力量表的信效度分析

一、创新创业能力量表（原版）的信效度

"大学生创新创业能力量表（原版）"由国家自然科学基金"大学生创新创业能力评价体系与结构模型研究"课题组研制，笔者作为课题组成员全程参与了该量表的研制。该量表的研制借鉴科斯汀（Costin）等①、贝洛蒂（Bellotti）等②关于创新创业能力量表的研究，同时也借鉴了自我职业生涯管理量表③、心理资本量表④、忍受不确定性量表⑤、创业能力量表⑥等国内外较为成熟的量表。

---

① COSTIN Y, O'BRIEN M P, HYNES B. Entrepreneurial education: maker or breaker in developing students' entrepreneurial confidence, aptitude and self-efficacy? [J]. Industry and higher education, 2021(3): 1-12.

② BELLOTTI F, BERTA R, DE GLORIA A, et al. Serious games and the development of an entrepreneurial mindset in higher education engineering students[J]. Entertainment computing, 2014(4): 357-366.

③ 翁清雄. 自我职业生涯管理对职业决策质量的作用机制[J]. 管理评论, 2010(1): 82-93.

④ 弗雷德·卢森斯, 等. 心理资本: 打造人的竞争优势[M]. 李超平, 译. 北京: 中国轻工业出版社, 2007: 221-222.

⑤ FREESTON M H, RHÉAUME J, LETARTE H, et al. Why do people worry? [J]. Personality and individual differences, 1994(6): 791-802.

⑥ 谢雅萍, 梁素蓉, 陈睿君. 失败学习、创业行动学习与创业能力: 悲痛恢复取向的调节作用[J]. 管理评论, 2017(4): 47-58.

经过多轮研制,最终确定的"大学生创新创业能力量表(原版)"由七个分量表组成,从分量表一至分量表七分别为:目标确定能力量表、行动筹划能力量表、果断决策能力量表、沟通合作能力量表、把握机遇能力量表、防范风险能力量表、逆境奋起能力量表。该量表研发后利用十余所大学的1811名大学生的有效数据进行了信度分析、探索性因子分析及验证性因子分析,发现该量表具有良好的信效度,适宜于测评大学生创新创业能力发展状况。

在信度检验时,七个分量表的 α 系数在 0.894~0.922 之间,总量表的 α 系数为 0.978。结果表明七个分量表和总量表的信度良好,符合心理测量学要求。

在探索性因子分析时,七个分量的 KMO 值和 Bartlett's 球形检验结果都表明七个分量表适合进行因子分析。在利用最大方差法进一步进行旋转后,以特征值大于 1 为标准确定因子数量,最终共确定了 17 个因子(三级维度),93 个题项。

在验证性因素分析时,结果表明七个分量表的拟合指数均较为理想,验证性因素分析结果具体见表 4-1。数据样本量较大时,卡方检验通常会失效,本书的卡方检验也是如此,但 χ^2/df 在 7 左右也可以接受,所以应根据其他拟合指标进一步判断模型是否合适。从表 4-1 中可以看出,七个分量表的RMSEA 均小于 0.1,NFI、IFI、TLI、CFI、GFI 的值均大于 0.9,接近于 1。各项数据指标显示模型的拟合程度较好,验证了创新创业能力的多维结构假设。

表 4-1 七个分量表验证性因素分析的主要拟合指标

分量表	χ^2	df	χ^2/df	NFI	IFI	TLI	CFI	GFI	RMSEA
分量表一	616.404	113	5.455	0.91	0.925	0.909	0.925	0.926	0.070
分量表二	447.744	63	7.107	0.924	0.934	0.918	0.934	0.928	0.082
分量表三	251.257	53	4.741	0.953	0.962	0.953	0.962	0.956	0.064
分量表四	517.065	74	6.987	0.922	0.932	0.916	0.932	0.922	0.081
分量表五	314.691	87	3.617	0.961	0.971	0.965	0.971	0.954	0.054
分量表六	237.852	42	5.663	0.953	0.961	0.949	0.961	0.954	0.072
分量表七	283.941	51	5.567	0.951	0.959	0.947	0.959	0.951	0.071

验证性结构方程模型的分析结果显示,分量表各题项的标准化因子载荷

较好,且显著性检验结果表明,所有题项的因子载荷都是显著的($P<0.001$)。

为考察七个分量表能否形成一个结构效度良好的大学生创新创业能力评测工具,以七个分量表总分为观测变量,以总量表为潜变量,进行验证性因素分析。如表 4-2 所示,验证性分析结果表明,模型拟合良好,因此可以将其作为最终模型。

表 4-2　总量表验证性因素分析的主要拟合指标

χ^2	df	χ^2/df	NFI	IFI	TLI	CFI	GFI	RMSEA
59.117	11	5.374	0.987	0.990	0.980	0.990	0.981	0.069

二、创新创业能力量表(简版)的信效度

本书使用"大学生创新创业能力量表(简版)"对创新创业能力的 7 个二级指标进行测量。考虑到"大学生创新创业能力量表(原版)"已经包含 93 个题项,与"大学生创新创业能力影响因素问卷"(约 100 个题项)一同施测时,则会造成题项过多,从而导致答卷质量下降,信效度降低。故本书使用了"大学生创新创业能力量表"的简版,命名为"大学生创新创业能力量表(简版)",简版量表包含 51 个题项。51 个题项的筛选办法为:原版量表中 7 个子量表在分别进行探索性因子分析时,共得到了 17 个因子(三级维度),取每个因子中题项的因子载荷量最大的前 3 个题项,故共取 $17×3=51$ 个题项。量表的测量维度及题项示例见表 4-3。目标确定能力量表、行动筹划能力量表、果断决策能力量表、沟通合作能力量表、把握机遇能力量表、防范风险能力量表、逆境奋起能力量表的题项分别为附录中"大学生(创新创业)能力发展及学习体验"问卷中第二部分,共计 51 道题目。

为验证简版量表的信效度,利用大样本数据即 9803 份有效问卷,进行验证性因子分析和效标关联效度检验。9803 份数据的获取及描述性结果已经在前文中论述过,此处不再赘述。

表 4-3　大学生创新创业能力量表测量维度及题项示例

能力框架	能力指标	测量题项示例
目标确定能力	自我认知	我认为自己是一个有价值的人
	自我认同	我觉得自己有能力成就一番事业
	形势判断	我对自己未来发展方向有清晰的认识
	目标设置	我的目标需要我全力以赴
行动筹划能力	规划能力	我做事情前都会做任务分解
	主动行为	我能主动拓展原有的资源以实现目标
果断决策能力	冒险精神	我喜欢接受挑战
	决策能力	我在决策时不害怕失败
沟通合作能力	沟通能力	我能够流利自如地表达自己的想法
	合作能力	我注重与团队成员的密切配合
把握机遇能力	机会能力	我善于发现机会
	忍受不确定性	我可以忍受不确定的状态
	创新行为	我经常尝试采用新的方法解决生活中出现的问题
防范风险能力	自我反思	我经常总结经验与教训
	风险监控	一出现危机状况我就立即启动预案
逆境奋起能力	乐观	不论未来会发生什么,我都会乐观对待
	韧性	目前,我正精力充沛地追求自己的目标

（一）项目分析

项目分析是为了确定每一个测试题项的可用程度。本书采用两种方法对题项进行区分度的分析。第一,采用极端组比较方法。将不同维度的总分进行高低排序,取前 27% 为高分组,取后 27% 为低分组,采用独立样本 t 检验比较高分组和低分组间的差异。分析结果表明,不同维度上所有题项均达到显著($P<0.001$),所以各题项的鉴别力较高,无须删除。第二,采用题总相关方

法。将不同题项与分问卷总分进行相关分析，结果表明，不同题项与分问卷总分的相关系数均达到显著水平（$P<0.001$），各题项与分问卷总分的相关系数在 0.445～0.791 之间。根据相关系数大于 0.4 的标准，所有题项无须删除。项目分析结果显示，各维度中的题项都有较好的区分度和同质性。

（二）信度分析

利用 SPSS 25.0 对 7 个分量表和总量表进行信度检验。表中 7 个分量表的 α 系数在 0.803～0.889 之间，总量表的 α 系数为 0.963。结果表明 7 个分量表和总量表的信度良好，符合心理测量学要求。

（三）验证性因子分析

利用 AMOS22.0 进行验证性因子分析，对创新创业能力的 7 个二级指标体系进行拟合优度检验，结果见表 4-4。当数据样本量较大时，卡方检验通常会失效，所以应根据其他拟合指标进一步判断模型是否合适。表 4-4 中的结果显示除 χ^2/df 外，其他各拟合指标均符合要求，说明创新创业能力模型的拟合程度良好。

表 4-4　验证性因子分析的主要拟合指标

指标名称	χ^2	df	χ^2/df	NFI	IFI	TLI	CFI	GFI	RMSEA
指标值	21469.862	1174	18.28	0.919	0.923	0.916	0.923	0.904	0.042
标准	—	—	<5	>0.9	>0.9	>0.9	>0.9	>0.9	<0.1

具体的结果见表 4-5。分析 7 个二级能力指标的各题项载荷，显著性检验结果表明所有题项的因子载荷都是显著的（$P<0.001$），各指标构成题项载荷均大于 0.5，符合要求；发现 7 个二级能力指标彼此呈显著正相关关系。

表 4-5　各因子载荷及相关性

因子名称	因子相关性							
	因子载荷	Y1	Y2	Y3	Y4	Y5	Y6	Y7
Y1	0.546～0.693	1						
Y2	0.626～0.758	0.772*	1					
Y3	0.503～0.838	0.650*	0.680*	1				

因子名称	因子相关性							
	因子载荷	Y1	Y2	Y3	Y4	Y5	Y6	Y7
Y4	0.534～0.734	0.754*	0.691*	0.659*	1			
Y5	0.514～0.757	0.748*	0.763*	0.754*	0.796*	1		
Y6	0.640～0.706	0.718*	0.763*	0.594*	0.718*	0.803*	1	
Y7	0.691～0.785	0.776*	0.664*	0.638*	0.710*	0.740*	0.728*	1

注:(1)*表示 $P<0.001$,均达到统计显著水平。(2)Y1=目标确定能力;Y2=行动筹划能力;Y3=果断决策能力;Y4=沟通合作能力;Y5=把握机遇能力;Y6=防范风险能力;Y7=逆境奋起能力。

进一步分析各个指标的相关系数,发现除防范风险能力与果断决策能力的相关系数为 0.594,极为接近 0.6 外,其他的相关系数均大于 0.6,说明这 7个潜在变量还可以被另一个潜在变量所解释。故将 7 个能力各自的平均分作为观测变量,将创新创业能力作为潜变量,再次做验证性因子分析,并根据 MI值修正模型,最终模型见图 4-1。

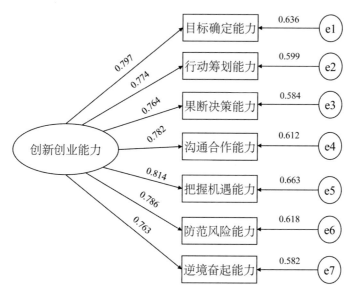

图 4-1　创新创业能力验证性因子分析路径图及标准化系数

该模型的主要拟合指标见表 4-6，说明创新创业能力模型的拟合程度良好。

表 4-6　验证性因子分析的主要拟合指标

指标名称	χ^2	df	χ^2/df	NFI	IFI	TLI	CFI	GFI	RMSEA
指标值	162.768	7	23.253	0.996	0.996	0.989	0.996	0.995	0.048
标准	—	—	<5	>0.9	>0.9	>0.9	>0.9	>0.9	<0.1

（四）效标关联效度检验

测验结果与效标间相符合或相一致的关联程度，成为效标关联效度，简称效标效度。[1] 本书选择用相关法求得效度系数，即相关系数，若相关系数达到统计上 0.05 或 0.01 水平，说明在统计上达到了显著水平。本书用大学生的学校归属感作为效标，计算"创新创业能力"各子能力与学校归属感的相关性。学校归属感测量题目为"如果再来一次，是否还会选择在本校就读"。金子元久认为大学的教育力量在很大程度上是由学生对大学教育所持的"态度"决定的。[2] 王雨田[3]等分析了归属感对学生心理成长、学业发展的积极作用；袁建林[4]等研究发现院校归属感对大学生能力发展有显著正向作用。所以本书认为院校归属感和大学生创新创业能力发展之间有较强的相关性，故将院校归属感作为效标，计算院校归属感和创新创业能力之间的相关系数。

相关分析的统计结果见表 4-7，可见创新创业能力的 7 个子能力及总能力（七个子能力的平均值，下同）与学校归属感之间的相关性达到显著统计水平（$P<0.001$），说明具有理想的效标关联效度。

① 龚耀先.心理测量学[M].杭州：浙江教育出版社，2012：218.
② 金子元久.大学教育力[M].徐国兴，等译.上海：华东师范大学出版社，2009：6.
③ 王雨田.集团化办学下生生关系对学生学业发展的影响：学校归属感与跨校互动的中介效应[J].上海教育科研，2019(4)：10-14.
④ 袁建林，张亮亮.教育教学中的互动何以影响大学生能力发展：院校归属感的中介作用分析[J].大学教育科学，2020(4)：105-112.

表 4-7 创新创业能力与学校归属感的相关性

	Y1	Y2	Y3	Y4	Y5	Y6	Y7	Y
效标	0.145**	0.117**	0.127**	0.124**	0.113**	0.105**	0.152**	0.154**

注:(1)**在0.01水平(双侧)上显著相关。(2)Y1=目标确定能力;Y2=行动筹划能力;Y3=果断决策能力;Y4=沟通合作能力;Y5=把握机遇能力;Y6=防范风险能力;Y7=逆境奋起能力;Y=创新创业能力(总能力)。

第二节　大学生创新创业能力影响因素问卷的编制

一、个体投入变量测量

(一)学业认知投入变量测量

根据自我效能感理论和学习动机理论,效能感和动机对学生的能力都有显著的影响,故本书探究的学业认知投入因素为学业效能感和目标定向。具体研究维度为三个:学业效能感;掌握目标定向;成绩目标定向。三个维度的内涵如下:

①学业效能感:个体对成功达到教育目标的能力判断。[1]

②掌握目标定向:学习者侧重于学习的内在价值,以学习、掌握为目的的成就目标取向,关注对任务的掌握和理解,关注能力的发展。[2]

③成绩目标定向:学习者侧重于学习的外在价值,以追求高成绩、证明自身能力为目的的目标取向,关注与别人成绩的比较,以获得对自身能力的判断。[3]

基于此,本书设计了学业认知变量的题项问卷。具体见表4-8所示,共3个维度,15个题项。

① ELIAS S M, MACDONALD S. Using past performance, proxy efficacy, and academic self-efficacy to predict college performance[J].Journal of applied social psychology, 2007(37):2518-2531.

② 桑青松,学习心理研究[M].合肥:安徽人民出版社,2010:273.

③ 桑青松,学习心理研究[M].合肥:安徽人民出版社,2010:273.

表 4-8　学业认知投入变量的测量题项

变量		题项	题项参考来源
学业认知投入	学业效能感	我认为我的学习方法总是有效的	宾特里奇 等[1]；陈（Chen）等[2]；池丽萍、辛自强[3]；开放性问卷、访谈
		我认为自己有能力解决学习中遇到的问题	
		我喜欢选择富有挑战性的学习任务	
	掌握目标定向	我对所学的内容充满好奇	史秋衡、汪雅霜[4]；梁宇颂[5]；朱丽雅[6]；王振宏、刘萍[7]；开放性问卷、访谈
		我学习主要是为了探索知识/提高能力	
		我会主动探索学习中遇到的难题	
		我希望能够发展自己，实现自己的人生价值	
		学习能让我开心/充实/获得强烈的满足感	
		我在学习时试图得出自己的看法	
		我对所学专业很感兴趣	
		我在阅读时试图理解作者的意图	
	成绩目标定向	我学习是为了获得高分	
		我学习是为了获得奖学金	
		我学习是为了找到好工作	
		我学习只求通过考试	

资料来源：

[1]PINTRICH P R，DE GROOT E V. Motivational and self-regulated learning components of classroom academic performance[J].Journal of educational psychology,1990(1):33-40.

[2]CHEN G，GULLY S M，EDEN D. Validation of a new general self-efficacy scale [J].Organizational research methods,2001(1):62-83.

[3]池丽萍,辛自强.大学生学习动机的测量及其与自我效能感的关系[J].心理发展与教育,2006(2):64-70.

[4]史秋衡,汪雅霜.大学生学习情况调查研究[M].北京:教育科学出版社,2015:90-92.

[5]梁宇颂.大学生成就目标、归因方式与学业自我效能感的研究[D].武汉:华中师范大学,2000:32-33.

[6]朱丽雅.大学生成就动机、成就目标定向、学业自我效能对成绩的影响模式探析[D].长春:吉林大学,2012:27-29,108.

[7]王振宏,刘萍.动机因素、学习策略、智力水平对学生学业成就的影响[J].心理学报,2000(1):65-69.

（二）学习行为投入变量测量

本书将学生学习行为投入分为三个维度：课堂学习投入；课外自学投入；课外活动投入。课堂学习与课外自学体现了学生的课程学习投入，再如课外自学与课外活动投入体现了学生的课外学习投入，这就意味着不同划分标准可以将学习行为投入分为不同类型。为便于测量，本书按照最直接的方式将行为投入分为课堂学习、课外自学和课外活动，之后具体分析的时候再将不同变量进行组合。课堂学习投入、课外自学投入和课外活动投入三个变量的特征表现如下：

①课堂学习投入：学生在课堂上显性或隐性的有效参与行为，如发言、思考、讨论等。

②课外自学投入：学生在课堂之外自学与课程相关的内容。

③课外活动投入：在课余时间参加各类有意义的活动，如社团、竞赛、讲座、社会实践等。

本书设计了学习行为投入变量的题项问卷。具体见表 4-9 所示，共 3 个维度，25 个题项。

表 4-9　学习行为投入变量的测量题项

变量		题项	题项参考来源
学习行为投入	课堂学习	我与同学合作（如课堂讨论、小组活动）完成课程任务或课题	周廷勇，周作宇[1]；涂冬波，史静寰，郭芳芳[2]；鲍威[3]；开放性问卷、访谈
		我在课堂上就某一主题进行汇报展示	
		我在课堂上主动发言	
		我在课堂上积极思考	
	课外自学	我修读跨学科/跨专业课程	
		我在课外阅读教材或参考书目	
		我写课程论文或报告	
		我从课堂笔记或阅读材料中总结主要的观点和信息	
		我在图书馆/自习室等学习的时间	
		我阅读与专业相关的书籍、学术论文	

变量		题项	题项参考来源
学习行为投入	课外活动	我进行体育锻炼	周廷勇,周作宇[1];涂冬波,史静寰,郭芳芳[2];鲍威[3];开放性问卷、访谈
		我参加校外勤工俭学活动	
		我参加校内勤工俭学活动	
		我参加境内交流学习	
		我参加境外交流学习	
		我参加社团、班级等学生组织的课外活动	
		我参加实习、社会实践或田野调查等实践性学习活动	
		我组织社团活动或班级活动	
		我承担社团等学生组织的工作	
		我参加各种讲座/沙龙/论坛/报告会等	
		我参加创新创业相关竞赛	
		我参加创新创业项目	
		我参加创新创业培训/课程	
		我参加各类学业竞赛	
		我参加课题研究	

资料来源:

[1]周廷勇,周作宇.高校学生发展影响因素的探索性研究[J].复旦教育论坛,2012(3):48-55,86.

[2]涂冬波,史静寰,郭芳芳.中国大学生学习性投入调查问卷的测量学研究[J].复旦教育论坛,2013(1):55-62.

[3]鲍威.高校学生院校满意度的测量及其影响因素分析[J].教育发展研究,2014(3):22-29,55.

(三)互动学习投入变量测量

本书探究的互动学习投入分为生生互动和师生互动。两个维度变量的内涵如下:

①生生互动:学生与同伴就生活、学业、未来发展等方面进行交往交流。

②师生互动:学生在课外主动与教师就生活、学业、未来发展等方面问题,进行交流交往的探讨行为。

互动学习投入变量的题项具体见表 4-10 所示,共 2 个维度,12 个题项。

表 4-10 互动学习投入变量的测量题项

变量		题项	题项参考来源
互动学习投入	生生互动	我与同学/舍友/同伴等探讨个人兴趣爱好、职业理想或未来规划的问题	周廷勇,周作宇[1];开放性问卷、访谈
		我与同学/舍友/同伴等探讨与学习有关的问题(交流学习心得体会)	
		我请朋友、同学等指出自己的不足	
		我和自己兴趣爱好不同/家庭背景不同/专业不同的同学成为好朋友	
		我与舍友交流讨论	
		我主动与同学组成学习小组	
	师生互动	我与老师交流学习方面的问题	
		我与老师日常交流交往	
		我与老师交流学习规划、未来规划等各方面问题	
		我和任课老师讨论课程/学习/作业等问题	
		我参与老师的课题研究	
		我与学长/学姐交流	

资料来源:

[1]周廷勇,周作宇.高校学生发展影响因素的探索性研究[J].复旦教育论坛,2012(3):48-55,86.

(四)反思学习投入变量测量

反思学习投入指总结归纳过去发生的事情,并形成经验规律、改进措施等。① 本书设计了反思学习投入变量的题项问卷,具体见表 4-11 所示,共 4 个题项。

① 陈国权.团队学习和学习型团队:概念、能力模型、测量及对团队绩效的影响[J].管理学报,2007(5):602-609.

表4-11　反思学习投入变量的测量题项

变量	题项	题项参考来源
反思学习	我反思总结成长和收获	郑菊萍[1]；孟辉 等人[2]；刘哲雨 等[3]；陈国权[4]
	我反思对自己有触动的事件	
	我写日记/随笔/反思等	
	我阅读有关个人成长、自我提高或社会发展的书籍、文章等	

资料来源：

[1]郑菊萍.反思性学习简论[J].上海教育科研,2002(8):43-46.

[2]孟辉,梁汇娟,初彤.大学生自主反思维度探析:以英语学习为例[J].中国外语,2019(2):64-70.

[3]刘哲雨,郝晓鑫,曾菲,等.反思影响深度学习的实证研究:兼论人类深度学习对机器深度学习的启示[J].现代远程教育研究,2019(1):87-95.

[4]陈国权.团队学习和学习型团队:概念、能力模型、测量及对团队绩效的影响[J].管理学报,2007(5):602-609.

（五）工具学习投入变量测量

本书设计了工具学习投入变量的题项问卷。具体见表4-12所示,共3个题项。

表4-12　工具学习投入变量的测量题项

变量	题项	题项参考来源
工具学习投入	我用手机/电脑进行社交活动（使用QQ、微信、邮箱等）	苏双 等人[1]；梁永炽（Louis Leung）[2]；熊婕 等人[3]；肖祥[4]；
	我用手机/电脑查阅和下载学习工作资料	
	我用手机/电脑了解时事政治经济社会类消息	

资料来源：

[1]苏双,潘婷婷,刘勤学,等.大学生智能手机成瘾量表的初步编制[J].中国心理卫生杂志,2014(5):392-397.

[2]LEUNG L. Linking psychological attributes to addiction and improper use of the mobile phone among adolescents in Hong Kong[J].Journal of children and media,2008(2):93-113.

[3]熊婕,周宗奎,陈武,等.大学生手机成瘾倾向量表的编制[J].中国心理卫生杂志,2012(3):222-225.

[4]肖祥.大学生人格特质、手机使用动机与手机依赖的关系[D].长沙:湖南师范大学,2014:12,44-46.

二、教师支持变量测量

本书将教师支持分为4个维度,分别为:人际支持,自主支持,情感支持,能力支持。4个维度的变量内涵如下:

①人际支持:指与大学生密切相关的老师、管理者之间的良好人际关系,从而形成的融洽的支持性氛围。

②自主支持:指教师对学生自主学习的支持,如承认学生的自主性和主体性,为学生提供决策的选择与机会,尊重学生的想法,考虑学生的需求和兴趣等。

③情感支持:指教师关心、关爱、尊重学生,能够为学生考虑,并在学生需要帮助的时候提供帮助。

④能力支持:指老师能够给学生提出学业期望、指导、帮助和反馈。

本书设计了教师支持的题项问卷。具体见表 4-13 所示,共 4 个维度,16个题项。

表 4-13　教师支持变量的测量题项

变量		题项	参考来源
教师支持	人际支持	我和任课老师的关系很好	涂冬波,史静寰,郭芳芳[1];高耀明[2];苏林琴[3]
		我和班主任/辅导员的关系很好	
		我和办公室行政人员关系很好	
		我和学院领导的关系很好	
	自主支持	在学习中,老师会为我们提供选择的机会	迟翔蓝[4]
		老师给出建议之前,会试着理解我们对事情的看法	
		老师会鼓励我们提出自己的想法 *	
		在课堂教学中,老师会考虑学生提出的教学建议	
	情感支持	我身边的老师很关心学生 *	
		我身边的老师对学生很了解 *	
		我身边的老师值得信赖 *	
		当我受挫时,老师会给予鼓励 *	
	能力支持	老师会对我们提出明确的学习期望	
		无论我何时遇到问题,老师都会及时提供帮助	
		老师会认可我的表现与取得的进步	
		针对我的学习表现,老师会提供建设性的反馈	

注:* 表示该题项根据质性资料进行适当修正。

资料来源:

[1]涂冬波,史静寰,郭芳芳.中国大学生学习性投入调查问卷的测量学研究[J].复旦教育论坛,2013(1):55-62.

[2]高耀明.大学生学习问题研究[M].上海:学林出版社,2013:73.

[3]苏林琴.适应·参与·评价·收获:高等院校学生发展质量评价研究[M].北京:人民出版社,2018:26.

[4]迟翔蓝.基于自我决定动机理论的教师支持对大学生学习投入的影响机制研究[D].天津:天津大学,2017:201-202.

三、课程及教学支持变量测量

本书将课程教学支持分为三个维度,分别为:课程教学管理;教师教学水平;教学方式。三个维度的变量的特征表现如下:

①课程教学管理:具有的特征是课程设置满足学生发展需求,课程内容强调实践性,课程具有适当挑战性,且课程要求和考核方式合理,鼓励学生自主探索和深度学习。

②高水平教学:教师的教学理念应该是鼓励学生自主探索、独立思考的;教师的教学设计应该是理论联系实际的;教师的课堂教学策略是智慧的,能够吸引学生的注意力,并能够让学生充分、有效参与课堂;教师的教学目的是让学生形成探究兴趣。

③创新教学方式:不同于传统的讲授式教学,能够激发学生学习积极性,并能够鼓励学生充分参与课程学习的教学形式。

本书的课程及教学支持变量的题项问卷如表 4-14 所示,共 3 个维度,22个题项。

表 4-14　课程及教学支持变量的测量题项

变量		题项	题项参考来源
课程及教学支持	课程教学管理	绝大多数课程提供了较多的实践、参与和探索机会	周廷勇,周作宇[1];涂冬波,史静寰,郭芳芳[2];鲍威等[3];开放性问卷、访谈
		绝大多数课程的作业任务合理且有帮助	
		课程体系满足自身发展需求	
		课程安排合理,学生自主探索时间多	
		绝大多数课程的学习负担适中	
		绝大多数课程的考核评价方式合理	
		绝大多数课程具有挑战性	
		绝大多数课程采用汇报展示的考核方式	
		绝大多数课程强调实践性	
		绝大多数课程能够理论与实践相结合	

变量		题项	题项参考来源
课程及教学支持	教学水平	绝大多数教师在教学中能够将理论联系实际	马查利（Machali）等[4]；阿约布（Ayob）等[5]；多宾斯（Dobbins）[6]
		绝大多数教师鼓励我们独立思考	
		绝大多数教师能够在课堂上吸引并保持学生的注意力	
		绝大多数教师激发了我的学习兴趣或者其他兴趣	
		绝大多数教师鼓励学生自主探索	
		绝大多数教师鼓励学生参与课堂发言、讨论、提问等	
		绝大多数任课教师学术水平很高	
		绝大多数任课教师教学水平很高	
		绝大多数课程采用了小组合作的形式	
	教学方式	绝大多数课程采用了小型研讨会或讨论的形式	玛琪莉（Machali）等[7]；穆德（Mulder）[8]；张（Cheung）[9]
		绝大多数课程采用了案例教学或模拟的教学方式	
		绝大多数课程采用了讲授式教学方式	

资料来源：

[1]周廷勇,周作宇.高校学生发展影响因素的探索性研究[J].复旦教育论坛,2012(3):48-55,86.

[2]涂冬波,史静寰,郭芳芳.中国大学生学习性投入调查问卷的测量学研究[J].复旦教育论坛,2013(1):55-62.

[3]鲍威,杨钋,朱红,等.强化教学切适性 提升学生满意度:首都高校教学质量与学生发展状况调查报告[J].中国高等教育,2011(1):53-55,61.

[4]MACHALI I, WIBOWO A, MURFI A, et al. From teachers to students' creativity? the mediating role of entrepreneurial education[J].Cogent education,2021(1):1-16.

[5]AYOB A, HUSSAIN A, MAJID R A. a review of research on creative teachers in higher education[J].International education studies,2013(6):8-14.

[6]DOBBINS K. Teacher creativity within the current education system:a case study of the perceptions of primary teachers[J].Education,2009(2):95-104.

[7]MACHALI I, WIBOWO A, MURFI A, et al. From teachers to students' creativity? the mediating role of entrepreneurial education[J].Cogent education,2021(1):1-16.

[8]TOUTAIN O, FAYOLLE A. Labour market uncertainty and career perspectives:competence in entrepreneurship courses[M]//MULDER M. Competence－based vocational and professional education. Cham:Springer International Publishing,2017:986.

[9]CHEUNG C K. An overview of entrepreneurship education programmes in Hong Kong[J].Journal of vocational education & training,2008(3):241-255.

四、环境支持变量测量

环境支持是院校层面为了保障大学生更好地开展学习活动,而创设的一系列精神或物质的支持性条件。为促进大学生创新创业能力的发展,学校所创设的环境必须是促进大学生自主探索、创新发展的自由、开放、包容的环境。本书将环境支持分为制度环境和资源环境。制度环境支持、资源环境支持的具体测量内涵如下:

①制度环境:学校或学院制定的与大学生切身利益紧密相关的学业支持制度,如导师制、综合素质考评制度、选课制度、转专业制度。

②资源环境:学校或学院为大学生学业提供的物质资源和精神资源。

环境支持变量的测量题项具体见表4-15所示,共2个维度,10个题项。

表 4-15　环境支持变量的测量题项

变量		题项	题项参考来源
环境支持	制度环境	学校提供了对我有帮助的导师制	开放性问卷、访谈
		学校采用了合理的综合素质评价制度	开放性问卷、访谈
		学校提供了合理的转专业制度	鲍威等[1]
		学校提供了充分的选课空间	李硕豪[2];鲍威等[3]
	资源环境	学校提供了良好的学习环境	李硕豪[4]
		我对学校教学资源(如教学空间、图书馆、计算机资源等)很满意	李硕豪[5];郭丽君等[6]
		学校/学院提供了良好学业支持	涂冬波,史静寰,郭芳芳[7]
		学校重视学生的实践活动	开放性问卷、访谈
		学校重视学生的发展和需求	开放性问卷、访谈
		学校鼓励学生自主发展、自主探索	李硕豪[8]

资料来源:

[1]鲍威,杨钋,朱红,等.强化教学切适性 提升学生满意度:首都高校教学质量与学生发展状况调查报告[J].中国高等教育,2011(1):53-55,61.

[2]李硕豪."拔尖计划"学生创造力发展影响因素实证研究[J].中国高教研究,2020(4):51-58.

[3]鲍威,杨钋,朱红,等.强化教学切适性 提升学生满意度:首都高校教学质量与学生发展状况调查报告[J].中国高等教育,2011(1):53-55,61.

[4]李硕豪."拔尖计划"学生创造力发展影响因素实证研究[J].中国高教研究,2020(4):51-58.

[5]李硕豪."拔尖计划"学生创造力发展影响因素实证研究[J].中国高教研究,2020

(4):51-58.

  [6]郭丽君,等.大学生就读经验:基于湖南省的实证研究[M].北京:经济管理出版社,2016:181.

  [7]涂冬波,史静寰,郭芳芳.中国大学生学习性投入调查问卷的测量学研究[J].复旦教育论坛,2013(1):55-62.

  [8]李硕豪."拔尖计划"学生创造力发展影响因素实证研究[J].中国高教研究,2020(4):51-58.

五、控制变量测量

根据阿斯丁的"输入—环境—输出"(I-E-O)的研究模型,院校类型、院校所在经济地区、家庭背景、年级、性别、学科等都是影响学生能力发展的"输入"性重要因素。

(一)院校背景方面的变量

在院校方面,不同研究者对学校类型、学校所在地等进行了探究。如杨钋等利用"2008年首都高校学生发展状况调查"的数据,比较了普通本科与高职高专学生的能力,发现高职高专学生在职业和心理素质方面相对优势显著,普通本科学生在公民素质方面自我评价较高。[①] 叶前林等采用DEA分析方法比较我国31个省份(自治区、直辖市)高等教育资源配置效率,研究发现东、中、西等三大区域之间的高等教育资源配置总体效率存在一定差异和不均衡状况。[②] 东、中、西部之间的高等教育资源不均衡,对教育质量、满意度等都有影响。如汪卫平等对疫情防控期间全国334所高校的226679名学生的调查,发现学生在线学习效果和满意度均呈现东部最好、中部次之、西部最差的特点。[③] 综合已有研究发现,本书初步设计只比较本专科院校和不同地区院校大学生之间的能力差异,不比较不同类型本科的能力差异。

(二)家庭背景方面的变量

在家庭背景方面,国外的多位研究者已经证明家庭背景对学生创新创业

---

  ① 杨钋,许申.本专科学生能力发展的对比研究:基于"2008年首都高校学生发展状况调查"相关数据的分析[J].教育发展研究,2010(5):17-22.

  ② 叶前林,岳中心,何育林,等."双一流"建设下我国高等教育资源配置效率研究[J].黑龙江高教研究,2018(3):22-27.

  ③ 汪卫平,李文.中国大学生在线学习体验的区域差异及影响因素:基于国内334所高校调查数据的分析[J].开放教育研究,2020(6):89-99.

的意向①、能力②等有显著的影响作用。如格罗霍伊（Gronhoj）和托格森（Thogersen）的研究表明家庭环境，尤其是父母提供的一种文化模式、家庭氛围、生活观等，能够决定学生态度和行为的模式。③ 拉赫马万（Rachmawan）等人的研究也表明父母支持是一种重要的社会支持，可以正向影响孩子的效能感、创业意向从而促进孩子的创业行为。④ 当父母是创业型人才时，对学生的成长影响更大。如兰德森（Randerson）和法约尔等人的研究表明，若父母是独立的或创业型的，父母的独立性和灵活性会伴随孩子自幼成长。⑤ 这就意味着父母有创业经历时，孩子的创新创业能力会增强，同时，孩子创业的可能性也更大。

国内也有不少研究探究了家庭背景对学生发展有显著影响。童星采用元分析的方法，纳入41项国内外定量研究，总共59644名大学生样本，探究了家庭背景对大学生学业表现的影响作用，研究发现家庭背景对大学生学业表现有中等程度的正向促进作用，家庭社会资本的正向作用最明显，其次是文化资本，影响最小的是经济资本。⑥ 杨立军和徐隽利用某高校2015—2018年"中国大学生学习与发展追踪研究"数据的分析发现，大学生发展水平受个体人口学因素、家庭背景因素和生源地教育经济条件影响，其中家庭背景因素的影响最大。该研究发现城镇户籍、父母受教育程度、父母职业以及家庭收入这些家庭背景因素均对大学生发展水平有显著影响，其中父亲受教育程度的影响更

① VAN AUKEN H，FRY F L，STEPHENS P. The influence of role models on entrepreneurship intentions[J].Journal of developmental entrepreneurship，2006(2)：157-167.

② JAYAWARNA D，JONES O，MACPHERSON A. Entrepreneurship potential：the role of human and cultural capitals[J]. International small business journal，2014(8)：918-943.

③ GRONHOJ A，THOGERSEN J. Why young people do things for the environment：the role of parenting for adolescents' motivation to engage in pro-environmental behavior[J].Journal of environmental psychology，2017(54)：11-19.

④ RACHMAWAN A，LIZAR A A，MANGUNDJAYA W L. The role of parent's influence and self-efficacy on entrepreneurial intention[J].The journal of developing areas，2015(3)：417-430.

⑤ RANDERSON K，BETTINELLI C，FAYOLLE A，et al. Family entrepreneurship as a field of research：exploring its contours and contents[J].Journal of family business strategy，2015(3)：143-154.

⑥ 童星.家庭背景会影响大学生的学业表现吗？基于国内外41项定量研究的元分析[J].南京师大学报(社会科学版)，2020(5)：49-59.

大。换言之,家庭背景越好越能促进大学生的综合发展。[1] 虽然已有研究已发现家庭所在地、家庭收入、父母文化水平、父母职业这些对大学生发展都有影响,但考虑测量的准确性和便利性,本书放弃测量家庭收入、父母职业,因为这两个变量存在多种情况选择,不便于让学生作答。故本研究只测量家庭所在地、家庭成员是否有创业经历和父母文化水平,这些变量在一定程度上可以代表家庭背景情况,且具有较强的可操作性。

(三)学生背景方面的变量

在学生背景方面,性别、年级、学科、学生干部身份、学生生活费来源、学业成绩、发展意向等都对学生的投入、能力发展有影响。故在本研究中考虑将这些因素作为控制变量。

在性别方面,亚辛(Yasin)等人对阿拉伯联合酋长国的大学中 180 名本科生接受创业教育前后的能力进行分析,发现在接受创业教育前、后男生的整体创新创业能力均高于女生,但女生的能力增长幅度是大于男生的,因为女生总体能力增长了 8.36%,男生总体能力增长了 7.66%。[2] 约翰森(Johansen)[3]等研究者也探讨了男女学生的创业能力差异,基本上都是发现男性的创业能力整体强于女性。杨立军和何祥玲利用某高校"中国大学生学习与发展追踪(CCSS)"2016 年调查数据探究大学生发展指数水平,发现男女生总体的发展水平相近,发展指数水平不存在显著差异。[4] 曹科岩等的研究发现男生创业意向显著高于女生。[5] 所以本书也不可忽视性别间的创新创业能力差异,应将性别作为控制变量。

在年级方面,不同的研究有不同的研究发现。如罗云在研究中发现,学生

① 杨立军,徐隽.区域背景如何影响大学生发展:基于 CCSS 调查的大学生发展指数GTWR 模型分析[J].高等教育研究,2021(2):82-90.

② YASIN N, KHANSARI Z. Evaluating the impact of social enterprise education on students' enterprising characteristics in the United Arab Emirates[J].Education+ training, 2021(6):872-905.

③ JOHANSEN V. Entrepreneurship education and start-up activity: a gender perspective[J].International journal of gender and entrepreneurship, 2013(2):216-231.

④ 杨立军,何祥玲.大学生发展指数:结构与水平:基于 2016 年 CCSS 调查数据的分析[J].中国高教研究,2018(12):46-52.

⑤ 曹科岩,尤玉钿,马可心,等.大学生创业意向及其影响因素调查研究[J].高教探索,2020(1):117-122.

的学业能力随着年级升高而升高。[①] 杨钋等通过对3828名二年级本专科生的问卷调查,发现二年级是学生独立性形成和目标规划发展的关键转折时期。[②] 杨立军和何祥玲利用某高校"中国大学生学习与发展追踪(CCSS)"2016年调查数据探究大学生发展指数水平,发现大学生发展指数呈现曲线提升趋势,即一年级最低,四年级最高,但二年级和三年级差异不显著的"三年级停滞"现象。[③]

在学科方面,不同的研究也有着不同的发现。马雷什(Maresch)等人利用GUESSS项目"全球大学创业精神学生调查"2011年奥地利23所大学的4585份研究数据,通过实证分析发现,创业教育对理工科和经管科学生的创业能力都有正向影响,但对经管科学生的影响更大。[④] 曹科岩等的研究发现经管类专业学生创业意向显著高于其他专业学生,医学类专业学生创业意向最低。[⑤] 胡海青利用自编问卷对我国438名创业大学生的创业素养进行调查分析,发现不同专业不存在显著差异。[⑥]

在学生身份方面,本书认为有学生干部和非学生干部两类。部分大学生往往会积极参与学生团体活动,并在班级、社团等学生团体中成为学生干部。学生干部一来是自身能力较强,故能够成为学生干部。另一方面,学生成为学生干部后通过组织、管理等活动,不断提高自身的能力。吴秋翔和崔盛利用"中国教育追踪调查"北京市2008级大学生的数据,分析发现学生干部身份对学业成绩有显著正向影响。[⑦] 所以本书认为学生干部和非学生干部的能力是

① 罗云.本科生一般学业自我及相关因素研究:基于5所高校的调查[J].中国大学教学,2012(8):90-92,78.

② 杨钋,范皑皑,管蕾."转折":二年级学生发展的主题词:基于北京高校学生发展调查数据的实证分析[J].清华大学教育研究,2013(3):108-117.

③ 杨立军,何祥玲.大学生发展指数:结构与水平:基于2016年CCSS调查数据的分析[J].中国高教研究,2018(12):46-52.

④ MARESCH D, HARMS R, KAILER N, et al. The impact of entrepreneurship education on the entrepreneurial intention of students in science and engineering versus business studies university programs[J].Technological forecasting and social change,2016(4):172-179.

⑤ 曹科岩,尤玉钿,马可心,等.大学生创业意向及其影响因素调查研究[J].高教探索,2020(1):117-122.

⑥ 胡海青.创业素养调查及对高校创业教育的启示[J].中国高教研究,2021(7):49-54.

⑦ 吴秋翔,崔盛.学生干部与学业成绩不可兼得?基于北京市大学生追踪调查数据的研究[J].复旦教育论坛,2019(4):71-79.

有差异的,故考虑将其作为控制变量。学生干部不仅包括班级干部,也包括社团、团委等学生团体中的干部。

在学业成绩方面,学业成绩往往代表了学生的认知能力,而创新创业能力作为一种更倾向于非认知能力的综合能力,可能往往有人认为:大学生的学习成绩越好,创新创业能力越差。事实真的如此吗?学业成绩不仅代表了学生的认知能力,也代表学生的学业投入程度,所以本研究初步认为学业成绩强的学生,学业投入多,创新创业能力应该也越强,故将学业成绩也作为控制变量。

在发展意向方面,学生具有不同发展意向,往往意味着学生有不同的自我认知程度、发展动机、发展规划等,最后学生在大学生活中就会有不同的发展轨迹。不同的自我认知程度、发展动机、发展轨迹等对大学生的学业收获是有着不同的影响的。所以初步将大学生的发展意向分为四类即"暂无""就业""升学""创业",从而探究不同发展意向的大学生创新创业能力状况。

综上所述,本书具体控制变量的选择见表4-16。

表 4-16　控制变量的选择

	控制变量	类别划分
院校方面	院校类型	普通本科;高职高专
	院校所在地	东部;中部;西部
家庭背景方面	家庭所在地	乡村(农村、乡镇) 城镇(县城、县级市、地级市、省会城市)
	家庭成员创业经历	有;无
	父亲文化水平	初中及以下;中专及高中;大专及以上
	母亲文化水平	初中及以下;中专及高中;大专及以上
	生活费来源	父母;非父母(自己、奖学金、贷款、其他)
学生背景方面	性别	男;女
	年级	大一;大二;大三;大四及以上
	学科	理工农医;文法经管哲等
	身份	学生干部;非学生干部
	学业成绩	好;中上;中下;差
	发展意向	暂无;就业;升学;创业

基于上文初步设计的变量,初步形成了测量问卷"大学生(创新创业)能力

发展及学习体验"。问卷共包括三部分：第一部分主要为背景性变量，共计 21 个题目；第二部分为大学生创新创业能力测量，共计 51 个题目；第三部分为大学生创新创业能力影响因素测量，共计 134 个题目。问卷共计 206 个题目，具体的题项及形式见附录二。

第三节　大学生创新创业能力影响因素问卷的信效度分析

一、影响因素问卷的小样本测试

利用"大学生（创新创业）能力发展及学习体验"问卷（见附录二），面向宁波 4 所不同类型的大学发放问卷，共计回收 704 份有效问卷。具体的发放方式和回收情况在第三章第二节已详细论述，此处不再赘述。大学生创新创业能力影响因素问卷包括四个分问卷，小样本测试情况分别如下。

（一）项目分析

本部分同样采用如前所述的项目分析法确定小样本测试问卷中每一个测试题项的可用程度。极端组比较方法分析结果表明，不同维度上的题项均达到显著（$P<0.001$），所以无须删除；题总相关方法结果表明，不同题项与分问卷总分的相关系数均达到显著水平（$P<0.001$），各题项与分问卷总分的相关系数在 $0.42\sim0.78$ 之间，所有题项无须删除。

（二）信度分析

采用 α 系数进行问卷的信度检验，该系数越大说明量表的信度越高。判断标准一般为：α 系数 $\geqslant0.9$，表示信度非常高；$0.8\leqslant\alpha$ 系数 <0.9，表示信度很高；$0.7\leqslant\alpha$ 系数 <0.8，表示信度比较高；$0.6\leqslant\alpha$ 系数 <0.7，表示信度一般；α 系数 <0.6，表示信度比较低。本书利用 SPSS25.0 软件，对各影响因素的分问卷和总问卷分别进行信度分析，所有影响因素分问卷 α 系数在 $0.878\sim0.943$ 之间、总问卷的 α 系数为 0.923，均大于 0.8，说明这四个分问卷和总问卷的信度很高，可以用于测量被研究变量。

（三）探索性因子分析

效度是问卷能够测量研究对象的有效程度，也就是所涉及的问卷题项能够较为准确地反映所测变量。本书利用探索性因子分析可以检验问卷的结构效度。在探索因子分析之前，需要进行 KMO 测度和 Bartlett's 球形检验，以判断是否适合进行因子分析。判断标准一般为：KMO 值≥0.9，表示非常适合进行因子分析；0.8≤KMO 值＜0.9，表示适合进行因子分析；0.7≤KMO 值＜0.8，表示比较适合进行因子分析；0.6≤KMO 值＜0.7，表示勉强适合进行因子分析；KMO 值＜0.6，表示不适合进行因子分析。

利用 SPSS25.0 对 704 份有效数据进行探索性因素分析。对各分影响因素问卷进行 KMO 测度和 Bartlett's 球形检验。由结果得知，KMO 均大于 0.8，Bartlett's 球形检验结果显著，说明四个分问卷均适合进行因子分析。之后分别对四个分问卷利用主成分分析法进行因子分析，提取共同因素，得到初始因素负荷矩阵，之后使用最大方差法进行旋转，以特征值大于 1 为标准初步确定因子数量，之后结合已有理论基础，对因子进行命名，最终确定研究影响因素。

1. 个体投入问卷

个体投入总问卷的 α 系数为 0.917，说明该问卷的信度比较高；KMO 值为 0.951，Bartlett's 球形检验结果显著（$\chi^2 = 26787.57$, df $= 1653$, $P < 0.001$），说明量表适合进行因素分析。

个体投入问卷的 55 个题项，在探索性因子分析后得到了 11 个因子，11 个因子的累计方差解释率为 66.01%，超过 50%，所以个体投入问卷具有较好的解释力。为方便呈现不同类型的因子，从学业认知投入、学习行为投入、互动学习投入、反思学习投入、工具学习投入五个方面呈现这些因子结构及题项。

（1）学业认知投入

经过探索性因子分析，学业认知投入共得到 3 个因子，因子结构及题项见表 4-17。从表 4-17 可见，题项的因子载荷量均大于 0.4，可以不舍弃题项。但因子 1 题项过多，为避免整个问卷的总题量过多，尽量保障每个变量由 3～5 个题项构成，故因子 1 只保留前 5 个题项。因子分析后形成的三个因子与设想的三个变量基本没有太大出入，具体而言：

因子 1：只保留前 5 个题项，命名为"掌握目标定向"，得分越高表示学生学习的内在学习动机越强。

因子 2：3 个题项全部保留，命名为"学业效能感"，得分越高表示学生的学

业效能感越强。

因子 3:4 个题项全部保留,命名为"成绩目标定向",得分越高表示学生的外在学习动机越强。

经过探索性因子分析,学业认知问卷共得到 12 个题项,包含"掌握目标定向""成绩目标定向""学业效能感"三个维度。

表 4-17　学业认知投入的探索性因子分析

题项	因子 1	因子 2	因子 3
我对所学的内容充满好奇	0.812		
我学习主要是为了探索知识/提高能力	0.797		
我会主动探索学习中遇到的难题	0.756		
学习能让我开心/充实/获得强烈的满足感	0.727		
我对所学专业很感兴趣	0.704		
我希望能够发展自己,实现自己的人生价值	0.666		
我在学习时试图得出自己的看法	0.628		
我在阅读时试图理解作者的意图	0.606		
我认为我的学习方法总是有效的		0.872	
我认为自己有能力解决学习中遇到的问题		0.830	
我喜欢选择富有挑战性的学习任务		0.784	
我学习是为了获得高分			0.810
我学习是为了获得奖学金			0.796
我学习只求通过考试			0.683
我学习是为了找到好工作			0.666

(2)学习行为投入

行为投入问卷的 25 个题项,在探索性因子分析后得到了 4 个因子,因子结构及题项见表 4-18。

表 4-18　学习行为投入的探索性因子分析

题项	因子 4	因子 5	因子 6	因子 7
我参加创新创业相关竞赛	0.750			
我参加创新创业项目	0.730			

题项	因子 4	因子 5	因子 6	因子 7
我承担社团等学生组织的工作	0.704			
我参加创新创业培训/课程	0.700			
我参加各类学业竞赛	0.662			
我参加社团、班级等学生组织的课外活动	0.653			
我组织社团活动或班级活动	0.573			
我参加各种讲座/沙龙/论坛/报告会等	0.568			
我参加实习、社会实践或田野调查等实践性学习活动	0.532			
我在课外阅读教材或参考书目		0.667		
我在图书馆/自习室等学习的时间		0.651		
我写课程论文或报告		0.637		
我修读跨学科/跨专业课程		0.627		
我从课堂笔记或阅读材料中总结主要的观点和信息		0.626		
我阅读与专业相关的书籍、学术论文		0.556		
我参加课题研究		0.514		
我与同学合作(如课堂讨论、小组活动)完成课程任务或课题			0.717	
我在课堂上积极思考			0.612	
我在课堂上就某一主题进行汇报展示			0.591	
我在课堂上主动发言			0.545	
我进行体育锻炼			0.400	
我参加校外勤工俭学活动				0.772
我参加校内勤工俭学活动				0.763
我参加境内交流学习				0.731
我参加境外交流学习				0.689

保留因子载荷量均大于的 0.4 题项,故删除"我进行体育锻炼"这个题项。从表 4-18 可见,因子 1 题项过多,应考虑删减重复的,合并较为相似的题项。因子 2 题项也较多,也应考虑删除或合并部分题项。因子分析后形成的四个因子与设想的三个变量有一定出入,具体而言:

因子4：题项过多，且存在重复及相似的题目。在创新创业类活动投入方面，"我参加创新创业项目""我参加创新创业培训/课程"两个之间存在一定相似，合并为"我参加创新创业相关的培训/课程/项目等"。在竞赛方面，"我参加创新创业相关竞赛"与"我参加各类学业竞赛"存在一定重复，只保留"我参加各类学业竞赛"。在社团、班干等学生活动投入方面，"我承担社团等学生组织的工作""我组织社团活动或班级活动"与"我参加社团、班级等学生组织的课外活动"三者重复度较高，故只保留"我参加社团、班级等学生组织的课外活动"。故因子1最终只保留5个题项，命名为"课外活动投入"，得分越高表示学生在课外活动中投入越多。

因子5：题项较多，删除"我参加课题研究"这个因子载荷量最少的题项，命名为"课外自学投入"，得分越高表示学生在课外自学中投入越多。

因子6：除"我进行体育锻炼"外，其余4个题项全部保留，命名为"课堂学习投入"，得分越高表示学生的在课堂学习投入越多。

因子7：在数据统计中发现参与勤工俭学和境内外交流的学生较少，故不再考虑少部分学生参与的活动对创新创业能力的影响，故而将这些题项删除，该因子不再保留。

故经过探索性因子分析，学习行为投入问卷共得到15个题项，包含"课外活动投入""课外自学投入""课堂学习投入"三个维度。

（3）互动学习投入问卷

互动学习投入在探索性因子分析后得到2个因子，因子结构及题项见表4-19。

表4-19　互动学习投入的探索性因子分析

题项	因子8	因子9
我与老师交流学习规划、未来规划等各方面问题	0.870	
我与老师交流学习方面的问题	0.860	
我与老师日常交流交往	0.850	
我和任课老师讨论课程/学习/作业等问题	0.827	
我参与老师的课题研究	0.793	
我与学长/学姐交流	0.713	
我与同学/舍友/同伴等探讨个人兴趣爱好、职业理想或未来规划的问题		0.852
我与同学/舍友/同伴等探讨与学习有关的问题（交流学习心得体会）		0.741

题项	因子 8	因子 9
我和自己兴趣爱好不同/家庭背景不同/专业不同的同学成为好朋友		0.686
我与舍友的交流讨论		0.680
我请朋友、同学等指出自己的不足		0.662
我主动与同学组成学习小组		0.614
我在课后和同学讨论学习问题		0.551

从表 4-19 可见,题项的因子载荷量均大于 0.4,可以不舍弃题项。但部分因子存在题项过多或重复等问题,应该对部分题项进行删减或修改。具体而言:

因子 8:"我与老师交流学习方面的问题""我参与老师的课题研究"与其他题目重复故而删除,其余 4 个题项保留,命名为"师生互动",得分越高表示学生在师生互动中投入越多。

因子 9:删除"我与舍友的交流讨论""我在课后和同学讨论学习问题"题项,因为这个题项与其他题项存在重复,保留其他 5 个题项,命名为"生生互动",得分越高表示学生在生生互动中投入越多。

(4)反思学习及工具学习投入问卷

经过探索性因子分析,反思学习及工具学习投入得到 2 个因子,因子结构及题项见表 4-20。具体而言:

因子 10:4 个题项全部保留,命名为"反思性学习",得分越高表示学生反思性学习越多。

因子 11:3 个题项全部保留,命名为"工具利用",得分越高表示学生合理利用工具的程度越强。

表 4-20　反思学习及工具学习投入的探索性因子分析

题项	因子 10	因子 11
我反思主要是为了找到问题的解决办法改进措施	0.751	
我在反思后总是有很多收获	0.738	
我写日记/随笔/反思等	0.634	
我经常反思对自己有触动的事情	0.606	
我用手机/电脑进行社交活动(使用 QQ、微信、邮箱等)		0.833
我用手机/电脑查阅和下载学习工作资料		0.748

续表

题项	因子 10	因子 11
我用手机/电脑了解时事政治经济社会类消息		0.729

经过探索性因子分析，个体投入问卷最终保留 10 个因子，分别为学业自我效能感、掌握目标定向、成绩目标定向、课堂学习、课外自学、课外活动、生生互动、师生互动、反思学习、工具利用。

2. 教师支持问卷

教师支持问卷的 α 系数为 0.943，说明该问卷的信度良好；KMO 值为 0.952，Bartlett's 球形检验结果显著（$\chi^2 = 81299.121$，df＝120，$P < 0.001$），说明量表适合进行因素分析。

教师支持问卷的 16 个题项，在探索性因子分析后得到了 3 个因子，3 个因子的累计方差解释率为 68.97%，超过 50%，所以教师支持问卷具有较好的解释力。因子结构见表 4-21。

题项的因子载荷量小于 0.4 时，对其进行舍弃。从表 4-25 可见，所有题项的因子载荷量均大于 0.7，无须删除题项。但因子分析后形成的三个因子与设想的四个变量有一定出入，具体而言：

因子 1：由 8 个题项组成，包含了之前设计的情感支持和能力支持两个变量，根据已有研究重新将因子 1 命名为"情感及能力支持"，得分越高表示学生感知到教师对自己的情感及能力支持越好。

因子 2：由 4 个题项组成，正是之前设计的自主支持变量，故将因子 2 命名为"自主支持"，得分越高表示学生感知到教师对自己的自主支持越好。

因子 3：由 4 个题项组成，正是之前设计人际支持中的师生关系变量，故将因子 3 命名为"人际支持"，得分越高表示学生感知到的人际支持越好。

经过探索性因子分析，教师支持问卷共得到 16 个题项，包含"人际支持""情感及能力支持""自主支持"三个维度。

表 4-21　教师支持的探索性因子分析

题项	因子 1	因子 2	因子 3
当我受挫时，老师会给予鼓励	0.814		
针对我的学习表现老师会提供建设性的反馈	0.810		
无论我何时遇到问题老师都会及时提供帮助	0.797		

题项	因子 1	因子 2	因子 3
我身边的老师值得信赖	0.785		
老师会认可我的表现与取得的进步	0.772		
我身边的老师对学生很了解	0.765		
我身边的老师很关心学生	0.743		
老师会对我们提出明确的学习期望	0.735		
老师给出建议之前会试着理解我们对事情的看法		0.806	
老师会鼓励我们提出自己的想法		0.799	
在学习中老师会为我们提供选择的机会		0.752	
在课堂教学中老师会考虑学生提出的教学建议		0.721	
我和办公室行政人员关系很好			0.875
我和学院领导的关系很好			0.864
我和班主任辅导员的关系很好			0.766
我和任课老师的关系很好			0.761

3. 课程及教学支持问卷

课程及教学支持问卷的 α 系数为 0.942,说明该问卷的信度良好;KMO 值为 0.938,Bartlett's 球形检验结果显著($\chi^2 = 12118.159$,df = 253,$P < 0.001$),说明量表适合进行因素分析。

课程及教学支持问卷的 22 个题项,在探索性因子分析后得到了 3 个因子,3 个因子的累计方差解释率为 63.44%,超过 50%,所以课程及教学支持问卷具有较好的解释力。因子结构见表 4-22。

表 4-22　课程及教学支持的探索性因子分析

题项	因子 1	因了 2	因了 3
课程安排合理,学生自主探索时间多	0.756		
课程设置满足我的发展需求	0.754		
绝大多数课程的考核评价方式合理	0.744		
绝大多数课程的学习负担适中	0.727		
绝大多数课程的作业任务合理且对我有帮助	0.706		
绝大多数课程提供了较多的实践和参与机会	0.697		

续表

题项	因子1	因子2	因子3
绝大多数老师激发了我的学习兴趣或者其他兴趣	0.680		
绝大多数老师能够在课堂上吸引并保持学生的注意力	0.677		
绝大多数课程具有挑战性	0.599		
绝大多数课程强调实践性	0.584		
绝大多数课程采用汇报展示的考核方式	0.552		
绝大多数课程能够理论与实践相结合	0.486		
绝大多数老师鼓励我们独立思考		0.821	
绝大多数老师鼓励学生参与课堂发言、讨论、提问等		0.818	
绝大多数老师鼓励学生自主探索		0.679	
绝大多数老师在教学中能够将理论联系实际		0.648	
绝大多数课程采用了讲授式教学方式		0.543	
绝大多数任课教师教学水平很高		0.512	
绝大多数任课教师学术水平很高		0.473	
绝大多数课程采用了小型研讨会或讨论的形式			0.840
绝大多数课程采用了小组合作的形式			0.839
绝大多数课程采用了案例教学或模拟的教学方式			0.839

从表4-22可见，题项的因子载荷量均大于0.4，可以不舍弃题项。但因子1和因子2的题项过多，且存在一定重复，故可以考虑删除部分因子载荷小于0.6的题目，从而保留最为准确的测量题项。因子分析后形成的三个因子与设想的三个变量基本没有太大出入，具体而言：

因子1：删除因子载荷量小于0.6的4个题项，保留了8个题项，命名为"课程教学管理"，得分越高表示学生感知到课程管理制度越合理，越符合学生发展需求。

因子2：删除因子载荷量小于0.6的3个题项，保留了4个题项，命名为"教师教学水平"，得分越高表示学生感知到教师教学水平越高。

因子3：由3个题项组成，命名为"创新教学方式"，得分越高表示学生感知到的教学方式越好。

经过探索性因子分析，课程及教学支持问卷共得到15个题项，包含"课程教学管理""教师教学水平""创新教学方式"三个维度。

4. 环境支持问卷

课程及教学支持问卷的 α 系数为 0.878，说明该问卷的信度良好；KMO 值为 0.897，Bartlett's 球形检验结果显著（$\chi^2 = 12118.159, df = 253, P < 0.001$），说明量表适合进行因素分析。

环境支持问卷的 10 个题项，在探索性因子分析后得到了 2 个因子，2 个因子的累计方差解释率为 62.34%，超过 50%，所以环境支持问卷具有较好的解释力。因子结构见表 4-23。

表 4-23　环境支持的探索性因子分析

题项	因子 1	因子 2
学校/学院提供了良好的学业支持	0.818	
学校/学院提供了自由探索的学习环境	0.804	
我对学校教学资源（如教学空间、图书馆、计算机资源等）很满意	0.799	
学校重视学生的实践活动	0.397	
学校重视学生的发展和需求	0.368	
学校鼓励学生自主发展、自主探索	0.289	
学校提供了充分的选课空间		0.870
学校采用了合理的综合素质评价制度		0.864
学校提供了合理的转专业制度		0.843
学校提供了对我有帮助的导师制		0.196

题项的因子载荷量小于 0.4 时，对其进行舍弃。从表 4-23 可见，"学校重视学生的实践活动""学校重视学生的发展和需求""学校鼓励学生自主发展、自主探索""学校提供了对我有帮助的导师制"4 个题项应被删除。其余题项形成的三个因子与设想的四个变量有一定出入，具体而言：

因子 1：由 3 个题项组成，包含了之前设计的资源环境支持，重新将因子 1 命名为"资源环境"，得分越高表示学生感知到的学校提供的资源环境支持越好。

因子 2：由 3 个题项组成，包含了之前设计的制度环境支持，故将因子 2 命名为"制度环境"，得分越高表示学生感知到的制度环境支持越好。

经过探索性因子分析，环境支持问卷共得到 6 个题项，包含"资源环境""制度环境"两个维度。

综上所述,本书对问卷进行了小样本测试,利用测试的数据对量表的信度及效度进行了检验,并根据数据分析结果修订了问卷,最终形成了正式的问卷(见附录三)。正式问卷分为三部分:第一部分主要为背景性变量,共计 20 个题目;第二部分为大学生创新创业能力测量,共计 51 个题目;第三部分为大学生创新创业能力影响因素测量[①],共计 97 个题目(问卷在测量时有 99 个题目,其中 2 个题目为测谎题,便于删选有效问卷,但这 2 个题目不计入最后统计使用)。问卷共计 170 个题目,具体的题项及形式见附录三。为下一步进行正式的大样本数据收集奠定了基础。

二、影响因素问卷的大样本测试

(一)样本分布

在第二章第三节中已经论述了大样本数据发放的过程,在东中西部共 15 个省市 19 个院校中有效回收 9803 份问卷,有效率为 81.7%。利用 SPSS 25.0 对有效问卷进行整理分析,得到被测样本的描述性统计结果见表 4-24。

表 4-24　样本的描述性统计

变量	类别	样本数	比例/%
性别	男	4050	41.3
	女	5753	58.7
年级	大一	3386	34.5
	大二	3174	32.4
	大三	2225	22.7
	大四及以上	1018	10.4
学科	理工农医	5009	51.1
	人文社科	4794	48.9
学校层次	专科	1752	17.9
	本科	8051	82.1
学校所在地区	东部	3983	40.6
	中部	3225	32.9
	西部	2595	26.5

---

① 问卷中呈现的是"学习体验",实际上测量的是影响因素。因为如果在问卷中直接使用"影响因素"一词,有引导的嫌疑,会影响学生真实作答,故使用了"学习体验"这一中性词语。

变量	类别	样本数	比例/%
家庭所在地	乡村	6235	63.6
	城镇	3568	36.4
家庭成员创业经历	无	6154	62.8
	有	3649	37.2
父亲文化水平	初中及以下	6080	62.0
	中专及高中	2273	23.2
	大专及以上	1450	14.8
母亲文化水平	初中及以下	6900	70.4
	中专及高中	1779	18.1
	大专及以上	1124	11.5

从表 4-24 中可见,样本的男女比例较为符合实际;年级分布不均,高年级样本比例不太高,这与已有大学生问卷调查所面临的困难基于一致,即高年级的问卷难以收集,但本书也获得了 3000 多份高年级的有效问卷,样本量足以支持本研究的量化分析需要;理工农医与人文社科的比例较为均衡,几乎接近一比一;东中西部样本也较为均衡,不同地区样本所占比例差别不大。整体来看,本研究的样本分布较为合理,能够作为后续分析的有效数据。

(二)共同方法偏差检验

采用 Harman 单因子检验进行共同方法偏差检验,将四个影响因素的分问卷中全部题项进行探索性因子分析,得到 17 个特征根值大于 1 的因子,共解释了 63.77% 的变异。第一个因子的解释变异量为 27.33%,小于标准40%,说明数据不存在严重的共同方法偏差。

(三)信度分析

如表 4-25 所示,所有影响因素分问卷、总问卷的 α 系数均大于 0.9,说明这四个分问卷和总问卷的信度较高,可以用于测量被研究变量。

表 4-25 不同影响因素问卷的信度分析结果

变量	α 系数	项目个数
个体投入	0.947	43
教师支持	0.940	16
课程及教学支持	0.927	15

续表

变量	α 系数	项目个数
环境支持	0.907	6
总问卷	0.963	80

（四）验证性因子分析

1. 学生个体投入问卷

在小样本测试及分析后，学生个体投入问卷最终保留 43 道题，共 10 个因子，分别为学业自我效能感、掌握目标定向、学习目标定向、课堂学习、课外自学、课外活动、生生互动、师生互动、反思学习、工具利用。对学生个体投入进行验证性分析，结果如图 4-2 所示。

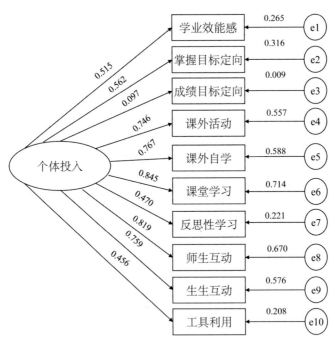

图 4-2 学生个体投入的验证性因子分析路径图及标准化系数

从图 4-2 可见，"成绩目标定向"的标准化因子系数仅为 0.097，说明这一测量变量对潜在变量学生个体投入的重要性是很差的，成绩目标定向是外在动机，更多是体现了学生的被动性。所以学生个体投入中应该去除"成绩目标定向"这一测量变量，之后再对学生个体投入进行验证性因子分析，结果见图 4-3。

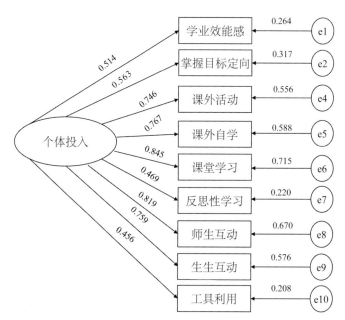

图 4-3　学生个体投入的验证性因子分析路径图及标准化系数

图 4-3 中各测量指标的标准化因子系数介于 0.456～0.819。显著性检验结果表明,所有题项的因子载荷都是显著的,$P < 0.001$。说明所有测量指标对潜变量学生个体投入的重要性都较大,这些变量较好地体现了学生个体投入。该一阶模型的验证性因子分析的拟合指标见表 4-26。从表中可以看出该问卷的 RMSEA 小于 0.1,NFI、IFI、TLI、CFI、GFI 的值均大于 0.9,接近于 1。各项数据指标显示模型的拟合程度较好。

表 4-26　验证性因子分析的主要拟合指标

指标名称	χ^2	df	χ^2/df	NFI	IFI	TLI	CFI	GFI	AGFI	RMSEA
一阶	1111.774	23	48.33	0.975	0.975	0.961	0.975	0.974	0.950	0.069
标准	—	—	<5	>0.9	>0.9	>0.9	>0.9	>0.9	>0.9	<0.1

2. 教师支持问卷

在小样本测试及分析后,教师支持问卷最终保留 16 道题,共 3 个因子,分别为人际支持、自主支持、情感及能力支持。对教师支持的一阶模型进行验证性分析,一阶模型的拟合情况见表 4-27。表 4-27 中 RMSEA 小于 0.1,NFI、IFI、TLI、CFI、GFI 的值均大于 0.9,各项数据指标显示模型的拟合程度较好。

表 4-27　验证性因子分析的主要拟合指标

指标名称	χ^2	df	χ^2/df	NFI	IFI	TLI	CFI	GFI	AGFI	RMSEA
一阶模型	2390.56	100	23.91	0.958	0.959	0.951	0.959	0.941	0.920	0.068
二阶模型	2202.49	99	22.24	0.961	0.963	0.955	0.963	0.946	0.926	0.066
标准	—	—	<5	>0.9	>0.9	>0.9	>0.9	>0.9	>0.9	<0.1

教师支持的结构如图 4-4，图中标准化路径图表明这 3 个因子对教师支持具有较强的代表性。图 4-4 中各题项的标准化因子系数介于 0.621～0.932。显著性检验结果表明，所有题项的因子载荷都是显著的（$P<0.001$）。这些都表明教师支持问卷具有良好的结构效度。在图 4-4 的基础上，添加教师支持作为二阶因子后进行验证性因子分析，二阶模型的拟合情况见表 4-27。从表 4-27 的二阶模型拟合情况看，二阶模型拟合数据良好。

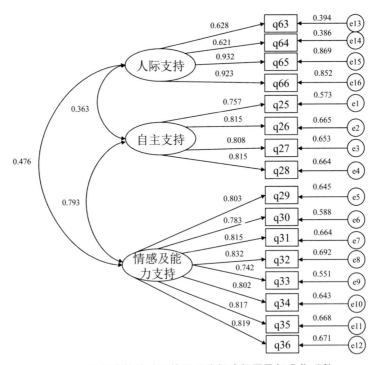

图 4-4　教师支持的验证性因子分析路径图及标准化系数

3. 课程及教学支持问卷

在小样本测试及分析后，课程及教学支持问卷最终保留 15 道题，共 3 个因子,分别为课程教学管理、教师教学水平、创新教学方式。对课程及教学支持的一阶模型进行验证性分析,一阶模型的拟合情况见表 4-28。表 4-28 中 RMSEA 小于 0.1,NFI、IFI、TLI、CFI、GFI 的值均大于 0.9,各项数据指标显示模型的拟合程度较好。

表 4-28　验证性因子分析的主要拟合指标

指标名称	χ^2	df	χ^2/df	NFI	IFI	TLI	CFI	GFI	AGFI	RMSEA
一阶模型	2376.231	84	28.29	0.946	0.947	0.934	0.947	0.936	0.909	0.074
二阶模型	1629.459	84	19.39	0.963	0.965	0.956	0.965	0.955	0.936	0.061
标准	—	—	<5	>0.9	>0.9	>0.9	>0.9	>0.9	>0.9	<0.1

课程及教学支持的结构如图 4-5,图中标准化路径图表明这 3 个因子对课程及教学支持具有较强的代表性。图 4-5 中各题项的标准化因子系数介于 0.685~0.895。显著性检验结果表明,所有题项的因子载荷都是显著的($P<$ 0.001)。这些都表明课程及教学支持问卷具有良好的结构效度。在图 4-5 的基础上,添加课程及教学支持作为二阶因子后进行验证性因子分析,二阶模型的拟合情况见表 4-28。从表 4-28 的二阶模型拟合情况看,二阶模型拟合数据良好。

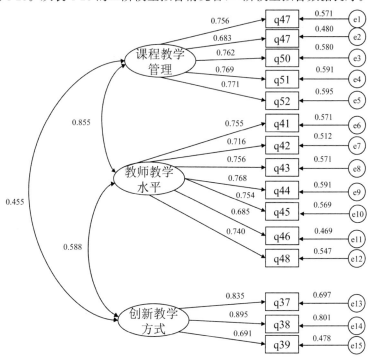

图 4-5　课程及教学支持的验证性因子分析路径图及标准化系数

4. 环境支持问卷

在小样本测试及分析后，环境支持问卷最终保留 6 道题，共 2 个因子，分别为资源环境和制度环境。对环境支持的一阶模型进行验证性分析，一阶模型的拟合情况见表 4-29。表 4-29 中 RMSEA 小于 0.1，NFI、IFI、TLI、CFI、GFI 的值均大于 0.9，各项数据指标显示模型的拟合程度较好。

表 4-29　验证性因子分析的主要拟合指标

指标名称	χ^2	df	χ^2/df	NFI	IFI	TLI	CFI	GFI	AGFI	RMSEA
一阶模型	73.646	8	9.21	0.995	0.991	0.992	0.996	0.995	0.987	0.041
二阶模型	44.263	8	5.53	0.997	0.998	0.995	0.998	0.997	0.992	0.030
标准	—	—	<5	>0.9	>0.9	>0.9	>0.9	>0.9	>0.9	<0.1

环境支持的结构如图 4-6，图中标准化路径图表明这 2 个因子对环境支持具有较强的代表性。图 4-6 中各题项的标准化因子系数介于 0.612～0.882。显著性检验结果表明，所有题项的因子载荷都是显著的（$P<0.001$）。这些都表明环境支持问卷具有良好的结构效度。在图 4-6 的基础上，添加环境支持作为二阶因子后进行验证性因子分析，二阶模型的拟合情况见表 4-29。从表 4-29 的二阶模型拟合情况看，二阶模型拟合数据良好。

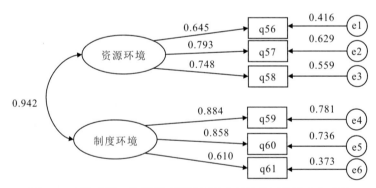

图 4-6　环境支持一阶模型验证性因子分析路径图及标准化系数

综上所述，"大学生创新创业能力影响因素问卷"经过编制、小样本测试、大样本测试，并在分析问卷的信效度后，发现问卷的信效度良好，可以作为大学生创新创业能力影响因素的科学测量工具。该问卷由个体投入、教师支持、课程及教学支持、环境支持四个分问卷组成，共计 80 个题目。

第五章

大学生创新创业能力发展状况分析

本章主要利用大样本数据对大学生创新创业能力发展现状进行分析,分析大学生创新创业能力总体水平,以及不同院校背景、不同家庭背景、不同学生背景的大学生创新创业能力水平及差异情况。

第一节 大学生创新创业能力发展状况

一、大学生创新创业能力的总体水平

对9803份有效数据进行统计,比较目标确定能力、行动筹划能力、果断决策能力、沟通合作能力、把握机遇能力、防范风险能力、逆境奋起能力和总能力的平均值,具体结果见表5-1。由表中结果可见,创新创业能力均值为3.702,大于理论中间值"3";七个子能力的均值的范围为"3.463~3.893",也是大于理论中值的。所有能力的偏度都小于零,意味着大部分数据在均值的右侧,但这些偏度也是可以接受的,说明没有过分的左偏或右偏形态。峰度系数都大于零,说明相比标准正态分布而言,测量结果分布更为陡峭。这说明我国大学生创新创业能力总体处于中等水平,整体发展情况良好。

表 5-1　创新创业能力的总体状况

能力	平均值	标准偏差	标准误差平均值	偏度	偏度标准误	峰度	峰度标准误
Y1	3.815	0.507	0.005	−0.301	0.025	2.350	0.049
Y2	3.628	0.620	0.006	−0.318	0.025	1.107	0.049
Y3	3.463	0.660	0.007	−0.145	0.025	0.420	0.049

续表

能力	平均值	标准偏差	标准误差平均值	偏度	偏度标准误	峰度	峰度标准误
Y4	3.766	0.524	0.005	−0.127	0.025	1.474	0.049
Y5	3.557	0.572	0.006	−0.012	0.025	0.960	0.049
Y6	3.754	0.542	0.006	−0.343	0.025	1.985	0.049
Y7	3.893	0.605	0.006	−0.504	0.025	1.384	0.049
Y	3.702	0.468	0.005	−0.124	0.025	2.430	0.049

注：Y1＝目标确定能力；Y2＝行动筹划能力；Y3＝果断决策能力；Y4＝沟通合作能力；Y5＝把握机遇能力；Y6＝防范风险能力；Y7＝逆境奋起能力；Y＝创新创业能力（总能力）。

但是，我国大学生创新创业能力发展并不均衡。七个子能力的大小关系依次为：果断决策能力＜把握机遇能力＜行动筹划能力＜防范风险能力＜沟通合作能力＜目标确定能力＜逆境奋起能力。创新创业过程包含七个关键步骤，即"确定目标（起点）—行动筹划—果断决策—沟通合作—把握机遇—防范风险—逆境奋起（终点）"。有趣的是，大学生最强的两个能力就是目标确定能力（起点能力）和逆境奋起能力（终点能力），但行动过程能力则较差，尤其是果断决策能力和把握机遇能力。

二、大学生创新创业能力的整体样态

本书在收集资料过程中，初步发现根据大学生的创新创业能力，可以将大学生归为不同的类型。所以采用 K-means 聚类分析法以 7 种创新创业能力均值为变量，对大学生总体样本进行快速聚类，使同一类别内的个体具有尽可能高的同质性，而类别之间则具有尽可能高的异质性。利用聚类分析得到不同的群组，对各群组大学生的创新创业能力状况进行分析，以揭示不同类别大学生的能力特征。在已有研究的基础上，初步认为可以将大学生分为三类，在K-means 聚类分析时聚类数定为"3"。

根据大学生七种能力均值聚类得到三个分组，分别为高分组、中分组和低分组。大学生创新创业能力高分组（$M=4.22$）有 2860 人，占 29.17%；中分组（$M=3.64$）有 5069 人，占 51.71%；低分组（$M=3.05$）有 1874，占 19.12%。整体看，我国大学生创新创业能力水平分布的整体样貌呈现"梭形"，即高分和低分群体小、中间群体大。高分组和中分组总占比为 80.88%。这意味着我国大学生创新创业能力总体状况良好。

高中低三个群组大学生的创新创业能力具体情况见图5-1。比较三个群组大学生的创新创业能力情况,可以发现三个群组创新创业能力内在结构,既具有一致性,同时也具有差异性。

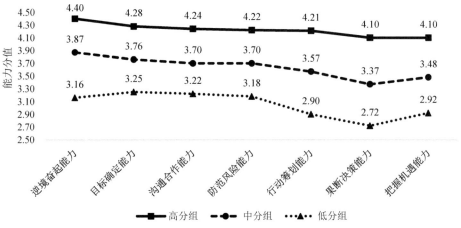

图 5-1　不同群组大学生的创新创业能力状况

　　其一致性体现在三个群组大学生的逆境奋起能力、目标确定能力、沟通合作能力和防范风险能力的水平相对较高,行动筹划能力、果断决策能力和把握机遇能力相对较低。其差异性体现在三个群组的创新创业能力有独特的内在结构形态:(1)高分组大学生的七项能力都较高,七项能力间差距不太大,其中逆境奋起能力发展水平最高;(2)中分组大学生的七项能力水平都较为一般;(3)低分组大学生的七项能力间区别较大,其中行动筹划能力、果断决策能力、把握机遇能力都低于中值"3";(4)三组群体的果断决策能力、行动筹划能力之间差距最大,这就意味三个群组能力拉开差距的都在"劣势能力"上。在创新创业教育中,应该注重提高全体大学生的果断决策能力、行动筹划能力,改变我国大学生不冒险、不主动的精神面貌,培养新时代敢闯敢拼的创新创业型人才。

第二节　不同院校背景的大学生创新创业能力差异分析

一、高校所在地区的差异分析

　　本节采用单因素方差分析方法分析不同地区高校间大学生创新创业能力

的差异，并进一步分析产生地区差异的原因。东部地区高校的大学生样本 $N=3983$，中部地区高校的大学生样本 $N=3225$，西部地区高校的大学生样本 $N=2595$。

不同地区高校的大学生创新创业能力的各子能力及总能力描述性统计结果见表 5-2。在总能力上，东部＝中部＞西部；在目标确定能力上，中部＞东部＞西部；在行动筹划能力上，东部＞中部＞西部；在果断决策能力上，中部＞东部＞西部；在沟通合作能力上，中部＞东部＞西部；在把握机遇能力上，东部＞中部＞西部；在防范风险能力上，东部＞西部＞中部；在逆境奋起能力上，中部＞西部＞东部。

表 5-2　大学生创新创业能力的描述性统计及地区差异

变量	平均值			方差齐性检验		ANOVA	
	东部	中部	西部	Levene 统计量	Sig.	F	Sig.（双尾）
Y1	3.813	3.820	3.811	4.128	0.016	0.260	0.771
Y2	3.631	3.629	3.620	0.623	0.537	0.256	0.774
Y3	3.472	3.473	3.436	1.100	0.333	2.964	0.052
Y4	3.773	3.774	3.746	6.153	0.002	2.613	0.073
Y5	3.574	3.559	3.530	2.992	0.050	4.565	0.010
Y6	3.766	3.742	3.752	1.558	0.211	1.727	0.178
Y7	3.880	3.917	3.882	7.449	0.001	3.802	0.022
Y	3.707	3.707	3.689	2.962	0.052	1.477	0.228

注：Y1＝目标确定能力；Y2＝行动筹划能力；Y3＝果断决策能力；Y4＝沟通合作能力；Y5＝把握机遇能力；Y6＝防范风险能力；Y7＝逆境奋起能力；Y＝创新创业能力（总能力）。

进一步采用单因素方差分析，分析创新创业能力在东中西高校上的差异，并且进行方差齐性检验。方差齐性检验结果显示，行动筹划能力、果断决策能力、把握机遇能力、防范风险能力、总能力的 Levene 统计量分别为 0.623、1.100、2.992、1.558、2.962，显著性 P 值分别为 0.537、0.333、0.05、0.211、0.052，都大于 0.05，故方差齐性，事后多重比较可以采用参数检验如 LSD 方法；但目标确定能力、沟通合作能力和逆境奋起能力的显著性 P 值都小于 0.05，故方差不齐，事后多重比较可以采用非参数检验如 Tamhane 方法。

整体检验结果发现：(1)不同地区高校的大学生在果断决策能力、把握机遇能力、逆境奋起能力的 Sig.（双尾）结果小于 0.05 或在 0.05 附近，说明不同地区高校的大学生在这 3 种能力上存在显著差异；(2)不同地区高校的大学生在目标确定能力、行动筹划能力、沟通合作能力、防范风险能力、总能力上的 Sig.(双尾)结果都大于 0.01，说明不同地区的大学生在这些能力上不存在显著差异。之后对果断决策能力、把握机遇能力进行事后比较 LSD 检验，对逆境奋起能力进行事后比较 Tamhane 检验，以探究具体哪些地区之间存在显著差异。

事后比较检验结果表明：(1)果断决策能力在东部高校与西部高校、中部高校与西部高校之间存在显著差异，东部高校和中部高校均显著大于西部高校，东部高校和中部高校之间无显著差异；(2)把握机遇能力在东部与西部高校之间存在显著差异，东部显著大于西部高校，但东部与中部高校、中部与西部高校之间均无显著差异；(3)逆境奋起能力在东部与中部高校之间存在显著差异，中部高校显著大于东部高校，但东部与西部高校、中部与西部高校之间均无显著差异。

二、本专科的差异分析

各能力的描述性结果见表 5-3，本科的 $N=8051$，专科的 $N=1752$。由表中结果得知，专科大学生在各项能力均大于本科大学生。进一步采用独立样本 t 检验分析不同能力在本专科大学生上的差异，并且进行方差齐性检验。方差齐性检验结果显示，所有能力的方差齐性检验时其显著性值均大于 0.05，故所有能力方差齐性，可以看假定方差相等下的 t 检验结果。

表 5-3 专科与本科院校大学生创新创业能力的比较

变量	平均值		差值	方差齐性检验		均值方差的 t 检验	
	专科	本科	专科-本科	F	Sig.	t	Sig.(双尾)
Y1	3.845	3.808	0.037	1.540	0.215	2.767	0.006
Y2	3.670	3.618	0.052	3.408	0.065	3.167	0.002
Y3	3.558	3.442	0.116	3.509	0.061	6.683	<0.001
Y4	3.807	3.757	0.050	0.241	0.624	3.623	<0.001
Y5	3.611	3.545	0.066	0.731	0.393	4.363	<0.001
Y6	3.796	3.746	0.050	0.147	0.702	3.507	<0.001
Y7	3.948	3.881	0.067	2.042	0.153	4.198	<0.001
Y	3.751	3.692	0.059	0.000	0.990	4.842	<0.001

注：Y1=目标确定能力；Y2=行动筹划能力；Y3=果断决策能力；Y4=沟通合作能力；Y5=把握机遇能力；Y6=防范风险能力；Y7=逆境奋起能力；Y=创新创业能力(总能力)。

从表 5-3 的均值方差的 t 检验结果可见，在目标确定能力、行动筹划能力、果断决策能力、沟通合作能力、把握机遇能力、防范风险能力、逆境奋起能力、总能力上，专科大学生均显著高于本科大学生（$P < 0.01$）。尤其是果断决策能力，两者的差别最大，差值为 0.116 分。我们往往认为本科学生的能力更强，但在这里却发现专科＞本科的创新创业能力，其实这也是可以被理解的。在访谈中我们也发现专科学生在决策的时候更果断，更敢冒险；但本科生则往往会瞻前顾后，思考更多。这与我们传统的文化及教育有关，我们传统文化中往往强调求稳、中庸，这在一定程度上会限制学生"冒尖"的思维方式。尤其是能考上本科的学生，往往是传统教育中我们一般认为的"乖乖学生"，这类学生受传统文化及教育的影响更大，从而其果断、冒险的品质会更弱一些。

表 5-4 是本书的 4 所专科院校的能力、15 所本科院校能力的平均值进行比较情况，我们可以看出 4 所专科院校的各项能力都大于 15 所本科院校能力的平均值。这说明专科生的创新创业能力强于本科生并非偶然，并不是一所专科院校强，可能是多数专科院校强。当然，有可能是专科生在能力判断方面自我感觉良好，故对自己的能力评价较高；也有可能就是专科学生的能力确实比本科生的强。具体的原因需要在之后的研究中再进一步探究。

表 5-4　不同院校的创新创业能力均值

院校	Y1	Y2	Y3	Y4	Y5	Y6	Y7	Y
上海工艺美术职业学院	3.809	3.665	3.581	3.813	3.612	3.793	3.914	3.741
娄底职业技术学院	3.825	3.612	3.531	3.761	3.540	3.771	3.931	3.714
浙江同济科技职业学院	3.838	3.663	3.486	3.810	3.625	3.799	3.934	3.742
西藏职业技术学院	3.911	3.891	3.912	3.931	3.775	3.910	4.010	3.899
15 所本科院校平均值	3.808	3.618	3.442	3.757	3.545	3.746	3.881	3.692

注：Y1＝目标确定能力；Y2＝行动筹划能力；Y3＝果断决策能力；Y4＝沟通合作能力；Y5＝把握机遇能力；Y6＝防范风险能力；Y7＝逆境奋起能力；Y＝创新创业能力（总能力）。

第三节　不同家庭背景的大学生创新创业能力差异分析

一、家庭所在地的差异分析

大学生家庭所在地对大学生的能力有影响。为方便描述，家庭所在地为乡村(农村、乡镇)的大学生,简称为乡村大学生($N = 6235$);家庭所在地为城镇(县城、县级市、地级市、省会城市)的大学生,简称为城镇大学生($N = 3568$)。各能力的描述性结果见表5-5。

表 5-5 乡村、城镇大学生创新创业能力的独立样本 t 检验

变量	平均值		差值	方差齐性检验		均值方差的 t 检验	
	乡村	城镇	城镇−乡村	F	Sig.	t	Sig.(双尾)
Y1	3.799	3.841	0.042	2.913	0.088	−3.954	<0.001
Y2	3.617	3.646	0.029	2.920	0.088	−2.180	0.029
Y3	3.468	3.454	−0.014	7.373	0.007	0.989	0.323
Y4	3.739	3.814	0.075	5.043	0.025	−6.699	<0.001
Y5	3.544	3.581	0.037	0.896	0.344	−3.077	0.002
Y6	3.736	3.786	0.050	0.102	0.750	−4.368	<0.001
Y7	3.895	3.889	−0.006	15.325	<0.001	0.464	0.643
Y	3.691	3.723	0.032	0.004	0.949	−3.261	0.001

注:Y1=目标确定能力;Y2=行动筹划能力;Y3=果断决策能力;Y4=沟通合作能力;Y5=把握机遇能力;Y6=防范风险能力;Y7=逆境奋起能力;Y=创新创业能力(总能力)。

表 5-5 的结果可见,在果断决策能力、逆境奋起能力上,是乡村大学生略高于来自城镇的大学生;但其余能力均是城镇大学生高于乡村大学生。进一步采用独立样本 t 检验分析不同能力在不同家庭来源大学生上的差异,并且进行方差齐性检验。方差齐性检验结果显示,果断决策能力、沟通合作能力、逆境奋起能力进行方差齐性检验时其显著性值小于 0.05,故这 3 种能力的方差不齐性,可以看假定方差不相等下的 t 检验结果;目标确定能力、行动筹划能力、把握机遇能力、防范风险能力、总能力进行方差齐性检验时其显著性值大于 0.05,故这些能力的方差齐性,可以看假定方差相等下的 t 检验结果。

表 5-5 中均值方差的 t 检验结果显示,果断决策能力、逆境奋起能力的显著性值均大于 0.05,说明城镇大学生与乡村大学生在果断决策能力、逆境奋起能力上不存在显著性差异。乡村及城镇大学生的果断决策能力都是同样低,逆境奋起能力都是同样高。但是乡村与城镇大学的目标确定能力、行动筹划能力、沟通合作能力、把握机遇能力、防范风险能力、总能力显著性值均小于 0.05,说明城镇大学生与乡村大学生在这些能力上存在显著性差异,且前者显著高于后者。整体上看,来自城镇的大学生其创新创业能力显著高于乡村大

学生,尤其是在目标确定这一起点能力及行动筹划、沟通合作、把握机遇等行动过程能力上。

城镇大学生创新创业能力的优势明显,这可能与城镇大学生拥有了更多的文化资本、经济资本、教育资本等有关,这些资本促进了学生能力的发展,导致城镇学生在大一时就高于乡村大学生。具体的数据情况见表5-6。但可喜的是,经过四年的大学教育,城镇学生与乡村学生的创新创业能力差距在缩小。两者在大一的差值为0.030,但在大四时已经降至0.01。这也说明农村大学生在四年教育中,创新创业能力的增长程度是大于城镇大学生的。

表5-6 不同年级乡村、城镇大学生的创新创业能力比较

年级	乡村	城镇	差值(城镇—乡村)
大一	3.694	3.723	0.030
大二	3.671	3.727	0.056
大三	3.674	3.688	0.014
大四及以上	3.770	3.780	0.010

另外值得注意的是,大二时乡村和城镇大学生的差距最大,差值达到0.056。因为在大二时,乡村大学生的创新创业能力在下降,但城镇大学生的创新创业能力却在略微增长。乡村大学生在大二时出现了"大二低潮"或"大二低谷"[1],但城镇大学生在大二时并未出现,而是在大三出现的。换言之,家庭背景不同的学生在大学四年的发展规律不同,我们应注意学生类别的差异,进一步探究不同类别学生在发展过程中的影响因素,从而更好地干预学生能力发展。

二、家庭成员创业经历的差异分析

家庭成员的创业经历对学生创新创业能力有一定影响,故对家庭成员是否有创业经历的大学生创新创业能力进行比较,各能力的描述性结果见表5-7。其中,家庭成员中有创业经历的 $N = 3649$,家庭成员中无创业经历的 $N = 6154$。

---

① 郑雅君,李晓,牛新春."大二低谷"现象探究[J].高教发展与评估,2018(5):46-59,115-116.

表 5-7　大学生创新创业能力在家庭成员创业经历上的比较

变量	平均值		差值	方差齐性检验		均值方差的 t 检验	
	无	有	有－无	F	Sig.	t	Sig.（双尾）
Y1	3.788	3.859	0.070	1.971	0.160	－6.664	＜0.001
Y2	3.591	3.689	0.099	3.166	0.075	－7.631	＜0.001
Y3	3.426	3.525	0.099	0.009	0.924	－7.213	＜0.001
Y4	3.732	3.823	0.091	0.232	0.630	－8.300	＜0.001
Y5	3.520	3.620	0.100	2.923	0.087	－8.421	＜0.001
Y6	3.728	3.798	0.070	1.835	0.176	－6.170	＜0.001
Y7	3.866	3.938	0.072	0.162	0.687	－5.687	＜0.001
Y	3.671	3.755	0.085	0.003	0.953	－8.708	＜0.001

注：(1)无＝家庭无创业经历；有＝家庭有创业经历。(2)Y1＝目标确定能力；Y2＝行动筹划能力；Y3＝果断决策能力；Y4＝沟通合作能力；Y5＝把握机遇能力；Y6＝防范风险能力；Y7＝逆境奋起能力；Y＝创新创业能力（总能力）。

从表 5-7 可以看出，在各项能力上，都是家庭有创业经历的大学生大于家庭无创业经历的大学生。进一步采用独立样本 t 检验分析不同能力在不同家庭背景大学生上的差异，并进行方差齐性检验。方差齐性检验结果显示，所有能力的方差齐性检验时其显著性值均大于 0.05，故所有能力方差齐性，可以看假定方差相等下的 t 检验结果。

从表 5-7 的均值方差的 t 检验结果可以看出，在创新创业总能力及七个子能力（目标确定能力、行动筹划能力、果断决策能力、沟通合作能力、把握机遇能力、防范风险能力、逆境奋起能力）上，家庭有创业经历的大学生均显著大于家庭无创业经历大学生（$P＜0.01$）。尤其在把握机遇能力、果断决策能力、行动筹划能力、沟通合作能力上，两者的差别达到了 0.09 分以上。从表 5-8 看两者在不同年级的差别，可以看出两者在大四、大二时，创新创业能力差别最大。

表 5-8　大学生创新创业能力在家庭创业经历与年级上的差别

年级	家庭无创业经历	家庭有创业经历	差值（有－无）
大一	3.675	3.753	0.078
大二	3.651	3.756	0.105

续表

年级	家庭无创业经历	家庭有创业经历	差值（有一无）
大三	3.660	3.717	0.057
大四及以上	3.737	3.844	0.107
差值（大四一大一）	0.062	0.091	——

三、父亲文化水平的差异分析

本书认为父亲的文化水平会影响大学生的创新创业能力，即当父亲的文化水平不同时，学生的创新创业能力也会不同。所以本节采用单因素方差分析方法分析父亲不同文化水平下，大学生创新创业能力的各子能力及总能力情况，具体的数据结果见表5-9。父亲的文化水平分为三类：初中及以下（$N=6080$），中专及高中（$N=2273$），大专及以上（$N=1450$）。从表5-9中不难看出，大学生几乎所有的能力都是随着父亲文化水平升高而升高。尤其在沟通合作能力上，父亲不同文化水平上的差异是最明显的；在逆境奋起能力上差异最小。这种影响是否显著，接下来进一步采用单因素方差分析，分析创新创业能力在父亲不同文化水平上的差异。

表 5-9　大学生创新创业能力在父亲文化水平上的差异

变量	平均值			方差齐性检验		ANOVA	
	水平 1	水平 2	水平 3	Levene 统计量	Sig.	F	Sig.（双尾）
Y1	3.791	3.835	3.880	2.354	0.095	20.464	<0.001
Y2	3.602	3.659	3.687	2.887	0.056	14.795	<0.001
Y3	3.444	3.481	3.511	4.477	0.011	7.063	0.001
Y4	3.731	3.796	3.868	4.802	0.008	45.389	<0.001
Y5	3.530	3.590	3.619	2.181	0.113	19.082	<0.001
Y6	3.728	3.777	3.831	1.327	0.265	24.220	<0.001
Y7	3.884	3.910	3.904	7.164	0.001	1.923	0.146
Y	3.678	3.727	3.763	1.507	0.222	23.602	<0.001

注：(1)水平 1＝初中及以下；水平 2＝中专及高中；水平 3＝大专及以上；(2)Y1＝目标确定能力；Y2＝行动筹划能力；Y3＝果断决策能力；Y4＝沟通合作能力；Y5＝把握机遇能力；Y6＝防范风险能力；Y7＝逆境奋起能力；Y＝创新创业能力（总能力）。

在单因素方差分析前,先进行方差齐性检验。方差齐性检验结果显示,目标确定能力、行动筹划能力、把握机遇能力、防范风险能力和总能力的显著性 P 值大于 0.05,故方差齐性,事后多重比较可以采用参数检验如 LSD 方法;但其余能力的显著性 P 值小于 0.05,故方差不齐性,事后多重比较可以采用非参数检验如 Tamhane 方法。

整体检验结果发现:(1)父亲文化水平不同的大学生在逆境奋起能力的 Sig.(双尾)结果大于 0.05,说明父亲文化水平不同的大学生在逆境奋起能力上不存在显著差异;(2)其余能力的 Sig.(双尾)小于 0.05,说明父亲文化水平不同的大学生在其余能力上存在显著差异。之后对目标确定能力、行动筹划能力、把握机遇能力、防范风险能力、总能力进行事后比较 LSD 检验,对果断决策能力、沟通合作能力、进行事后比较 Tamhane 检验,以探究父亲具有不同文化水平的大学生之间存在显著差异。

事后比较检验结果指出:(1)目标确定能力、沟通合作能力、防范风险能力、总能力在父亲不同文化水平上的差异性比较是一致的,初中及以下、中专及高中、大专及以上两两之间均存在显著差异,且都是父亲文化水平越高能力越强;(2)行动筹划能力、把握机遇能力在父亲不同文化水平上的差异性比较是一致的,除中专及高中与大专及以上之间不存在显著差异,其余均两两之间差异显著,基本上也是父亲文化水平越高能力越强;(3)果断决策能力在父亲不同文化水平上的差异性,是只有大专及以上显著大于初中及以下,其余两两间均不存在显著差异。

整体上看,父亲文化水平对大学生的创新创业能力是有显著性影响的,父亲文化水平越高,大学生的创新创业能力越强。

四、母亲文化水平的差异分析

本书认为母亲的文化水平不同,学生的创新创业能力也不同。所以本节采用单因素方差分析方法分析母亲不同文化水平下大学生创新创业能力的情况,具体的数据结果见表 5-10。母亲的文化水平分为三类:初中及以下($N=6900$),中专及高中($N=1779$),大专及以上($N=1124$)。

表 5-10　大学生创新创业能力在母亲文化水平上的差异

变量	平均值			方差齐性检验		ANOVA	
	水平 1	水平 2	水平 3	Levene 统计量	Sig.	F	Sig.（双尾）
Y1	3.795	3.846	3.885	3.506	0.030	19.525	＜0.001
Y2	3.608	3.661	3.695	1.474	0.229	12.704	＜0.001
Y3	3.445	3.496	3.519	4.512	0.011	9.090	＜0.001
Y4	3.734	3.822	3.878	5.295	0.005	49.771	＜0.001
Y5	3.533	3.611	3.621	2.940	0.053	21.324	＜0.001
Y6	3.733	3.792	3.827	0.276	0.759	19.664	＜0.001
Y7	3.887	3.916	3.892	11.041	＜0.001	1.661	0.190
Y	3.682	3.741	3.766	2.190	0.112	23.231	＜0.001

注:(1)水平 1＝初中及以下;水平 2＝中专及高中;水平 3＝大专及以上;(2)Y1＝目标确定能力;Y2＝行动筹划能力;Y3＝果断决策能力;Y4＝沟通合作能力;Y5＝把握机遇能力;Y6＝防范风险能力;Y7＝逆境奋起能力;Y＝创新创业能力(总能力)。

母亲具有不同文化水平的大学生创新创业能力的各子能力及总能力描述性统计结果见表 5-10。不难看出,大学生几乎每一项能力均随母亲文化水平升高而升高,这与父亲文化水平对大学生能力影响如出一辙。

进一步采用单因素方差分析,分析创新创业能力在母亲不同文化水平上的差异,并且进行方差齐性检验。方差齐性检验结果显示,目标确定能力、果断决策能力、沟通合作能力、逆境奋起能力显著性 P 值小于 0.05,故方差不齐性,事后多重比较可以采用非参数检验如 Tamhane 方法;行动筹划能力、把握机遇能力、防范风险能力和总能力的显著性 P 值大于 0.05,故方差齐性,事后多重比较可以采用参数检验如 LSD 方法。

整体检验结果发现:(1)母亲文化水平不同的大学生在逆境奋起能力的 Sig.(双尾)结果大于 0.05,说明母亲文化水平不同的大学生在逆境奋起能力上不存在显著差异;(2)其余能力的 Sig.(双尾)小于 0.05,说明母亲文化水平不同的大学生在其余能力上存在显著差异。之后对行动筹划能力、把握机遇能力、防范风险能力和总能力进行事后比较 LSD 检验,对目标确定能力、果断决策能力、沟通合作能力进行事后比较 Tamhane 检验,以探究母亲具有不同文化水平的大学生之间存在显著差异。

事后比较检验结果指出:(1)沟通合作能力在母亲不同文化水平两两间均

有显著差异,即母亲文化水平越高,学生的沟通合作能力越强;(2)目标确定能力、行动筹划能力、果断决策能力、把握机遇能力、防范风险能力、总能力在母亲不同文化水平上的差异性比较是一致的,只有中专及高中与大专及以上之间不存在显著差异,其余全部两两间有显著差异,即母亲文化水平越高,学生能力越强。

整体而言,母亲文化水平对大学生的创新创业能力是有显著性影响的,母亲文化水平越高,大学生的创新创业能力越强。这一结论与父亲文化水平对大学生创新创业能力的影响基本上一致的。换言之,父亲或母亲的文化水平越高,大学生的创新创业能力越强。

五、生活费来源的差异分析

生活费来源分为来自父母($N=8846$)和非父母($N=957$)两种情况的大学生各能力进行分析,其描述性结果见表 5-11。比较两类学生的各项能力,发现在所有能力上均是生活费来源于非父母的大学生>生活费来源于父母的大学生。且在果断决策能力和行动筹划能力上,生活费来源于非父母的大学生和生活费来源于父母的大学生之间的差别是最大的,差值分别为 0.194 分和 0.177 分。

进一步采用独立样本 t 检验分析创新创业能力在不同生活来源上的差异,并且进行方差齐性检验。方差齐性检验结果显示,目标确定能力和总能力的 F 值分别为 10.317 和 8.263,显著性小于 0.05,说明方差不齐性,可以看假定方差不相等下的 t 检验结果。行动筹划能力、果断决策能力、沟通合作能力、把握机遇能力、防范风险能力、逆境奋起能力的 F 值分别为 0.304、0.057、3.383、3.206、1.653、0.008,故方差齐性,可以看假定方差相等下的 t 检验结果。

表 5-11 生活费来源不同的大学生创新创业能力描述及差异

变量	平均值		差值	方差齐性检验		均值方差的 t 检验	
	父母	非父母	非父母-父母	F	Sig.	t	Sig.(双尾)
Y1	3.802	3.931	0.129	10.317	0.001	-6.772	<0.001
Y2	3.610	3.787	0.177	0.304	0.581	-8.425	<0.001
Y3	3.444	3.638	0.194	0.057	0.812	-8.671	<0.001
Y4	3.753	3.886	0.133	3.383	0.066	-7.469	<0.001

续表

变量	平均值		差值	方差齐性检验		均值方差的 t 检验	
	父母	非父母	非父母－父母	F	Sig.	t	Sig.（双尾）
Y5	3.544	3.677	0.132	3.206	0.073	−6.815	＜0.001
Y6	3.741	3.880	0.139	1.653	0.199	−7.548	＜0.001
Y7	3.878	4.031	0.153	0.008	0.930	−7.443	＜0.001
Y	3.688	3.835	0.147	8.263	0.004	−8.536	＜0.001

注：Y1＝目标确定能力；Y2＝行动筹划能力；Y3＝果断决策能力；Y4＝沟通合作能力；Y5＝把握机遇能力；Y6＝防范风险能力；Y7＝逆境奋起能力；Y＝创新创业能力（总能力）。

均值方差 t 检验结果显示，生活费来源于非父母和父母的大学生在目标确定能力、行动筹划能力、果断决策能力、沟通合作能力、把握机遇能力、防范风险能力、逆境奋起能力、总能力上均存在显著性差异（$P<0.001$）。说明在目标确定能力、行动筹划能力、果断决策能力、沟通合作能力、把握机遇能力、防范风险能力、逆境奋起能力、总能力上，生活费来源于非父母的大学生均显著大于生活费来源于父母的大学生。尤其是果断决策、行动筹划、逆境奋起等能力上，生活费来源于非父母的大学生与来自父母的大学生之间差距更大。生活费来源于非父母的学生，往往必须通过兼职、奖学金、贷款等方式自主解决生活费，这类学生的独立性、进取心会较强，故其创新创业能力更强。

第四节　不同学生背景的大学生创新创业能力差异分析

一、性别的差异分析

不同性别大学生各能力的描述性结果见表 5-12，其中男生 $N=4050$，女生 $N=5753$。表中结果可见，男生的整体创新创业能力高于女生。再比较七个子能力，发现除逆境奋起能力是女生略高于男生外，其余能力均是男生高于女生，且在果断决策能力和把握机遇能力上，男生和女生的差别是较大的，差值分别为 0.190 分和 0.139 分。

进一步采用独立样本 t 检验分析不同能力在性别上的差异，并且进行方差齐性检验。方差齐性检验结果显示，果断决策能力的 F 值为 0.212，显著性值为 0.645，大于 0.05，故方差齐性，可以看假定方差相等下的 t 检验结果；目标确定能力、行动筹划能力、沟通合作能力、把握机遇能力、防范风险能力、逆境奋起能力、总能力的 F 值分别为 28.089、5.045、53.343、5.450、27.348、14.367、19.678，显著性值均小于 0.05，故方差不齐性，可以看假定方差不相等下的 t 检验结果。

表 5-12　男大学生与女大学生创新创业能力的描述及差异

变量	平均值		差值	方差齐性检验		均值方差的 t 检验	
	女	男	男－女	F	Sig.	t	Sig.（双尾）
Y1	3.809	3.822	0.013	28.089	<0.001	−1.239	0.215
Y2	3.604	3.661	0.057	5.045	0.025	−4.485	<0.001
Y3	3.384	3.574	0.190	0.212	0.645	−14.191	<0.001
Y4	3.755	3.782	0.027	53.343	<0.001	−2.447	0.014
Y5	3.500	3.639	0.139	5.450	0.020	−11.833	<0.001
Y6	3.742	3.772	0.030	27.348	<0.001	−2.624	0.009
Y7	3.897	3.887	−0.010	14.367	<0.001	0.842	0.400
Y	3.676	3.739	0.063	19.678	<0.001	−6.370	<0.001

注：Y1＝目标确定能力；Y2＝行动筹划能力；Y3＝果断决策能力；Y4＝沟通合作能力；Y5＝把握机遇能力；Y6＝防范风险能力；Y7＝逆境奋起能力；Y＝创新创业能力（总能力）。

表 5-12 的均值方差 t 检验结果显示，男、女大学生在目标确定能力、逆境奋起能力上不存在显著性差异；在行动筹划能力、果断决策能力、沟通合作能力、把握机遇能力、防范风险能力、逆境奋起能力、总能力上，男生均显著大于女生。这也就意味着男生和女生在起点能力（目标确定能力）和终点能力（逆境奋起能力）上基本没有区别，但在过程能力（行动筹划能力、果断决策能力、把握机遇能力等）上是具有显著性差别的，尤其是在果断决策能力、把握机遇能力上，男生比女生的分值差异最大。在教育过程中，我们应该注意加强培养女生的过程能力，在行动过程中尤其关注女生的能力成长，及时给予女生以鼓励和支持，帮助女生进一步提高这些能力。

男生和女生的创新创业能力差别是在整个大学生期间均存在差别吗？为回答这一问题，将大一至大四的 4 个年级的男生、女生创新创业能力进行比较，结果如图 5-2。从图中可以看出，从大一至大四，男生的创新创业能力均高于女生，尤其在大四的时候两者差别最大。在大二和大三时，两者的差别较

小。整体而言，女生相对来说，在大学期间能力是稳步小幅度增长的，但男生是呈现了较为明显的减弱之后，在大四时能力大幅度增加的不稳定现象。但从大一到大四的增长来看，男生的能力增长幅度远大于女生。

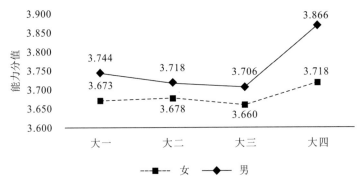

图 5-2　不同年级的男女生创新创业能力

二、年级的差异分析

本书认为不同年级的大学生，其创新创业能力不同。所以本节采用单因素方差分析方法分析不同年级大学生创新创业能力的情况，具体的数据结果见表 5-13。其中，大一的 $N=3386$，大二的 $N=3174$，大三的 $N=2225$，大四的 $N=1018$。

表 5-13　不同年级大学生创新创业能力的描述性统计及差异分析

变量	平均值				方差齐性检验		ANOVA	
	大一	大二	大三	大四	Levene 统计量	Sig.	F	Sig.（双尾）
Y1	3.803	3.802	3.812	3.898	1.474	0.219	10.467	＜0.001
Y2	3.626	3.624	3.604	3.695	1.265	0.285	5.165	0.001
Y3	3.493	3.443	3.419	3.517	2.250	0.080	8.902	＜0.001
Y4	3.756	3.757	3.741	3.882	2.272	0.078	19.196	＜0.001
Y5	3.572	3.556	3.516	3.602	3.517	0.014	6.717	＜0.001
Y6	3.754	3.751	3.730	3.821	2.944	0.032	6.656	＜0.001
Y7	3.896	3.876	3.880	3.962	1.564	0.196	5.619	0.001
Y	3.704	3.693	3.679	3.774	1.136	0.333	10.208	＜0.001

注：Y1=目标确定能力；Y2=行动筹划能力；Y3=果断决策能力；Y4=沟通合作能力；Y5=把握机遇能力；Y6=防范风险能力；Y7=逆境奋起能力；Y=创新创业能力（总能力）。

从表 5-13 中可以看出,大学生经历过四年大学教育后,学生的创新创业能力是增长的,其中沟通合作能力和目标确定能力增长是最多的,果断决策能力和把握机遇能力是增长最少的。创新创业能力及各子能力的基本趋势皆为:大四>大一>大二>大三。只有目标确定能力的趋势与之不同,是大四>大三>大一>大二。也就说创新创业能力即子能力基本上都是在大三最低,出现了"大三低谷"。

进一步采用单因素方差分析,分析创新创业能力在年级上的差异,并且进行方差齐性检验。方差齐性检验结果显示,目标确定能力、行动筹划能力、果断决策能力、沟通合作能力、逆境奋起能力、总能力的 Levene 统计量分别为 1.474、1.265、2.250、2.272、1.564、1.136,显著性 P 值分别为 0.219、0.285、0.080、0.078、0.196、0.333,都大于 0.05,所以方差齐性,事后多重比较可以采用参数检验如 LSD 方法;但把握机遇能力、防范风险能力的 Levene 统计量分别为 3.517、2.944,显著性 P 值分别为 0.014、0.032,都小于 0.05,故方差不齐,事后多重比较可以采用非参数检验如 Tamhane 方法。

整体检验结果发现,不同年级的大学生在目标确定能力、行动筹划能力、果断决策能力、沟通合作能力、把握机遇能力、防范风险能力、逆境奋起能力、总能力的 Sig.(双尾)结果都小于 0.05,说明不同年级大学生的创新创业能力存在显著差异。之后对目标确定能力、行动筹划能力、果断决策能力、沟通合作能力、逆境奋起能力、总能力进行事后比较 LSD 检验,对把握机遇能力、防范风险能力进行事后比较 Tamhane 检验,以探究具体哪些年级之间存在显著差异。

事后比较检验结果表明:(1)目标确定能力、行动筹划能力、沟通合作能力、防范风险能力、逆境奋起能力的差异性比较是一致的,都是大四与大三、大四与大二、大四与大一之间存在显著差异,大四分别显著大于大三、大二和大一,但大三、大二、大一两两之间均不存在显著差异;(2)果断决策能力是大一与大二、大一与大三、大二与大四、大三与大四之间存在显著差异,大一显著高于大二、大三,大四显著高于大二和大三,但是大一与大四、大二与大三之间不存在显著差异;(3)把握机遇能力是大一与大三、大三与大四之间存在显著差异,大一显著高于大三,大四显著高于大三,大一与大二、大一与大四、大二与大三、大二与大四均不存在显著差异;(4)总能力是大一与大三、大一与大四、大二与大四、大三与大四之间存在显著差异,大四分别显著高于大一、大二、大三,大一显著高于大三,大一与大二、大二与大三之间不存在显著差异。

整体而言,所有能力几乎都是大四显著高于大一,但大二和大三之间几乎没有差别。这就意味着大学生的创新创业能力在接受大学教育后是增长的,但在大二和大三其能力发展几乎处于"停滞"状态。这是可以被解释的,因为能力提高不可能一蹴而就,学生在经过大二和大三的锤炼后,在大四时其能力发展的成果显现了出来。

三、学科的差异分析

本书将学科分为两大类:(1)理工农医类(N=5009);(2)人文社科类(N=4794)。理工农医类包括理学、工学、农学、医学;人文社科类包括哲学、经济学、法学、教育学、文学、历史学、管理学、艺术学。不同学科学生的各能力描述性结果见表 5-14。表中结果可见:(1)在果断决策能力、把握机遇能力和行动筹划能力上,理工农医类>人文社科类大学生;(2)在沟通合作能力、目标确定能力、防范风险能力、逆境奋起能力比较时,人文社科类>理工农医类大学生;(3)在创新创业总能力上,仍然是理工农医类>人文社科类大学生。但不同学科之间是否存在显著性差异,还需要再进行独立样本 t 检验。

进一步采用独立样本 t 检验分析创新创业能力在不同学科大学生上的差异,并且进行方差齐性检验。表 5-14 的方差齐性检验结果显示,所有能力的方差齐性检验时其显著性值均大于 0.05,故所有能力方差齐性,可以看假定方差相等下的 t 检验结果。

表 5-14　大学生创新创业能力的科类比较

变量	平均值		差值	方差齐性检验		均值方差的 t 检验	
	理	文	理—文	F	Sig.	t	Sig.(双尾)
Y1	3.813	3.816	−0.003	1.356	0.244	0.295	0.768
Y2	3.632	3.623	0.010	3.598	0.058	−0.792	0.429
Y3	3.513	3.410	0.103	3.293	0.070	−7.732	<0.001
Y4	3.765	3.767	−0.001	3.207	0.073	0.130	0.897
Y5	3.589	3.524	0.064	0.026	0.873	−5.589	<0.001
Y6	3.752	3.757	−0.004	3.018	0.082	0.411	0.681
Y7	3.889	3.897	−0.009	0.178	0.673	0.700	0.484
Y	3.713	3.691	0.022	0.754	0.385	−2.351	0.019

注:(1)理=理工农医类;文=人文社科类。(2)Y1=目标确定能力;Y2=行动筹划能

力；Y3＝果断决策能力；Y4＝沟通合作能力；Y5＝把握机遇能力；Y6＝防范风险能力；Y7＝逆境奋起能力；Y＝创新创业能力（总能力）。

从表 5-14 的均值方差的 t 检验结果可以看出，在果断决策能力、把握机遇能力上，理工农医类和人文社科类大学生存在显著性差别（$P<0.01$），在总能力上，理工农医类和人文社科类大学生也存在统计学上的差异（$P<0.05$）。其他子能力上，在理工农医类和人文社科类大学生之间不存在显著性差别。整体而言，理工农医类和人文社科类大学生的创新创业能力还是有统计学上的差别，理工农医类显著高于人文社科类大学生。

四、学生干部身份的差异分析

学生身份可以分为学生干部（$N=5342$）和非学生干部（$N=4461$），不同学生身份大学生各能力的描述性结果见表 5-15。从中可以看出，所有能力均是学生干部＞非学生干部，且在沟通合作能力和果断决策能力上，学生干部和非学生干部的差别是最大的，差值分别为 0.162 分和 0.140 分。

表 5-15　学生干部与非学生干部的创新创业能力描述及差异

变量	平均值		差值	方差齐性检验		均值方差的 t 检验	
	非干部	干部	干部－非干部	F	Sig.	t	Sig.（双尾）
Y1	3.757	3.863	0.106	0.321	0.571	−10.332	<0.001
Y2	3.557	3.686	0.129	1.677	0.195	−10.336	<0.001
Y3	3.386	3.526	0.140	0.218	0.640	−10.526	<0.001
Y4	3.678	3.840	0.162	0.029	0.864	−15.454	<0.001
Y5	3.508	3.598	0.090	0.276	0.599	−7.814	<0.001
Y6	3.705	3.796	0.091	0.300	0.584	−8.280	<0.001
Y7	3.822	3.952	0.130	1.925	0.165	−10.666	<0.001
Y	3.638	3.756	0.118	0.000	0.994	−12.483	<0.001

注：Y1＝目标确定能力；Y2＝行动筹划能力；Y3＝果断决策能力；Y4＝沟通合作能力；Y5＝把握机遇能力；Y6＝防范风险能力；Y7＝逆境奋起能力；Y＝创新创业能力（总能力）。

进一步采用独立样本 t 检验分析创新创业能力在不同学生身份上的差异，并且进行方差齐性检验。方差齐性检验结果显示，目标确定能力、行动筹划能力、果断决策能力、沟通合作能力、把握机遇能力、防范风险能力、逆境奋起能力、总能力的 F 值分别为 0.321、1.677、0.218、0.029、0.276、0.300、

1.925、0.000，显著性值均大于0.05，故方差齐性，可以看假定方差相等下的t检验结果。

表5-15的均值方差t检验结果显示，学生干部、非学生干部在目标确定能力、行动筹划能力、果断决策能力、沟通合作能力、把握机遇能力、防范风险能力、逆境奋起能力、总能力上均存在显著性差异（$P < 0.001$）。说明在目标确定能力、行动筹划能力、果断决策能力、沟通合作能力、把握机遇风险能力、逆境奋起能力、总能力上，学生干部均显著大于非学生干部。

为进一步比较不同年级不同身份的学生创新创业能力，将大一和大四的学生干部、非学生干部的创新创业能力分别进行比较，差值情况见图5-3。

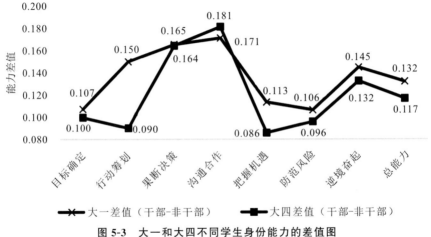

图5-3　大一和大四不同学生身份能力的差值图

由图5-3得知：（1）在大一时，学生干部的创新创业能力就大于非学生干部，且学生干部与非学生干部间差别最大的能力为沟通合作能力和果断决策能力，差别最小的能力为防范风险能力和目标确定能力；（2）在大四时，学生干部的创新创业能力仍大于非学生干部，学生干部与非学生干部间差别最大的能力为沟通合作能力和果断决策能力，差别最小的能力为把握机遇能力和行动筹划确定能力；（3）在沟通合作能力上，大四的学生干部与非学生干部的差值＞大一的学生干部与非学生干部的差值，这说明经过大学的教育后，学生干部沟通合作能力的成长还是比非学生干部的成长更为明显的；（4）除沟通合作能力外的其他能力，"大四的学生干部与非学生干部的差值"与"大一的学生干部与非学生干部的差值"相比，这种差异都在下降，说明非学生干部在目标确定能力、行动筹划能力、果断决策能力、把握机遇能力、防范风险能力、逆境奋起能力、总能力上经过大学教育后成长得更多,尤其是在行动筹划能力和把握机遇能力上,非学生干部的成长幅度是更大的。

五、学业成绩的差异分析

根据大学生的学习成绩的排名将其分为四个层次:好(前 25%,$N=$ 3595);中上(25%~50%,$N=$3614);中下(50%~75%,$N=$1963);差(后 25%,$N=$631)。利用单因素方差分析方法,分析不同学业成绩大学生的创新创业能力,具体的数据结果见表 5-16。由表中结果可见,学生成绩越好,各项能力越强。尤其是在逆境奋起能力、行动筹划能力、目标确定能力上,成绩好的学生与成绩差的学生之间区别最大,前者比后者分别高出 0.344、0.341、0.330 分。

表 5-16　不同学业成绩大学生的创新创业能力描述性统计及差异分析

变量	平均值				方差齐性检验		ANOVA	
	好	中上	中下	差	Levene 统计量	Sig.	F	Sig.(双尾)
Y1	3.910	3.812	3.720	3.580	15.475	<0.001	114.212	<0.001
Y2	3.737	3.617	3.521	3.396	13.107	<0.001	88.961	<0.001
Y3	3.520	3.458	3.414	3.312	8.602	<0.001	23.933	<0.001
Y4	3.828	3.768	3.706	3.590	13.414	<0.001	49.939	<0.001
Y5	3.612	3.553	3.502	3.441	6.642	<0.001	26.104	<0.001
Y6	3.819	3.760	3.682	3.582	14.592	<0.001	51.212	<0.001
Y7	3.987	3.894	3.799	3.643	21.430	<0.001	82.296	<0.001
Y	3.780	3.700	3.625	3.511	13.552	<0.001	88.185	<0.001

注:Y1=目标确定能力;Y2=行动筹划能力;Y3=果断决策能力;Y4=沟通合作能力;Y5=把握机遇能力;Y6=防范风险能力;Y7=逆境奋起能力;Y=创新创业能力(总能力)。

进一步采用单因素方差分析,分析创新创业能力在不同学业成绩上的差异,并且进行方差齐性检验。方差齐性检验结果显示,目标确定能力、行动筹划能力、果断决策能力、沟通合作能力、把握机遇能力、防范风险能力、逆境奋起能力、总能力的 Levene 统计量分别为 15.475、13.107、8.602、13.414、6.642、14.592、21.430、13.552,显著性 P 值均<0.001,说明方差不齐,事后多重比较可以采用非参数检验如 Tamhane 方法。

整体检验结果发现,不同学业成绩的大学生在目标确定能力、行动筹划能

力、果断决策能力、沟通合作能力、把握机遇能力、防范风险能力、逆境奋起能力、总能力的 Sig.（双尾）结果都小于 0.05，说明不同学业成绩大学生的创新创业能力上存在显著差异。之后对目标确定能力、行动筹划能力、果断决策能力、沟通合作能力、把握机遇能力、防范风险能力、逆境奋起能力、总能力进行事后比较 Tamhane 检验，以探究具体哪类学业成绩之间存在显著差异。

事后比较检验指出，(1)只有极少数能力在不同学业成绩大学生上不存在显著差异，一是在果断决策能力上，学业成绩为中上与中下的大学生之间不存在显著差异，二是在把握机遇能力上，学业成绩为中下与差的大学生之间不存在显著差异；(2)其余所有能力，学业成绩分别为好、中上、中下、差四类学业成绩的大学生，两两之间均存在显著性差异，且学业成绩越好能力越高。从整体看，大学生的学业成绩越好，创新创业能力越强。

六、发展意向的差异分析

将大学生的发展意向分为四类：暂无（$N = 562$）；就业（$N = 3586$）；升学（$N = 4959$）；创业（$N = 696$）。利用单因素方差分析方法，分析不同发展意向大学生的创新创业能力，具体的数据结果见表 5-17。

表 5-17　不同发展意向大学生的创新创业能力描述性统计及差异分析

变量	平均值				方差齐性检验		ANOVA	
	暂无	就业	升学	创业	Levene 统计量	Sig.	F	Sig.（双尾）
Y1	3.532	3.784	3.842	4.000	12.480	<0.001	101.232	<0.001
Y2	3.416	3.596	3.642	3.854	8.954	<0.001	57.790	<0.001
Y3	3.319	3.419	3.456	3.852	3.480	0.015	97.906	<0.001
Y4	3.581	3.756	3.767	3.966	4.759	0.003	58.594	<0.001
Y5	3.418	3.539	3.549	3.820	3.668	0.012	62.940	<0.001
Y6	3.543	3.734	3.764	3.963	13.664	<0.001	66.424	<0.001
Y7	3.606	3.859	3.921	4.098	12.195	<0.001	77.641	<0.001
Y	3.489	3.675	3.713	3.937	11.204	<0.001	105.136	<0.001

注：Y1＝目标确定能力；Y2＝行动筹划能力；Y3＝果断决策能力；Y4＝沟通合作能力；Y5＝把握机遇能力；Y6＝防范风险能力；Y7＝逆境奋起能力；Y＝创新创业能力（总能力）。

可见，所有能力都呈现了一个相同的状况：创业＞升学＞就业＞暂无。发展意向为升学和发展意向为就业的大学生，两者各项能力较为接近，但都较明显地低于创业的大学生,较明显地高于暂无发展意向的大学生。四类学生的逆境奋起能力、目标确定能力、沟通合作能力都较为突出。发展意向为创业的大学生,各项能力都较为突出,尤其是相比于其他大学生而言,最为突出的是果断决策能力和目标确定能力。

为比较不同发展意向大学生各项能力是否存在显著性差异,进一步采用单因素方差分析,分析创新创业能力在不同发展意向上的差异,并且进行方差齐性检验(见表 5-17)。方差齐性检验结果显示,目标确定能力、行动筹划能力、果断决策能力、沟通合作能力、把握机遇能力、防范风险能力、逆境奋起能力、总能力的 Levene 统计量分别为 12.480、8.954、3.480、4.759、3.668、13.664、12.195、11.204 显著性 P 值均小于 0.05,说明方差不齐,事后多重比较可以采用非参数检验如 Tamhane 方法。

整体检验结果(表 5-17)发现,不同发展意向的大学生在目标确定能力、行动筹划能力、果断决策能力、沟通合作能力、把握机遇能力、防范风险能力、逆境奋起能力、总能力的 Sig.(双尾)结果都小于 0.05,说明不同发展意向大学生在创新创业能力上存在显著差异。之后对目标确定能力、行动筹划能力、果断决策能力、沟通合作能力、把握机遇能力、防范风险能力、逆境奋起能力、总能力进行事后比较 Tamhane 检验,以探究具体哪类发展意向之间存在显著差异。

事后比较检验指出:(1)只有极少数能力在不同发展意向大学生上不存在显著差异,一是在沟通合作能力上,发展意向为就业与升学的大学生之间不存在显著差异,二是在把握机遇能力上,发展意向为就业与升学的大学生之间不存在显著差异;三是在防范风险能力上,发展意向为就业与升学的大学生之间不存在显著差异;(2)其余所有能力,发展意向分别为暂无、就业、升学、创业四类学业成绩的大学生内,两两之间均存在显著性差异,且都是创业>升学>就业>暂无。

综上所述,本章对总体、群体大学生创新创业能力进行分析后,发现我国大学生总体上呈现创新创业能力结构不均衡,群体间创新创业能力差异显著的特征。

第六章

"个体—院校"因素
与大学生创新创业能力的关系验证

本书认为影响大学生创新创业能力的因素主要为两部分：个体层面的因素；院校层面的因素。本章通过对个体及院校层面因素的实证分析，验证本书提出的 10 个主要研究假设是否成立，从而回答本书的四个主要研究问题。

第一节　学生个体投入对创新创业能力的影响

一、学生个体投入的描述性分析

对 9803 份有效数据进行统计，分析总体大学生个体投入的 9 个变量（学业效能感、掌握目标定向、课外活动投入、课外自学投入、课堂学习投入、反思性学习、师生互动、生生互动、工具利用）和总个体投入的平均值，具体结果见表 6-1。由结果可见，课外活动投入、课外自学投入、师生互动、总个体投入的偏度都大于零，意味着大部分数据在均值的左侧。学业效能感、掌握目标定向、课堂学习投入、反思性学习、生生互动、工具利用的偏度都小于零，意味着大部分数据在均值的右侧。但这些偏度也是可以接受的，说明没有过分的左偏或右偏形态。峰度系数大于零，说明相比标准正态分布而言，测量结果分布更为陡峭。峰度系数小于零，说明相比标准正态分布而言，测量结果分布更为平缓。

由表中结果可见，总个体投入均值为 3.331，大于理论中间值"3"。大学生在学业效能感、掌握目标定向、课外活动投入、课外自学投入、课堂学习投入、反思性学习、师生互动、生生互动、工具利用这 9 项个体投入的均值的范围为"2.827～3.766"。从数据可以看出,部分投入是比较低的,如课外活动投入、师生互动、课外自学投入均小于理论中值"3",课堂学习投入略大于理论中值"3",生生互动、学业效能感、反思性学习、掌握目标定向、工具利用的得分较高。整体而言,我国大学生的学业投入是不均衡的,在学业认知、反思学习、工具学习上投入较多,在行为投入上偏低。这实际上意味着大学生的个体投入有些不容乐观,学生的认知投入高意味着想法多,而学习行为投入、师生互动投入上较少意味着行动上是较少的。

表 6-1　大学生个体投入的总体性描述

变量	均值	标准差	偏度	偏度标准误	峰度	峰度标准误
学业效能感	3.522	0.657	−0.271	0.025	0.726	0.049
掌握目标定向	3.727	0.621	−0.505	0.025	1.129	0.049
课外活动投入	2.827	0.826	0.116	0.025	−0.125	0.049
课外自学投入	2.965	0.758	0.013	0.025	0.115	0.049
课堂学习投入	3.284	0.779	−0.113	0.025	0.157	0.049
反思性学习	3.638	0.580	−0.187	0.025	1.189	0.049
师生互动	2.829	0.918	0.046	0.025	−0.356	0.049
生生互动	3.420	0.760	−0.310	0.025	0.330	0.049
工具利用	3.766	0.668	−0.192	0.025	0.425	0.049
个体投入(总)	3.331	0.533	0.099	0.025	0.739	0.025

二、个体投入促进大学生创新创业能力

(一)加入控制变量的多元回归分析

在回归分析时,为控制其他因素对大学生创新创业能力的影响,在回归中对其他因素加以控制,故加入控制变量:学校所在地区(东部;中部;西部)、学校层次(本科;专科)、家庭来源(城镇;乡村)、家庭创业经历(有;无)、父亲文化水平(初中及以下;中专及高中;大专及以上)、母亲文化水平(初中及以下;中专及高中;大专及以上)、性别(男;女)、年级(大一至大四)、学科(理工农医类;人文社科类)、学生身份(学生干部;非学生干部)、生活费来源(父母;非父母)、

学业成绩（好；中上；中下；差）、发展意向（暂无；就业；升学；创业）为控制变量。只包含控制变量的模型1的分析结果见表6-2。

从表6-2中可以看出，模型1中所有控制变量有效解释了8.8%的大学生创新创业能力的变异，并且在显著性水平为$P<0.001$范围内显著，说明这些控制变量的设置有效。模型1中只有学校地区、家庭来源、学科这三个控制变量对创新创业能力的影响不显著，其余控制变量均是显著影响创新创业能力。

表6-2 控制变量对大学生创新创业能力影响的回归分析（模型1）

变量		非标准化系数	标准误	P	标准化系数
学校所在地区（参照：中部）	东部	−0.025	0.011	0.027	−0.027
	西部	−0.021	0.012	0.089	−0.019
学校层次（参照：专科）	本科	−0.072	0.013	<0.001	−0.059
家庭来源（参照：乡村）	城镇	−0.004	0.011	0.714	−0.004
家庭创业经历（参照：无）	有	0.059	0.010	<0.001	0.061
父母文化水平	父亲文化水平	0.024	0.008	0.005	0.038
	母亲文化水平	0.022	0.009	0.017	0.032
性别（参照：女）	男	0.076	0.010	<0.001	0.080
年级（参照：大一）	大二	−0.020	0.011	0.070	−0.020
	大三	−0.032	0.013	0.012	−0.028
	大四	0.058	0.017	<0.001	0.038
学科（参照：人文社科）	理工农医	0.004	0.010	0.657	0.005
学生身份（参照：非学生干部）	学生干部	0.086	0.009	<0.001	0.092
生活费来源（参照：父母）	非父母	0.112	0.016	<0.001	0.071

变量		非标准化系数	标准误	P	标准化系数
学业成绩(参照:差)	好	0.242	0.020	<0.001	0.250
	中上	0.172	0.020	<0.001	0.177
	中下	0.106	0.021	<0.001	0.090
发展意向(参照:暂无)	升学	0.174	0.020	<0.001	0.186
	就业	0.168	0.021	<0.001	0.172
	创业	0.367	0.026	<0.001	0.201
常数		3.256	0.032	<0.001	—
R^2		0.088			
ΔR^2		0.086			
P		<0.001			
标准误		0.447			
F 值		46.994			

从模型中可以看出控制变量对创新创业能力影响的情况,具体表现为:

(1)相对于专科大学生,本科大学生的创新创业能力显著更低。

(2)相对于家庭无创业经历的大学生,家庭有创业经历的大学生其创新创业能力显著更高。

(3)父亲文化水平越高,大学生的创新创业能力越强。

(4)母亲文化水平越高,大学生的创新创业能力越强。父亲文化水平的标准化回归系数为 0.038,母亲文化水平的标准化回归系数为 0.032。这意味着,相对于母亲文化水平的影响,父亲的文化水平对大学生创新创业能力影响更大。

(5)相对于女生,男生的创新创业能力显著更高。

(6)相对于大一,大三的创新创业能力显著更低,大四的创新创业能力显著更高,大二与大一无显著性差异。

(7)相对于非学生干部,学生干部的创新创业能力显著更高。

(8)相对于生活费来自父母的大学生,生活费非来自父母的大学生其创新创业能力显著更高。

(9)学习成绩好、中上、中下的大学生,其创新创业能力都显著高于学习成

绩差的大学生。

（10）发展意向分别为升学、就业、创业的大学生，其创新创业能力都显著高于暂无发展意向的大学生。

（二）加入个体投入的多元回归分析

在对假设检验之前，先对变量进行相关分析，以确定不同变量之间的相关关系。本书采用 Pearson 相关分析法，检验不同变量之间的相关分析。若自变量与因变量之间具有较高的相关性，则说明后续选取这些变量做回归分析是有意义的。

由表 6-3 的相关分析可知，所有变量两两间的相关性达到显著统计水平。各个变量与"创新创业能力"显著性正相关，这在一定程度上验证了假设 1。故此，本书可以进一步采用多元线性回归分析验证假设。

表 6-3　个体层面因素与创新创业能力的相关性

变量	G1	G2	G3	G4	G5	G6	G7	G8	G9
G1	1								
G2	0.655**	1							
G3	0.375**	0.391**	1						
G4	0.434**	0.471**	0.714**	1					
G5	0.448**	0.495**	0.613**	0.636**	1				
G6	0.423**	0.487**	0.346**	0.405**	0.385**	1			
G7	0.404**	0.428**	0.670**	0.648**	0.686**	0.345**	1		
G8	0.369**	0.426**	0.536**	0.543**	0.669**	0.373**	0.609**	1	
G9	0.224**	0.263**	0.301**	0.359**	0.377**	0.285**	0.330**	0.423**	1
Y	0.679**	0.669**	0.451**	0.478**	0.535**	0.561**	0.488**	0.485**	−0.116**

注：** 在 0.01 水平（双侧）上显著相关。为便于呈现，在表格中使用符号代替变量：G1＝学业效能感；G2＝掌握目标定向；G3＝课外活动投入；G4＝课外自学投入；G5＝课堂学习投入；G6＝反思性学习；G7＝师生互动；G8＝生生互动；G9＝工具利用；Y＝创新创业能力。

采用多元线性回归分析进一步检验研究假设 1。分层回归分析的控制变量、自变量、因变量分别如下：

（1）控制变量。前文所述的所有控制变量（见模型 1），不再赘述。

（2）自变量。以个体投入的 9 个变量为自变量，具体为：学业效能感、掌握目标定向、课外活动投入、课外自学投入、课堂学习投入、反思性学习、师生互动、生生互动、工具利用。

（3）因变量：创新创业能力。回归分析的结果模型 2 见表 6-4。由回归结果可见，模型 2 中只加入 9 个自变量的 R^2 为 0.629，个体层面的 9 个变量有效解释了 62.9% 的大学生创新创业能力的变异。模型 3 在模型 1 的基础上加入了 9 个自变量后，模型 3 的解释力比模型 1 的增加了 54.1%。模型 3 中所有变量有效解释了 63.8% 的大学生创新创业能力的变异，并且在显著性水平为 $P < 0.001$ 范围内显著。模型 2 和 3 的 R^2 均大于 0.6，说明这个模型是非常好的。这说明个体投入是影响大学生创新创业能力的重要因素。

从表 6-4 看，模型 3 对假设的验证情况是：（1）学业效能感、掌握目标定向、课堂学习投入、课外活动投入、反思性学习、师生互动、生生互动、工具利用均对创新创业能力的影响是显著的正向影响；（2）课外自学投入对创新创业能力的影响是显著的负向影响。这可能与大学生课外自学投入较少且为机械记忆学习有关，具体原因在后文中结合质性资料对其进行深入探讨。

表 6-4　大学生创新创业能力影响因素的回归分析（模型 2 及模型 3）

变量		模型 2		模型 3	
		标准化系数	标准误	标准化系数	标准误
学校所在地区（参照：中部）	东部			−0.005	0.007
	西部			−0.011	0.008
学校层次（参照：专科）	本科			−0.012	0.008
家庭来源（参照：乡村）	城镇			0.012	0.007
家庭创业经历（参照：无）	有			0.018**	0.006
父母文化水平	父亲			0.017*	0.005
	母亲			0.025**	0.006
性别（参照：女）	男			0.037***	0.007
年级（大一）	大二			0.005	0.007
	大三			−0.002	0.008
	大四			0.006	0.011
学科（参照：人文社科）	理工农医			0.021**	0.006

续表

变量		模型 2		模型 3	
		标准化系数	标准误	标准化系数	标准误
学生身份（参照：非学生干部）	学生干部			0.016**	0.006
生活费来源（参照：父母）	非父母			0.010	0.01
学业成绩（参照：差）	好			−0.032*	0.013
	中上			−0.023	0.012
	中下			−0.013	0.013
发展意向（参照：暂无）	升学			0.027*	0.013
	就业			0.048***	0.013
	创业			0.069***	0.016
个体投入	学业效能感	0.338***	0.006	0.327***	0.006
	掌握目标定向	0.241***	0.007	0.248***	0.007
	课外活动投入	0.051***	0.005	0.041***	0.006
	课外自学投入	−0.046***	0.006	−0.041***	0.006
	课堂学习投入	0.074***	0.006	0.075***	0.006
	反思性学习	0.214***	0.006	0.215***	0.006
	师生互动	0.065***	0.005	0.056***	0.005
	生生互动	0.072***	0.006	0.075***	0.006
	工具利用	0.034***	0.005	0.031***	0.005
常数		—	0.024	—	0.029
R^2		0.629		0.638	
ΔR^2		0.628		0.637	
P		<0.001		<0.001	

变量	模型 2		模型 3	
	标准化系数	标准误	标准化系数	标准误
标准误	0.285		0.282	
F 值	1841.376		593.444	

注:(1)括号内为参照组;(2)＊表示 $P<0.05$;＊＊表示 $P<0.01$;＊＊＊表示 $P<0.001$。

比较模型 3 中个体层面不同自变量的标准化回归系数可知,其对大学生创新创业能力起正向作用的变量影响大小为:学业效能感($\beta=0.327$)＞掌握目标定向($\beta=0.248$)＞反思性学习($\beta=0.215$)＞生生互动($\beta=0.075$)＝课堂学习投入($\beta=0.075$)＞师生互动($\beta=0.056$)＞课外活动投入($\beta=0.041$)＞工具利用($\beta=0.031$)。其中值得注意的是:(1)学业效能感、掌握目标定向、反思性学习的标准化回归系数是远大于其他变量的,说明在个体层面上这三项对创新创业能力发展是有很大影响的,这与本书在理论分析中的猜想一致。本书在理论分析中认为学业效能感、掌握目标定向、反思性学习是学生主动性的主要表现,所以这三种投入对学生创新创业能力影响最大。(2)比较学生课堂学习投入、课外活动投入的标准化回归系数可知,前者对创新创业能力的促进作用大于后者的促进作用。当前创新创业教育更注重学生的课外活动投入,这值得我们反思。(3)比较生生互动和师生互动的标准化回归系数可知,前者对创新创业能力的促进作用大于后者的促进作用。(4)相比其他学习投入,工具学习投入对创新创业能力的促进作用最小。这也是值得注意的,工具可能是一把双刃剑,当学生不能合理使用工具时,可能会导致沉迷手机、电脑等工具,从而导致学习投入减少。

结合前文所提出的研究假设,本节主要探讨了大学生个体投入的状况及其对创新创业能力的影响,主要发现:(1)大学生个体投入不足且投入不均衡,认知学习投入较多,课内外学习投入较少;(2)学校层次、家庭创业经历、父母文化水平、性别、年级、学生身份、生活费来源、学业成绩、发展意向这些控制变量有效;(3)学业效能感、掌握目标定向、课堂学习投入、课外活动投入、反思性学习、师生互动、生生互动、工具利用均对创新创业能力的影响是显著的正向影响,基本上证明了研究假设 1。整体而言,本节证明了学生个体投入可以直接促进大学生创新创业能力发展,学生个体投入可以有效解释 62.9% 的创新

创业能力的变异。这意味着学生主动性是影响大学生创新创业能力的关键因素。但学生主动性能否是影响创新创业能力的最根本因素，还有待在后四节中进一步探讨。

第二节　教师支持对创新创业能力的影响

一、教师支持直接促进大学生创新创业能力

（一）大学生感知教师支持的描述性分析

对 9803 份有效数据进行统计，分析总体大学生感知教师支持的 3 个维度（人际支持、教师自主支持、教师情感及能力支持），具体结果见表 6-5。由结果可见，学生感知的人际支持、教师自主支持、教师情感及能力支持均值分别为 3.467、3.880、3.787，均大于理论中值"3"。所有教师支持变量的偏度都小于零，意味着大部分数据在均值的右侧，但这些偏度也是可以接受的，说明没有过分的左偏或右偏形态。峰度系数都大于零，说明相比标准正态分布而言，测量结果分布更为陡峭。这说明我国大学生感知的教师支持总体处于中等水平，教师给予大学生的发展支持是基本良好的。从表 6-5 中可以看出，我国大学生感知的教师支持并不均衡。三个子维度的大小关系依次为：教师人际支持＜教师情感及能力支持＜教师自主支持。当前大学生感知的人际支持相对较为薄弱，教师自主支持方面相对较强。

表 6-5　大学生感知教师支持的总体性描述

变量	均值	标准差	偏度	偏度标准误	峰度	峰度标准误
人际支持	3.467	0.728	−0.168	0.025	0.379	0.049
自主支持	3.880	0.609	−0.865	0.025	2.781	0.049
情感及能力支持	3.787	0.634	−0.550	0.025	1.785	0.049

（二）加入教师支持的多元回归分析

由表 6-6 的相关分析可知，变量两两间的相关性均达到显著统计水平。"人际支持""自主支持""情感及能力支持"与"创新创业能力"显著性正相关，

这在一定程度上验证了假设 2。

表 6-6 教师支持与创新创业能力的相关性

变量	人际支持	自主支持	情感及能力支持	创新创业能力
人际支持	1			
自主支持	0.404**	1		
情感及能力支持	0.548**	0.717**	1	
创新创业能力	0.479**	0.406**	0.461**	1

注：＊＊在 0.01 水平（双侧）上显著相关。

基于此，可进一步采用多元线性回归分析验证假设。回归分析的结果模型 4 和模型 5 见表 6-7。分层回归分析的控制变量、自变量、因变量分别如下：

（1）控制变量：前文所述的所有控制变量（见模型 1），不再赘述。

（2）自变量：人际支持、教师自主支持、教师情感及能力支持。

（3）因变量：创新创业能力。

表 6-7 大学生创新创业能力影响因素的回归分析（模型 4 及模型 5）

变量		模型 4		模型 5	
		标准化系数	标准误	标准化系数	标准误
学校所在地区（参照：中部）	东部			−0.013	0.010
	西部			−0.011	0.010
学校层次（参照：专科）	本科			−0.015	0.011
家庭来源（参照：乡村）	城镇			−0.005	0.010
家庭创业经历（参照：无）	有			0.047***	0.008
父母文化水平	父亲			0.029*	0.007
	母亲			0.018	0.008
性别（参照：女）	男			0.063***	0.009
年级（参照：大一）	大二			0.007	0.010
	大三			0.000	0.011
	大四			0.021*	0.014
学科（参照：人文社科）	理工农医			0.002	0.009

续表

变量		模型 4		模型 5	
		标准化系数	标准误	标准化系数	标准误
学生身份(参照:非学生干部)	学生干部			0.041***	0.008
生活费来源(参照:父母)	非父母			0.016	0.011
学业成绩(参照:差)	好			0.158***	0.017
	中上			0.108***	0.017
	中下			0.056***	0.018
发展意向(参照:暂无)	升学			0.130***	0.017
	就业			0.115***	0.018
	创业			0.150***	0.022
教师支持	人际支持	0.320***	0.007	0.283***	0.007
	自主支持	0.148***	0.009	0.145***	0.009
	情感及能力支持	0.180***	0.010	0.180***	0.010
常数		—	0.028	—	0.038
R^2		0.296		0.329	
ΔR^2		0.296		0.328	
P		<0.001		<0.001	
标准误		0.393		0.384	
F 值		1375.923		208.896	

注:(1)括号内为参照组;(2)*表示 $P<0.05$;**表示 $P<0.01$;***表示 $P<0.001$。

由回归结果可见,不加入控制变量的回归模型 4 的 R^2 为 0.296,意味着教师支持的变量有效解释了 29.6% 的大学生创新创业能力的变异。加入控制变量后的模型 5 的 R^2 为 0.329,控制变量和教师支持的变量共有效解释了 32.9% 的大学生创新创业能力的变异,并且在显著性水平为 $P<0.001$ 范围内显著。从表 6-7 看,在控制了学校层次、性别等控制变量后,人际支持($P<0.001$)、自主支持($P<0.001$)、情感及能力支持($P<0.001$)对创新创业能力均有显著正向影响,验证了假设 2。

比较模型 5 中三种教师支持的标准化回归系数可知，对大学生创新创业能力起促进作用的变量影响大小为：人际支持（$\beta=0.283$）＞情感及能力支持（$\beta=0.180$）＞自主支持（$\beta=0.145$）。值得注意的是，大学生感知的人际支持得分小于感知的自主支持、情感及能力支持，但人际支持对大学生创新创业能力的影响最大。

二、教师支持与创新创业能力的关系受到师生互动的调节

本书的主要假设 3 认为教师支持与创新创业能力的关系受到师生互动的调节。因为学生在与教师交流交往的过程中，才能充分感受到来自教师的支持，所以教师对学生创新创业能力发挥作用是受制于师生互动这个条件的。本书利用"师生互动"作为调节变量，探究师生互动对教师支持与创新创业能力关系的调节作用。

利用 SPSS Process 插件中的模型 1 检验师生互动的调节作用，结果见表 6-8。自变量为教师支持（人际支持、自主支持、情感及能力支持三个维度的平均值），调节变量为师生互动，因变量为创新创业能力，控制变量为表 6-4 中除"师生互动"以外的自变量。所有变量去中心化处理。

表 6-8　调节效应检验

变量	非标准化系数	标准误	P
控制变量	—	—	—
教师支持	0.095	0.07	＜0.001
师生互动	0.021	0.005	＜0.001
教师支持＊师生互动	0.021	0.005	＜0.001
常数	1.354	0.032	＜0.001
R^2	0.636		
P	＜0.001		
F 值	1556.297		

注：模型中加入表 6-4 中除"师生互动"以外的自变量作为控制变量，但不再一一列出。

由表 6-8 可见，教师支持与师生互动的交互项显著（$P<0.01$），且交互项正向预测创新创业能力。这说明师生互动的调节效应存在。为进一步揭示师生互动这个调节变量的作用机制，再进行简单斜率检验。按照平均数上下一个标准差的标准将师生互动进行分组，平均数加 1 个标准差（$M+1SD$）为高

师生互动组,平均数减 1 个标准差($M-1SD$)为低师生互动组,并根据回归方程分别取教师支持和师生互动平均值上下一个标准差的值绘制简单效应分析图(图 6-1)。由图可知,师生互动水平较低($M-1SD$)的被试,教师支持对创新创业能力具有显著的正向预测作用,simple slope$=0.076$,$t=9.866$,$P<0.001$;而对于师生互动水平较高($M+1SD$)的被试,教师支持也会对创新创业能力产生正向预测作用,而且其预测作用较大,simple slope$=0.114$,$t=13.561$,$P<0.001$,表明随着大学生师生互动水平的提高,教师支持对创新创业能力的正向预测作用呈逐渐增强趋势。概言之:当师生互动较高时,教师支持对创新创业能力的促进作用较强;当师生互动较低时,教师支持对创新创业能力的促进作用较低。这就证明了师生互动对教师支持与创新创业能力关系的正向调节作用。

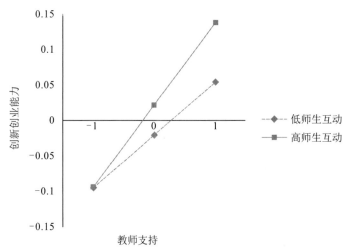

图 6-1　师生互动在教师支持与创新创业能力之间关系的调节作用

三、教师支持间接促进大学生创新创业能力

本书的假设 4 认为教师支持可以间接促进大学生创新创业能力。利用 AMOS 22.0,运用结构方程模型的潜变量路径分析技术,探究个体投入在教师支持与创新创业能力之间的中介作用,也就是进一步分析教师支持影响创新创业能力的路径及作用机制。

以教师支持为自变量,以创新创业能力为因变量,以学生个体投入为中介变量,构建结构方程模型图,之后将数据代入模型图,利用最大似然法进行参数估计。结果显示,模型的估计参数中所有误差的方差都大于 0,标准化系数都小于1,说明模型界定不存在问题。根据 MI 值对模型进行修订,修订后的模型的拟合指标见表 6-9,从中可以看出模型的拟合状况良好。

表 6-9　主要拟合指标

指标名称	χ^2	df	χ^2/df	NFI	IFI	TLI	CFI	GFI	AGFI	RMSEA
指标值	6454.23	143	45.77	0.943	0.944	0.933	0.944	0.929	0.906	0.068
标准	—	—	<5	>0.9	>0.9	>0.9	>0.9	>0.9	>0.9	<0.1

结构方程的模型图及标准化回归系数见图 6-2。图中所有路径的 $P<0.001$,即所有路径达到了显著性水平。由模型图可见,教师支持影响创新创业能力有两条路径:(1)教师支持→创新创业能力;(2)教师支持→学生个体投入→创新创业能力。这两条路径都是显著的,且都为正向影响。这就意味着假设 4 成立。

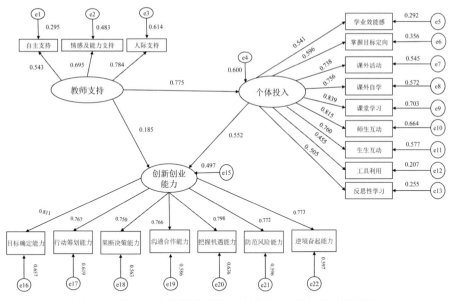

图 6-2　教师支持间接影响学生创新创业能力的结构模型图

为更清晰地查看个变量之间的作用效果,将各路径的效应量整理成表 6-10。从表中可以看出教师支持→创新创业能力的直接效应量为 0.185,占总效应的 30.18%,教师支持→学生个体投入→创新创业能力的间接效应量为 0.428,占总效应的 69.82%。这就意味着教师支持对学生创新创业能力发挥作用,主要是通过影响学生个体投入,也就是促进了学生的主动性,进而再间

接影响学生创新创业能力。假设 4 得到验证,初步证明了本书对大学生创新创业能力影响因素圈层理论模型的初步猜想。

表 6-10 教师支持作用模型的路径效应量

编号	影响路径	效应量	占比/%
1	教师支持→创新创业能力	0.185	30.18
2	教师支持→学生个体投入→创新创业能力	$0.775 * 0.552 = 0.428$	69.82

本节主要探讨了教师支持对创新创业能力的直接影响、间接影响,及师生互动对教师支持与创新创业能力关系的调节作用,主要发现为:(1)回归分析表明人际支持、教师自主支持、教师情感及能力支持均对创新创业能力有显著的正向影响,故验证了假设 2,即教师支持可以直接促进大学生创新创业能力发展;(2)调节效应模型表明高水平的师生互动可以增强教师支持对创新创业能力的促进作用,故验证了假设 3,即师生互动在教师支持与创新创业能力关系中的正向调节作用;(3)结构方程模型的潜变量路径分析表明,教师支持影响大学生创新创业能力有两条路径,一是"教师支持→创新创业能力"(效应量占比 30.18%),二是"教师支持→学生个体投入→创新创业能力"(效应量占比 69.82%),故验证了假设 4,即教师支持可以间接促进大学生创新创业能力发展。整体而言,教师支持是影响学生能力发展的院校层面的重要因素之一,教师支持主要是间接促进大学生创新创业能力发展,初步证明了大学生创新创业能力影响因素圈层理论模型的部分猜想。

第三节　课程及教学支持对创新创业能力的影响

一、课程及教学支持直接促进大学生创新创业能力

（一）大学生感知课程及教学支持的描述性分析

对 9803 份有效数据进行统计，分析总体大学生感知课程及教学支持的 3 个维度（课程教学管理、教师教学水平、创新教学方式），具体结果见表 6-11。由结果可见，课程教学管理、教师教学水平、创新教学方式的均值分别为 3.768、3.854、3.650，全部大于理论中值"3"。所有课程及教学支持变量的偏度都小于零，意味着大部分数据在均值的右侧，但这些偏度也是可以接受的，说明没有过分的左偏或右偏形态。峰度系数都大于零，说明相比标准正态分布而言，测量结果分布更为陡峭。这说明我国大学生感知的课程及教学支持总体处于中上等水平，课程教学活动给予大学生的发展支持是比较良好的。由表 6-11 可见，三个子维度的大小关系依次为：创新教学方式＜课程教学管理＜教师教学水平。但三者之间的差别较小，说明我国大学生感知的课程及教学支持基本均衡。

表 6-11　大学生感知课程及教学支持的总体性描述

变量	均值	标准差	偏度	偏度标准误	峰度	峰度标准误
课程教学管理	3.768	0.630	−0.790	0.025	2.020	0.049
教师教学水平	3.854	0.605	−0.639	0.025	2.091	0.049
创新教学方式	3.650	0.761	−0.624	0.025	0.623	0.049

（二）加入课程及教学支持的多元回归分析

先对变量进行相关分析，以确定不同变量之间的相关关系。由表 6-12 的相关分析结果可知，变量两两间的相关性均达到显著统计水平。"课程教学管理""教师教学水平""创新教学方式"与"创新创业能力"显著性正相关，这在一定程度上验证了假设 5。故此，本书可以进一步采用多元线性回归分析验证假设。

表 6-12 课程及教学支持与创新创业能力的相关性

变量	课程教学管理	教师教学水平	创新教学方式	创新创业能力
课程教学管理	1			
教师教学水平	0.744**	1		
创新教学方式	0.429**	0.553**	1	
创新创业能力	0.435**	0.441**	0.322**	1

注：**在 0.01 水平（双侧）上显著相关。

分层回归分析的控制变量、自变量、因变量分别如下：

（1）控制变量：前文所述的所有控制变量（见模型 1），不再赘述。

（2）自变量：课程教学管理、教师教学水平、创新教学方式。

（3）因变量：创新创业能力。

模型 6 和模型 7 的回归分析结果见表 6-13。由回归结果可见，模型 6 的 R^2 为 0.228，课程及教学的所有变量有效解释了 22.8% 的大学生创新创业能力的变异。加入控制变量后的模型 7 的 R^2 为 0.290，课程及教学的所有变量有效解释了 29.0% 的大学生创新创业能力的变异，并且在显著性水平为 $P<0.001$ 范围内显著。课程及教学对大学生创新创业能力的解释度一般，没有教师对学生创新创业能力的解释度高。这初步证明了圈层理论模型的猜想，即教师应是院校中最重要的因素。从表 6-13 看，在控制了学校层次、性别等控制变量后，课程教学管理（$P<0.001$）、教师教学水平（$P<0.001$）、创新教学方式（$P<0.001$）对创新创业能力均有显著正向影响，验证了假设 5。

表 6-13 大学生创新创业能力影响因素的回归分析（模型 6 及模型 7）

变量		模型 6		模型 7	
		标准化系数	标准误	标准化系数	标准误
学校所在地区（参照：中部）	东部			−0.005	0.010
	西部			−0.015	0.011
学校层次（参照：专科）	本科			−0.017	0.012
家庭来源（参照：乡村）	城镇			0.013	0.010
家庭创业经历（参照：无）	有			0.047***	0.008
父母文化水平	父亲			0.037**	0.007
	母亲			0.034**	0.008

变量		模型 6		模型 7	
		标准化系数	标准误	标准化系数	标准误
性别(参照:女)	男			0.105***	0.009
年级(参照:大一)	大二			0.008	0.010
	大三			0.006	0.011
	大四			0.043***	0.015
学科(参照:人文社科)	理工农医			0.022*	0.009
学生身份(参照:非学生干部)	学生干部			0.081***	0.008
生活费来源(参照:父母)	非父母			0.019*	0.011
学业成绩(参照:差)	好			0.189***	0.017
	中上			0.124***	0.017
	中下			0.059***	0.018
发展意向(参照:暂无)	升学			0.140***	0.018
	就业			0.122***	0.018
	创业			0.160***	0.023
课程及教学支持	课程教学管理	0.235***	0.010	0.228***	0.010
	教师教学水平	0.207***	0.011	0.192***	0.011
	创新教学方式	0.107***	0.107	0.116***	0.006
常数		—	0.029	—	0.039
R^2		0.228		0.290	
ΔR^2		0.227		0.288	
P		<0.001		<0.001	
标准误		0.411		0.395	
F 值		962.386		173.264	

注:(1)括号内为参照组;(2)* 表示 $P<0.05$;* * 表示 $P<0.01$;* * * 表示 $P<0.001$。

比较模型 7 中三种课程及教学支持的标准化回归系数可知,对大学生创新创

业能力起促进作用的变量影响大小为：课程教学管理($\beta=0.228$)＞教师教学水平($\beta=0.192$)＞创新教学方式($\beta=0.116$)。相对于教师教学水平、创新教学方式而言，课程教学管理对学生创新创业能力影响最大，应该是由于课程作业任务、课程考核评价方式、课程设计及安排等对学生学习热情、学习投入等都有较强的引导作用，高质量的课程教学管理能够满足学生的发展需求，激发学生自主学习与探索，进而促进学生在行动中提高创新创业能力。教师教学水平、创新教学方式主要影响学生课堂上的学习投入，对学生课外的自主学习影响比较有限，故其对学生的创新创业能力影响相对较小。

二、课程及教学支持与创新创业能力的关系受到学生课程学习投入的调节

本书的主要假设 6 认为课程及教学支持与创新创业能力的关系受到学生课程学习投入的调节。课程学习又分为课堂学习和课外自学，故本书利用"课堂学习投入""课外自学投入"作为调节变量，探究课程学习对课程及教学支持与创新创业能力关系的调节作用。

由表 6-14 中的结果可见，课程及教学支持与课堂学习投入的交互项显著($P<0.01$)，且交互项正向预测创新创业能力。这说明课堂学习投入的调节效应存在。由表 6-14 中结果可见，课程及教学支持与课外自学投入的交互项不显著($P=0.510$)。这说明课外自学投入的调节效应不存在。这可能是由于当前大学生的课外自学投入较少，课外自学不是受内在动机驱使的，而是学生为取得好成绩或者完成任务的简单投入，这种非自主学习的投入难以调节课程及教学支持对创新创业能力的促进作用。

表 6-14　调节效应检验

变量	非标准化系数	标准误	P
控制变量	—	—	—
课程及教学支持	0.049	0.006	＜0.001
课堂学习投入	0.041	0.006	＜0.001
课外自学投入	−0.025	0.006	＜0.001
课程及教学支持＊课堂学习投入	0.020	0.007	0.004
课程及教学支持＊课外自学投入	−0.005	0.008	0.510
常数	1.237	0.037	＜0.001
R^2	0.631		

续表

变量	非标准化系数	标准误	P
P	<0.001		
F 值	1395.739		

注:模型中加入表6-4中除"课堂学习投入""课外自学投入"以外的自变量作为控制变量,但不再一一列出。

为进一步揭示课堂学习投入这个调节变量的作用机制,再进行简单斜率检验。按照平均数上下一个标准差的标准将课堂学习投入进行分组,平均数加1个标准差($M+1SD$)为高课堂学习投入组,平均数减1个标准差($M-1SD$)为低课堂学习投入组,并根据回归方程分别取课程及教学支持和课堂学习投入平均值上下一个标准差的值绘制简单效应分析图(图6-3)。由图可知,课堂学习投入水平较低($M-1SD$)的被试,课程及教学支持对创新创业能力具有显著的正向预测作用,simple slope$=0.033$,$t=4.172$,$P<0.001$;而对于课堂学习投入水平较高($M+1SD$)的被试,课程及教学支持也会对创新创业能力产生正向预测作用,而且其预测作用较大,simple slope$=0.064$,$t=7.381$,$P<0.001$,表明随着大学生课堂学习投入水平的提高,课程及教学支持对创新创业能力的正向预测作用呈逐渐增强趋势。概言之:当课堂学习投入较高时,课程及教学支持对创新创业能力的促进作用较强;当课堂学习投入较低时,课程及教学支持对创新创业能力的促进作用较弱。这就证明学生课堂学习投入对课程及教学支持与创新创业能力关系的正向调节作用,当学生课堂学习投入越多时,课程及教学支持发挥的作用越强。

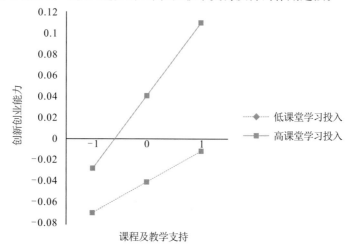

图6-3 课堂学习投入在课程及教学支持与创新创业能力之间关系的调节作用

整体而言,研究假设 6 基本得到了验证。课堂学习投入可以增强课程及教学支持对大学生创新创业能力的促进作用,课外自学投入难以增强课程及教学支持对大学生创新创业能力的促进作用。

三、课程及教学支持间接促进大学生创新创业能力

本书假设 7 认为课程及教学支持可以间接促进大学生创新创业能力。模型的估计参数中所有误差的方差都大于 0,标准化系数都小于 1,说明模型界定不存在问题。根据 MI 值对模型进行修订,从表 6-15 可以看出模型的拟合状况良好。

表 6-15　主要拟合指标

指标名称	χ^2	df	χ^2/df	NFI	IFI	TLI	CFI	GFI	AGFI	RMSEA
指标值	7157.29	145	49.36	0.937	0.938	0.927	0.938	0.924	0.901	0.070
标准	—	—	<5	>0.9	>0.9	>0.9	>0.9	>0.9	>0.9	<0.1

结构方程的模型图及标准化回归系数见图 6-4。图中所有路径的 $P<0.001$,即所有路径达到了显著性水平。由模型图可见,课程及教学支持影响创新创业能力有两条路径:(1)课程及教学支持→创新创业能力;(2)课程及教学支持→学生个体投入→创新创业能力。这两条路径都是显著的,且都为正向影响。这就意味着假设 7 成立。

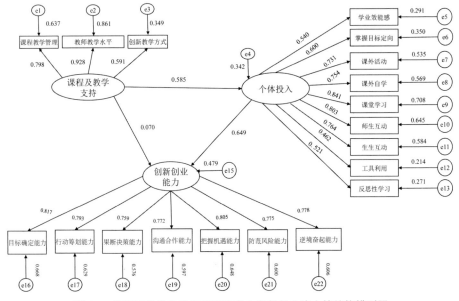

图 6-4　课程及教学支持间接影响学生创新创业能力的结构模型图

为更清晰地查看个变量之间的作用效果,将各路径的效应量整理成表 6-16。从表中可以看出课程及教学支持→创新创业能力的直接效应量为 0.070,占总效应的 15.49%,课程及教学支持→学生个体投入→创新创业能力的间接效应量为 0.380,占总效应的 84.51%。这就意味着课程及教学支持对学生创新创业能力发挥作用,主要是通过影响学生个体投入,也就是促进了学生的主动性,进而再间接影响学生创新创业能力。假设 7 得到验证,初步证明了本书对大学生创新创业能力影响因素圈层理论模型的初步猜想。

表 6-16　课程及教学支持作用模型的路径效应量

编号	影响路径	效应量	占比/%
1	课程及教学支持→创新创业能力	0.070	15.49
2	课程及教学支持→学生个体投入→创新创业能力	$0.585 * 0.649 = 0.380$	84.51

本节主要探讨了课程及教学支持对创新创业能力的直接影响、间接影响,及师生互动对课程及教学支持与创新创业能力关系的调节作用,主要发现:(1)回归分析表明课程教学管理、教师教学水平、创新教学方式均对创新创业能力有显著的正向影响,故验证了假设 5,即课程及教学支持可以直接促进大学生创新创业能力发展;(2)调节效应模型表明学生的课堂学习投入可以正向调节课程及教学支持与创新创业能力的关系,学生的课外自学投入不可以调节课程及教学支持与创新创业能力的关系,基本验证了假设 6,即学生课程学习投入在课程及教学支持与创新创业能力关系中的正向调节作用;(3)结构方程模型的潜变量路径分析表明,课程及教学支持影响大学生创新创业能力有两条路径,一是"课程及教学支持→创新创业能力"(效应量占比 15.49%),二是"课程及教学支持→学生个体投入→创新创业能力"(效应量占比 84.51%),故验证了假设 7,即课程及教学支持可以间接促进大学生创新创业能力发展。整体而言,课程及教学支持是影响学生能力发展的院校层面的重要因素之一,课程及教学支持主要是间接促进大学生创新创业能力发展,初步证明了大学生创新创业能力影响因素圈层理论模型的部分猜想。

第四节　环境支持对创新创业能力的影响

一、环境支持直接促进大学生创新创业能力

(一)大学生感知环境支持的描述性分析

对 9803 份有效数据进行统计,分析总体大学生感知的资源环境、制度环境情况,具体结果见表 6-17。由结果可见,资源环境、制度环境均值分别为 3.886 和 3.820,都大于理论中值"3"。资源环境、制度环境变量的偏度都小于零,意味着大部分数据在均值的右侧,但这些偏度也是可以接受的,说明没有过分的左偏或右偏形态。峰度系数都大于零,说明相比标准正态分布而言,测量结果分布更为陡峭。这说明我国大学生感知的环境支持总体处于中上等水平,环境给予大学生的发展支持是比较良好的。

表 6-17　大学生感知环境支持的总体性描述

变量	均值	标准差	偏度	偏度标准误	峰度	峰度标准误
资源环境	3.886	0.641	−0.796	0.025	2.079	0.049
制度环境	3.820	0.892	−0.748	0.025	0.415	0.049

(二)加入环境支持的多元回归分析

由表 6-18 的相关分析可知,变量两两间的相关性均达到显著统计水平。"资源环境""制度环境"分别与"创新创业能力"显著性正相关,这在一定程度上验证了假设 8。故此,本书可以进一步采用多元线性回归分析验证假设。

表 6-18　环境支持与创新创业能力的相关性

变量	资源环境	制度环境	创新创业能力
资源环境	1		
制度环境	0.755**	1	
创新创业能力	0.393**	0.386**	1

注:**在0.01水平(双侧)上显著相关。

采用多元线性回归分析进一步检验研究假设 8。分层回归分析的控制变量、自变量、因变量分别如下：

（1）控制变量：前文所述的所有控制变量（见模型 1），不再赘述。

（2）自变量：资源环境、制度环境。

（3）因变量：创新创业能力。

模型 8 和模型 9 的回归分析结果见表 6-19。由回归结果可见，不加入控制变量的模型 8 的 R^2 为 0.173，环境支持的两个变量有效解释了 17.3％的大学生创新创业能力的变异。加入控制变量的模型 9 的 R^2 为 0.237，控制变量和环境变量共有效解释了 23.7％的大学生创新创业能力的变异，且显著性水平为 $P<0.001$。从表 6-19 看，在控制了学校层次、性别等控制变量后，资源环境（$P<0.001$）、制度环境（$P<0.001$）对创新创业能力均有显著正向影响，验证了假设 8。

表 6-19　大学生创新创业能力影响的回归分析（模型 8 及模型 9）

变量		模型 8		模型 9	
		标准化系数	标准误	标准化系数	标准误
学校所在地区（参照：中部）	东部			−0.011	0.010
	西部			−0.003	0.011
学校层次（参照：专科）	本科			−0.051***	0.012
家庭来源（参照：乡村）	城镇			0.009	0.010
家庭创业经历（参照：无）	有			0.066***	0.009
父母文化水平	父亲			0.03*	0.008
	母亲			0.028*	0.008
性别（参照：女）	男			0.118***	0.009
年级（参照：大一）	大二			−0.01	0.010
	大两			−0.013	0.011
	大四			0.025*	0.015
学科（参照：人文社科）	理工农医			0.001	0.009
学生身份（参照：非学生干部）	学生干部			0.082***	0.008
生活费来源（参照：父母）	非父母			0.015	0.011

续表

变量		模型 8		模型 9	
		标准化系数	标准误	标准化系数	标准误
学业成绩(参照:差)	好			0.214^{***}	0.018
	中上			0.142^{***}	0.018
	中下			0.064^{***}	0.019
发展意向(参照:暂无)	升学			0.146^{***}	0.018
	就业			0.121^{***}	0.019
	创业			0.167^{***}	0.023
环境支持	资源环境	0.236^{***}	0.010	0.220^{***}	0.009
	制度环境	0.208^{***}	0.010	0.208^{***}	0.009
常数		—	0.027	—	0.038
R^2		0.173		0.237	
ΔR^2		0.173		0.235	
P		<0.001		<0.001	
标准误		0.426		0.410	
F 值		1023.594		144.734	

注:(1)括号内为参照组;(2) * 表示 $P<0.05$; * * 表示 $P<0.01$; * * * 表示 $P<0.001$。

比较模型 9 中两种环境支持的标准化回归系数可知,对大学生创新创业能力起促进作用的变量影响大小为:资源环境($\beta=0.220$)＞制度环境($\beta=0.208$)。但资源环境与制度环境的系数相差不大,意味着两者对大学生创新创业能力的影响差别不大。

二、环境支持与创新创业能力的关系受到学生学习动机的调节

本书的主要假设 9 认为环境支持与创新创业能力的关系受到学生学习动机的调节,但环境支持对创新创业能力的关系是受到内在动机的调节,而不是受到外在动机调节。为验证假设 9,即学习动机调节环境支持与创新创业能力的关系,利用"掌握目标定向""成绩目标定向"作为调节变量,进一步探究学习动机对环境支持与创新创业能力关系的调节作用。

由表 6-20 可见,环境支持与掌握目标定向的交互项显著($P=0.001$),且交互项正向预测创新创业能力。这说明掌握目标定向的调节效应存在。从表 6-20 可

以看出,环境支持与成绩目标定向的交互项不显著($P=0.092$),说明成绩目标定向的调节效应不存在。成绩目标定向是一种外在动机,难以促使学生充分利用学校提供的资源及制度支持以发展学生自己的创新创业能力。

表 6-20　调节效应检验

变量	非标准化系数	标准误	P
控制变量	—	—	—
环境支持	0.042	0.005	<0.001
掌握目标定向	0.176	0.007	<0.001
成绩目标定向	0.004	0.004	0.290
环境支持 * 掌握目标定向	0.020	0.005	0.001
环境支持 * 成绩目标定向	-0.008	0.005	0.092
常数	1.814	0.032	<0.001
R^2	0.632		
P	<0.001		
F 值	1290.504		

注:模型中加入表 6-4 中除"掌握目标定向""成绩目标定向"以外的自变量作为控制变量,但不再一一列出。

　　为进一步揭示掌握目标定向这个调节变量的作用机制,再进行简单斜率检验。按照平均数上下一个标准差的标准将掌握目标定向进行分组,平均数加 1 个标准差($M+1SD$)为高掌握目标定向组,平均数减 1 个标准差($M-1SD$)为低掌握目标定向组,并根据回归方程分别取环境支持和掌握目标定向平均值上下一个标准差的值绘制简单效应分析图(图 6-5)。由图可知,掌握目标定向水平较低($M-1SD$)的被试,环境支持对创新创业能力具有显著的正向预测作用,simple slope$=0.029$,$t=5.036$,$P<0.001$;而对于掌握目标定向水平较高($M+1SD$)的被试,环境支持虽然也会对创新创业能力产生正向预测作用,但其预测作用较大,simple slope$=0.055$,$t=8.494$,$P<0.001$,表明随着大学生掌握目标定向水平的提高,环境支持对创新创业能力的正向预测作用呈逐渐增强趋势。概言之:当掌握目标定向较高时,环境支持对创新创业能力的促进作用较强;当掌握目标定向较低时,环境支持对创新创业能力的促进作用较低。这就验证了假设 9,说明内在学习动机可以调节环境支持与创新创业能力的关系,内在学习动机可以增强环境支持对学生创新创业能力的促进作用。

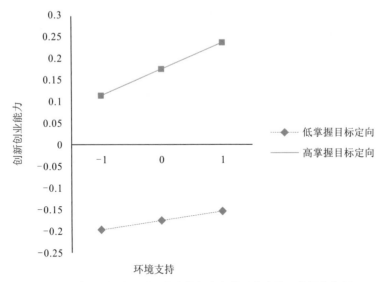

图 6-5　掌握目标定向对环境支持与创新创业能力关系的调节作用

整体而言,假设 9 基本得到验证。内在学习动机可以增强环境支持对大学生创新创业能力的促进作用,外在学习动机难以增强环境支持对大学生创新创业能力的促进作用。

三、环境支持间接促进大学生创新创业能力

本书假设 10 认为环境支持可以间接促进大学生创新创业能力。构建结构方程模型图进行参数估计,结果显示,模型的估计参数中所有误差的方差都大于 0,标准化系数都小于 1,说明模型界定不存在问题。根据 MI 值对模型进行修订,修订后的模型的拟合指标见表 6-21,从中可以看出模型的拟合状况良好。

表 6-21　主要拟合指标

指标名称	χ^2	df	χ^2/df	NFI	IFI	TLI	CFI	GFI	AGFI	RMSEA
指标值	6435.22	127	50.67	0.939	0.940	0.928	0.940	0.928	0.903	0.071
标准	—	—	<5	>0.9	>0.9	>0.9	>0.9	>0.9	>0.9	<0.1

结构方程的模型图及标准化回归系数见图 6-6。图中所有路径的 $P<0.001$,即所有路径达到了显著性水平。从模型图中可以看出,环境支持影响创新创业能力有两条路径:(1)环境支持→创新创业能力;(2)环境支持→学生个体投入→创新创业能力。这两条路径都是显著的,且都为正向影响。这就意味着假设 10 成立。

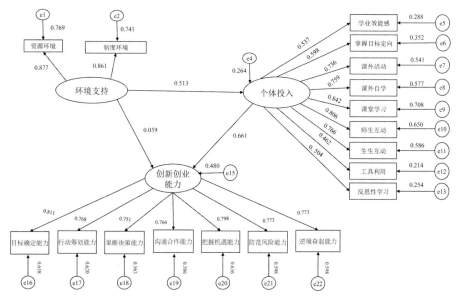

图 6-6　环境支持间接影响学生创新创业能力的结构模型图

为更清晰地查看各变量之间的作用效果,将各路径的效应量整理成表 6-22。从表中可以看出环境支持→创新创业能力的直接效应量为 0.059,占总效应的 14.82%,环境支持→学生个体投入→创新创业能力的间接效应量为 0.339,占总效应的 85.18%。这就意味着环境支持对学生创新创业能力发挥作用,主要是通过影响学生个体投入,也就是促进了学生的主动性,进而再间接影响学生创新创业能力。假设 10 得到验证,初步证明了本书对大学生创新创业能力影响因素圈层理论模型的初步猜想。

表 6-22　环境支持作用模型的路径效应量

编号	影响路径	效应量	占比/%
1	环境支持→创新创业能力	0.059	14.82
2	环境支持→学生个体投入→创新创业能力	0.513 * 0.661＝0.339	85.18

本节主要探讨了环境支持对创新创业能力的直接影响、间接影响,两种目标定向对环境支持与创新创业能力关系的调节作用,主要发现:(1)回归分析表明资源环境、制度环境均对创新创业能力有显著的正向影响,故验证了假设 8,即环境支持可以直接促进大学生创新创业能力发展;(2)调节效应模型表明学生的掌握目标定向可以正向调节环境支持与创新创业能力的关系,学生的成绩目标定向不可

以调节环境支持与创新创业能力的关系,基本验证了假设9,即学生内在动机在课程及教学支持与创新创业能力关系中的正向调节作用;(3)结构方程模型的潜变量路径分析表明,环境支持影响大学生创新创业能力有两条路径,一是"环境支持→创新创业能力"(效应量占比14.82%),二是"环境支持→学生个体投入→创新创业能力"(效应量占比85.18%),故验证了假设10,即环境支持可以间接促进大学生创新创业能力发展。整体而言,环境支持是影响学生能力发展的院校层面的重要因素之一,环境支持主要是间接促进大学生创新创业能力发展,初步证明了大学生创新创业能力影响因素圈层理论模型的部分猜想。

第五节 "个体—院校"因素对创新创业能力的影响

在第二、三及四节中已经验证了本书的假设4、7和10。说明教师、课程及教学、环境都可以间接促进大学生创新创业能力。这三种影响因素都是促进学生创新创业能力的外在条件,这些条件主要是通过影响大学生的学习主动性,进而影响学生创新创业能力。本研究提出的大学生创新创业能力影响因素圈层理论模型认为:(1)环境支持、课程及教学支持、教师支持都是院校为学生创新创业能力发展提供的重要条件支持,都是学生个体发展的外在环境;(2)教师应该是影响学生创新创业能力最重要的院校支持,课程及教学对能力的影响作用次之,环境对能力的影响作用更次之;(3)教师是课程教学、环境发挥作用的载体,课程教学、环境可以通过影响教师,进而影响学生;(4)学生主动性是影响大学生创新创业能力的最根本因素。为了进一步验证圈层理论模型,构建影响因素作用机制图(图6-7),图中共有9条重要的路径关系。

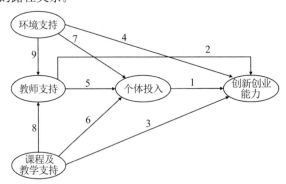

图6-7 院校支持影响大学生创新创业能力作用机制

利用 AMOS 22.0，运用结构方程模型的潜变量路径分析技术，根据图 6-7 构建结构方程模型图(图 6-8)，之后将数据代入模型图，利用最大似然法进行参数估计。结果显示，模型的估计参数中所有误差的方差都大于 0，标准化系数都小于 1，说明模型界定不存在问题。

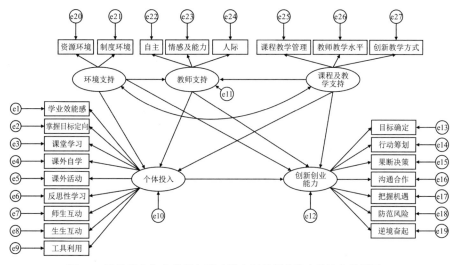

图 6-8　院校投入与个体投入影响学生创新创业能力的结构模型图一

结构方程的模型图 6-8 经过计算后，9 条主要路径的显著性情况见表 6-23。表中结果显示路径 3、4 未达到显著性水平，即"课程及教学支持→创新创业能力"和"环境支持→创新创业能力"两条路径不成立。这意味着课程及教学支持、环境支持难以直接影响创新创业能力，课程及教学支持、环境支持更多是通过教师或学生个体进而影响学生创新创业能力。

表 6-23　影响路径的显著性检验结果

编号	路径	显著性	模型修改
1	个体投入→创新创业能力	$P < 0.001$	保留
2	教师支持→创新创业能力	$P < 0.001$	保留
3	课程及教学支持→创新创业能力	$P = 0.254$	删除
4	环境支持→创新创业能力	$P = 0.513$	删除
5	教师支持→学生个体投入	$P < 0.001$	保留
6	课程及教学支持→学生个体投入	$P < 0.001$	保留
7	环境支持→学生个体投入	$P < 0.001$	保留
8	课程及教学支持→教师支持	$P < 0.001$	保留
9	环境支持→教师支持	$P < 0.001$	保留

由于路径3、4不显著,说明这两条路径不成立。故将路径3、4删除,重新构建结构方程模型图,利用最大似然法进行参数估计。结果显示,模型的估计参数中所有误差的方差都大于0,标准化系数都小于1,说明模型界定不存在问题。根据 MI 值对模型进行修订,修订后的模型的拟合指标见表6-24,从中可以看出模型的拟合状况良好。

表 6-24　主要拟合指标

指标名称	χ^2	df	χ^2/df	NFI	IFI	TLI	CFI	GFI	AGFI	RMSEA
指标值	5812.69	229	25.38	0.962	0.954	0.956	0.964	0.951	0.936	0.050
标准	—	—	<5	>0.9	>0.9	>0.9	>0.9	>0.9	>0.9	<0.1

删除表6-23中不显著的路径3、4,构建的结构方程模型图及标准化回归系数见图6-9。图中所有路径的 $P<0.001$,即所有路径达到了显著性水平。说明这些路径都是存在的,但这些路径的效应量不尽相同。

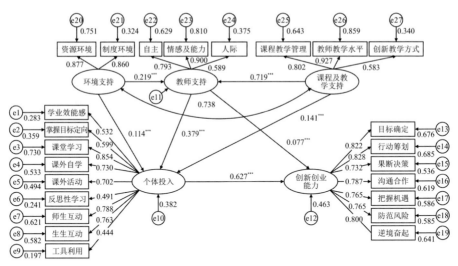

图 6-9　院校投入与个体投入影响学生创新创业能力的结构模型图二

为便于查看,修正的残差关系不再呈现;图中只标注了最主要路径的显著性,其余均显著但不再一一标出。

为便于进一步分析不同影响因素的作用机制,将图6-9各个路径的标准化回归系数进行整理,整理出所有影响创新创业能力的路径共9条,所有路径及效应量见表6-25。由结果得知:

(1)课程及教学、环境都不能直接影响大学创新创业能力,教师能够直接影响大学生创新创业能力但影响效应量只占 5.51%(路径 2),说明教师、课程及教学、环境都难以直接影响大学创新创业能力。

(2)路径 3、4、5 说明教师、课程及教学、环境主要是通过影响学生个体投入进而影响学生创新创业能力,路径 3、4、5 的效应量分别为 17.01%、6.33%、5.12%,说明教师支持、课程及教学支持、环境支持间接促进创新创业能力的作用依次减小。

(3)路径 6、7、8、9 验证了课程及教学、环境的间接影响作用。路径 6、7 说明课程及教学、环境可以通过影响教师进而影响学生创新创业能力,但路径 6、7 的效应量都较小,分别为 3.96%、1.21%。路径 8、9 说明课程及教学、环境可以通过影响教师再促进学生个体投入,进而影响学生创新创业能力,路径 8、9 的效应量分别为12.23%、3.73%。路径 8 的效应量较为明显,说明课程及教学通过教师和学生个体进而对学生创新创业能力影响较大。

(4)教师、课程及教学、环境对学生个体投入的标准化回归系数依次为 0.379、0.141 和 0.114,说明三者对学生个体投入的促进作用依次减小。

(5)个体投入直接对创新创业能力的影响效应量占 44.89%(路径 1),说明个体投入是影响大学生创新创业能力的最重要的因素。

(6)包含"学生个体投入"的路径 1、3、4、5、8、9,对创新创业能力的影响效应量共占 89.31%;路径 2、6、7 不经过"学生个体投入",对创新创业能力的影响效应量共占 10.69%。

表 6-25　影响学生创新创业能力的路径效应量

编号	路径	效应量	占比/%
①	个体投入→创新创业能力	0.627	44.89
②	教师支持→创新创业能力	0.077	5.51
③	教师支持→个体投入→创新创业能力	0.379 * 0.627＝0.238	17.01
④	课程及教学支持→个体投入→创新创业能力	0.141 * 0.627＝0.088	6.33
⑤	环境支持→个体投入→创新创业能力	0.114 * 0.627＝0.071	5.12
⑥	课程及教学支持→教师支持→创新创业能力	0.719 * 0.077＝0.055	3.96
⑦	环境支持→教师支持→创新创业能力	0.219 * 0.077＝0.017	1.21

续表

编号	路径	效应量	占比/%
⑧	课程及教学支持→教师支持→个体投入→创新创业能力	$0.719 * 0.379 * 0.627 = 0.171$	12.23
⑨	环境支持→教师支持→个体投入→创新创业能力	$0.219 * 0.379 * 0.627 = 0.052$	3.73

整体而言,学生个体投入是影响大学生创新创业能力的内在因素(根本因素);教师、课程及教学、环境是院校层面重要的外在环境条件,三者主要是通过影响学生的学习投入,进而影响学生的创新创业能力;教师、课程及教学、环境对创新创业能力的影响作用依次减弱;教师可以作为课程及教学、环境发挥作用的桥梁。综上所述,基本上证明了大学生创新创业能力影响因素圈层理论模型。这就意味着,高校在设计创新创业教育活动,为学生发展提供课程、制度、资源等支撑性要素时,应首先考虑这些要素能否增加学生的学习投入。当院校提供的要素能够促进学生学习投入时,这些要素才能够促进学生新创业能力发展。其次,院校应重点提高学生的学业效能感、内在学习动机、反思性学习,因为这些学习投入对创新创业能力发展有至关重要的作用。最后,高校应高度重视如何提高广大教师在创新创业教育中的投入,促使教师为学生提供更多的自主支持、人际支持、情感及能力支持,从而发挥教师促进者的作用。本书提出的大学生创新创业能力影响因素圈层理论模型,在量化研究中已经得到了验证,之后本书将利用质性数据进一步阐释各项影响因素的作用机理,同时挖掘各项影响因素的表现及存在的问题。

第七章

大学生创新创业能力影响因素的质性分析

高度概括化的量化研究难以充分指导大学生发展的个体化需求。所以本书期望能够在量化基础上,利用质性资料分析大学生如何看待创新创业能力影响因素,进一步挖掘创新创业教育中存在的具体问题,丰富影响因素的作用机理,试图描绘出一幅大学生创新创业能力影响因素的全景图,为深入推进创新创业教育寻找最佳路径。

第一节　学生对个体投入的看法:为己之学

一、自主学习的关键原因

(一)内在学习动机

通过对质性资料的分析发现,自主学习的学生通常具有强烈的学习动机,尤其是内在学习动机。具有内在学习动机的学生有明确的学习目标,且其目标多是为了锻炼自己,为了获得能力的成长,他们能够以积极的态度对待学习,会在课堂学习、课外学习等方面投入大量的精力,且能够持续地投入。

> 刚进入大学,我就给自己定下了一些目标,比如"抓住每一次上台讲演的机会"。我之前是个不太敢在太多人面前表达自己看法的人,但是我就想着一定要提高自己的表达能力、逻辑思维能力等,所以在进入大学,每当有这样的机会摆在我面前,我都会把自己往前推,努力去争取,也成了别人眼中充满

自信的一个人。（2020 年夏令营营员　问卷 31　四川农业大学　国际经济与贸易专业）

具有内在学习动机的学生愿意争取具有挑战性的任务，因为他们认为这些既是挑战也是让自己获得成长的机会，即他们认为能力能够随着投入增加而增长。

在做学生会干部的时候，就想去争取一下学生会主席，我觉得这个对我来说是一种非常锻炼人的一个岗位，这样就可以锻炼各方面能力。（宁波财经学院　大四创业者　HZH）

这类学生往往也会制订较为完善的学习计划，并努力执行计划以完成挑战，从而实现学习目标。

大学期间我感到最有意义的学习经历是制订一个有挑战的短期学习计划并完成它。曾经因为要准备一个课程汇报，我希望能够尽量准备充分，给自己定下目标要在 1 周内读完 5 本相关的专业书籍，然后对该领域有一个相对全面的了解之后再进行汇报，最后我真的在上课之外完成了这个计划，汇报也非常成功。平时也会在每一周给自己预定一些课外的学习任务并且去努力完成这些任务，生活会很有计划很有动力，成功完成后自我效能感会增强，进而增强我的生活幸福感。（2020 年夏令营营员　问卷 20　西南交通大学　应用心理学）

同时，他们往往会非常主动，在学习中遇到困难的时候，也不会轻易放弃，而是会采取策略如主动寻求帮助等进一步探索难题。

我会主动去找老师，因为你说一门课肯定有很多不懂的。那些不懂的知识肯定得自己多看，然后自己去查资料琢磨什么的。（宁波工程学院　大三班干部　NS）

他们很多也是基于自身的兴趣，也就是从兴趣出发，主动投入并在获得成长时感到满足、开心等，即使遇到困难也能够坚持。

> 我觉得生物学的这个比较有意思,感觉自己找到了一个自己有兴趣的,我就会一直做下去,愉快地折磨自己。(厦门大学　博二学生　CH)

他们不需要依靠外部的奖励或惩罚等诱因,而是这一活动自身就能够带来很强的成就感、满足感。尤其是当目标达成时,强烈的成就感也会激励他们继续开展新的尝试。

> 我觉得钱的诱惑没有救活病人的这种诱惑大,这种存在感、价值感的存在,让我开始热爱这个行业。所以我就想把病人照顾好,这都是要不断学习的,也要用这种心态对待工作,念念不忘必有回响,要不断想着这些问题,心里要有钩子,勾着病人的需求。在研发这些过程中就需要扩宽需求面、视野、跨专业,只有跨学科才能解决我们护理中的问题。(华中科技大学　护士长兼教师　JY)

在访谈教师的时候,教师也普遍认为学生的内在动机是学生投入及发展的前提,只有学生具有内部动机,教师才能够引导学生在学业中投入更多,并获得较大的发展。教师认为具有内部动机的学生能够成为连续学习者。

> 创新创业能力高的学生的典型表现有三点:一是愿意接受新知识、有强烈的好奇心;二是有强烈的把想法转变为实践的欲望;三是自主学习、主动学习、主动思考的欲望强烈。如果没有这些东西的话,老师再怎么引导也没什么效果。(宜春学院　创业学院院长　CP)

(二)外在学习动机

外在学习动机虽然也能够促进学生的学习投入,但其作用有限。因为外在学习动机的目标不是为了获得能力增长,而是为了获得较好的成绩,更容易受到外部的奖励或惩罚等诱因的控制。如有些学生为了考试及格、考证、保研等,都会在学习中投入时间和精力,但其学习投入有限,且难以持久。

> 我既然选择走创新创业这条路,肯定是对我的学业成绩也是有所影响,所以说我对我大学里面的学业要求的话,基本上是及格万岁,不会投入太多。另外就是要考证,因为这个东西在最初出入职场时还是一些硬通货,所以我

也会花费一些精力。（宁波财经学院　大三创业学生　LCZ）

学生在行动之初具有成绩目标定向,若能够坚持实现外部目标,为实现目标不断投入时间和精力,也能够获得一定的能力增长,甚至更进一步了解自己的潜力。

在大三的时候,我发现保研需要英语四六级,所以我必须过四级和六级。但是我觉得可能达不到,因为我高考的时候英语只有 90 多分,大一和大二的英语我都是勉强通过的,所以我对英语有恐惧感和抗拒感。但是为了能够保研,我仍然咬牙坚持,觉得必须考过四级和六级。之后我天天努力,最后 4 级考了 440 多分。大三第二学期,我就下了狠劲,投入很多时间,还报了一个课,最后六级也高分通过了,我很有成就感。英语对我而言是有挑战性的,通过四六级让我很有成就感,感觉自己很有潜力。（厦门大学　教育学　硕士研究生）

学生的外在学习动机也有可能转化为内在动机,但这种案例毕竟还是少数的。在本书的质性研究中也仅发现了几例。

因为本科那个学校不是自己想要的学校,就比较失落,然后大一也没好好学习就挂科了。后来就觉得也不能一直这样,至少不挂科吧,所以后来就好好学习。在深入学习这个专业后,我也发现了很多有趣的东西,后来就愿意学了。（厦门大学　硕二班干部　YZ）

整体而言,外在动机即成绩目标定向可能对学生能力成长有一定作用,但其作用应该是极其有限的。从本研究第六章的表 6-20 的结果也可以看出,成绩目标定向对大学生创新创业能力的影响作用不显著。所以如何激发大学生的内在学习动机,应是我们大学教育重点关注的问题。

(三)学业自我效能感

通过质性资料发现,学业自我效能感能够影响学生对自身能力的判断,且能够影响学生的学习行为投入从而影响学生的能力发展。学生具有学业自我效能感时,学生会认为自己有力解决学习中的难题,而且在面临挑战性学习任务时,愿意接受挑战并愿意投入更多的时间、精力等。

我当时一直以为我是身体素质超级差的那种人,然后跟室友锻炼了一年之后,身体素质居然上来了,然后心里有点莫名的小自信,就想着去部队锻炼一下自己,挑战一下自己。(宁波财经学院　大二学生　LYL)

学生的学业投入、挑战性任务、学业自我效能感是良性循环的过程。即学生愿意接受挑战性任务后则会不断投入,当获得一定成功后,会进一步提高学生的学业自我效能感,从而进一步促进其接受更多挑战,同时使其获得能力、素质的增长,如合作能力、时间管理能力等。

在刚步入大学时因为获得了省级英语演讲比赛的奖项,并在第一学年取得了年级第一的成绩,让我对自己更有信心,也更愿意去接受更多的挑战,并在挑战中成长。我成长最多的是组织协调能力、时间管理能力以及上进心。(2020 年夏令营营员　问卷 173　福建医科大学　临床医学专业)

具有较高学业自我效能感的学生,也愿意探索新的学习方法,使自己能够获得更好的学业成绩和成长。

我在大学每个学期都在尝试新的学习方法,使自己的学习方法与医学更贴合,然后不断成长。(2020 年夏令营营员　问卷 174　山西医科大学　临床医学专业)

综上所述,学生能够自主学习的关键原因是学生有正确的学业认知,即具有强烈的内在学习动机,同时具有较高的学业自我效能感。也就是说,自主学习的学生有强烈的学习欲望,并相信自己有学习能力。这类学生愿意在学业中投入更多的精力,能够不断接受新的挑战,并克服各种困难,以获得自身能力的发展。

二、最有意义的学习经历

有意义的学习经历使学习者产生进一步学习或思考的渴望,并且怀抱理想,从而有兴趣进行更深入的学习。[①] "有意义的学习经历"是对"有意义学习"在量上

---

① 常艳芳.让学生获得有意义的学习经历:现代大学教育的承诺[J].江苏高教,2019(1):33-40.

的突破，以及质的飞跃。[①] 探索大学生有意义的学习经历，可以晰清影响大学生创新创业能力成长的关键活动，为设计创新创业教育活动，深入推进创新创业教育提供参考意见。分析大学生对"在大学期间你感到最有意义的学习经历是什么？"题目的回答，整理得出最有意义的学习经历基本上分为四大类，分别如下。

（一）项目学习

不少学生在回答有意义学习经历时，都谈及自己参加创新创业训练计划、创新创业竞赛、学科竞赛等学习经历。这类学习活动基本上都是以小组形式进行，围绕某个学习项目，让学生在做中学，充分发挥自主性，促进学生理论联系实践，从而获得能力增长。

一方面，项目学习是以任务为导向、以问题为中心的学习方式，能够激发学生的学习热情，从而促进学生投入更多的精力，以解决任务中遇到的各种问题。如有学生在参加竞赛的过程中，就需要不断学习新的知识、技能等，以解决实际过程中遇到的难题。

> 我认为最有意义的一次学习经历是在数学建模竞赛中，用三天的时间完成一次题目的从头到尾的学习，包括图论、蒙特卡洛仿真、贪心算法等，任务驱动型的学习是我最喜欢也最向往的。（2020 年夏令营营员　问卷 191　重庆邮电大学　数字媒体技术专业）

解决实际问题的过程就是学生做中学的过程，能够让学生理论联系实践，从而深化对理论知识的理解，并提高实践应用能力。

> 最有意义的学习经历是做大创（大学生创新创业训练计划）。平时的学习中还是理论学习为主，实践较少，通过这次大创的实地考察，再加上后期的分析等，对学科的相关知识有了更加深入的了解，收获很大。（2020 年夏令营营员　问卷 2）

另一方面，项目学习往往以小组形式存在，组员们必须相互合作，共同克服困

---

① 宋善炎,丁向阳."有意义学习"与"有意义的学习经历"[J].教育科学研究,2010(3):63-65,69.

难,如此可以培养学生的合作能力、专业技能等。

最有意义的学习经历是参加互联网＋创新创业大赛。和同学一起花了半年的时间去打磨一个项目,一起熬夜,想各种点子,去比赛。真的很有意义。在这个过程中,对营销和运营更熟悉,也学了很多管理学和会计学的知识。(2020年夏令营营员　问卷237　中山大学　传播学专业)

尤其是在小组中担任领导者的学生,需要不断协调工作、与他人沟通等,提高了学生的领导能力、决策能力等。

就个人而言,最有意义的学习经历应该是带队做大创(大学生创新创业训练计划)。我自己平时不是很喜欢做 leader,但因为种种原因,这次做了队长。因为以往都是做队员比较多,较为依赖队长的安排,基本上完成了自己分配到的任务之后就不管了。而近一年的项目下来,作为队长,确实感觉自己成长了很多,团队合作能力和组织协调能力都有了很大的提高,也算是锻炼了自己。(2020年夏令营营员　问卷2)

(二)实践学习

实践学习是学生体验式学习的一种。当课堂教学采用理论结合实践的方式时,便于学生更快掌握,同时能够加深学生的学习印象。

最有意义的学习经历是在上针刀课的过程中,老师言传身教,风趣幽默,帮我们看片子、讲片子,以至于全班都去拍了颈腰椎 X 片。每个针刀手法老师都会在同学们身上真的画、去做,所以学习起来印象就特别深刻。(2021年夏令营营员　问卷54　湖北中医药大学　针灸推拿专业)

课堂教学中采用的汇报展示、模拟教学等实践教学形式,能够激发学生的学习兴趣,让学生自主学习和探索以发展多方面能力。学生在完成学习任务时需要大量投入,但学生乐在其中,因为他们相信在探索过程中可以提高自己的能力。

最有意义的学习经历是在进行戏剧影视文学创作课程学习时,老师要求

我们到大街上，到公共场所去收集人们有趣的对话，借此提高我们创作水平。感觉形式新颖，收获颇丰。（2020年夏令营营员　问卷128　兰州大学　戏剧影视文学专业）

专业性的实践实习活动对学生的成长也有较为显著的作用。实习实践可以让学生理论联系实际，巩固了学生的理论知识，也提高了学生的动手实践能力。

我认为在我大学期间最有意义的一次学习经历就是学院组织的野外实习。2019年暑假，我们一个专业的学生一起去安徽安庆的鹞落坪自然保护区进行野外调查，以小组形式跟随老师在野外采集植物，昆虫（非珍惜）制作标本，在这个过程中，将理论知识结合实践过程，更加深了我们对于课本知识的理解以及提高了团队协作的意识，同时也给了我们一个亲近自然的机会。（2020年夏令营营员　问卷285　安徽农业大学　生物科学专业）

同时，实践实习中往往采用小组合作的形式，促进了同伴间相互学习，增进了同伴情谊等，同时也培养了学生的团队合作能力、沟通能力等。

我觉得最有意义的学习经历是2019年7月到闽东周宁县的考察。从广州到宁德，将近七八个小时的高铁车程，第一次离家这么远。我作为队长组织15名队员在周宁博物馆开展将近六天的文书整理和拍摄工作，抢救了将近五千件珍贵的民间文书。又带领队员在户外进行实地考察。这几天下来，从文书拍摄任务的规划，到后期的汇总整合以及修改使我能力提高颇多，在户外的考察中，学会怎么跟老乡打交道，尤其是在语言不通的情况下，如何做到有效沟通和取得别人的信任这些方面都对我有很大的启发。（2020年夏令营营员　问卷131　暨南大学　历史学专业）

（三）反思学习

反思是学生不断地与自己对话的过程，在这一过程中学生重新审视自身与外界环境的关系，从而不断发现自我、认知自我。学生的反思不是凭空产生的，而是在与外界环境互动的过程中，与自我展开对话，不断评判及审视自我，从而努力改变自我，甚至为人生转向做出重大的贡献。

大学期间最有意义的经历是转专业的经历，从原来的专业转向经济学院是有很大压力和阻力的，面临的困难也很多，很多人都告诉我既然取得了这么好的成绩就安逸地待在原来学院就可以一帆风顺的，可是我还是认为应该往更大的舞台去前进。正是由于这段经历，我找到了自己真正感兴趣的方向，也坚定了自己"志不求易者成，事不避难者进"的信仰，所以对我来说这是一个新的开始，也是我人生重要的转折点。(2020 年夏令营营员　问卷 255　福建师范大学　经济学专业)

(四)互动学习

互动学习是学习者与他人通过对话的形式，促进个体自我意识和社会性素质发展的过程。[①] 可以说，学习就是一种互动的过程，个体通过反思、批判等一系列深度加工的策略建构出自己的知识。互动学习不同于间接经验的学习，是强调学生全身心参与其中的直接感受获取过程。在互动中，每个学生也都是独立的、平等的，交往情景都是随时变化的，强调互动的即时性，这也就要求学生必须充分发挥自己的主动性和能动性，甚至是创造性，处理好不同的交往情境。在这个过程中学生需要适应情景变化，且能够独立思考。学生的互动学习越多，其自我反思、自我认知等能力都能够得到显著提高。互动学习的类型主要为与老师互动、与同伴互动。

1. 师生互动

师生互动是学生获得教师人际支持、情感支持、能力支持的前提条件。学生在与老师的交流交往的过程中，普遍认为收获了很多，不仅是在学习上有收获，在生活上也得到了很多支持。学生认为教师是自身发展道路上的引路人。

在本科学习阶段，我遇到了很多让我终身感恩的老师。无论是生活上，还是学习上，他们都能够及时给予指点，让我走出迷潭。所以我觉得有一个有耐心，并且乐于在学习之外也给予指点的老师，会促进我最快地成长。(2020 年夏令营营员　问卷 3)

尤其是当学生与教师有较多的平等互动和深入交流时，学生的沟通能力、反

---

① 陈佑清.交往学习论[J].高等教育研究,2005(2):22-26.

思能力、自我认知等都有较大提高。

　　最有意义的学习经历是读书会。因为师生之间可以进行平等的交流，每个人在接受别人观点的同时可以随时提出自己的疑问，进行思维火花的碰撞。(2020 年夏令营营员　问卷 247　武汉理工大学　思想政治教育专业)

当教师的学识阅历、教学水平、教学投入等较多时，师生互动对学生的能力成长则会有更大的影响。在师生互动过程中，学生可以得到老师针对性的、及时的指导和鼓励，引导学生解决问题。

　　在大学期间，我感到最有意义的学习经历应当是美学和文学概论两门课程上的论文写作。美学和文学概论两门课程都属于需要调动跨学科能力和多重视野的学科，而两门课程的老师是同一个老师，老师具有境外留学、访学的经历，注重训练我们的"反视野"和问题意识。不仅两篇论文的规范和格式按照毕业论文写作的要求进行，而且在这个过程中，老师也给予了耐心的指导，我的论文经历了至少三次的改动，其中一篇还成了我毕业论文选题的灵感来源。(2020 年夏令营营员　问卷 39　福州大学　汉语言文学专业)

学生认为与学长学姐的互动也能够有较多收获。因为一方面学长学姐作为过来人，其经历与学生较为相似，更能够给予学生在成长上以启发。另一方面，学生与学长学姐交流机会较多且较为放松，学长学姐能够从学习、生活等多方面影响学生。可以说，学长学姐也能够充当老师的角色。

　　最有意义的学习经历是在辩论队里面学会了时间安排以及责任心，收到学长学姐的指点，不只是辩论上，还有学习科研、为人等。(2020 年夏令营营员　问卷 267　内蒙古大学　生物科学专业)

尤其是在导师制的项目中，学长学姐甚至就是个小导师，很多时候是由学长学姐对其进行筛选、指导等。

　　我们导师制就是一般先是高一级的学生带着低年级的学生去做，比方说我现在是大四的学生，然后今年我跟着导师在做一个项目，然后我需要一些帮手,就会去找低年级(如大一)的学弟学妹,然后就带着他们一起做,会先让他们了解我和导师在做一些什么东西,看他们感不感兴趣,如果他感兴趣的话,他可以大二的时候选择继续跟我们在一起。(宁波工程学院 大四学生 JJ)

2. 生生互动

生生互动一方面体现在学生在学习方面的互动,如组成学习小组、讨论学习问题等。虽然这些是围绕学习进行的互动,但他们不仅能加深学生对知识的理解,而且也能锻炼学生的沟通能力、合作能力,同时扩展学生的视野,提高学生的批判性思维能力。

小组合作的作业,我作为小组长要有效分配各个组员的任务。同样,对专题的深入探讨,可以与现实紧密结合起来,以及合作模式可以听取更多别人的见解,能够开阔自己的视野。(2021 年夏令营营员 问卷81 厦门大学汉语言文学专业)

另一方面,生生互动也体现在学生从其他学生身上学习优点,反思自己的缺点,这也就是通过同伴互动看到"镜中我"。同时,同伴的鼓励与支持也能够帮助学生调整自己的状态。

我回来之后认识了更多人,从各种同学身上也能看到自身的一些缺点。我知道我自己现在优点很多,但是我往往看不到我自己的缺点,通过别人看自己缺点特别容易。(宁波财经学院 大二学生 LYL)

生生互动也体现在学生与不同类型的同伴成为朋友,与同伴交流生活工作、职业规划等,这些能够启发学生去反思自己从而进一步认识自己。

虽然我们 6 个都是来自不同地方的,性格什么的也都不一样,但是我们宿舍我觉得很难得的,因为我们 6 个人是真的相处成了好朋友的那种,6 个人在一起就会很开心。到期末的时候,我们就都不去图书馆学习了,我们会在宿舍一起督促学习。平时也会经常讨论学习、职业规划什么的。(宁波财经学院 大四学生 WWH)

　　我的室友也都在社团工作，平时我们在宿舍讨论的一般都是在社团我要做什么，以后怎么样之类的，对我自己的工作方式方法等也挺有启发的。（宁波财经学院　大三学生干部　CHN）

　　当然，还有一些互动是较为隐性的，但也在默默地影响学生发展，如室友营造的向上的氛围也能够默默地影响学生的成长。

　　本科的时候，我们宿舍的人都挺努力的，而且室友都考上了研究生，给我了一种很好的氛围。另外我觉得自己一直惯性使然，不甘心这样走入社会，所以必须读研究生。（厦门大学　博一学生　LX）

　　综上所述，学生普遍认为与教师、学长学姐、同伴的互动是自身能力成长的关键策略，互动学习经历也成为最有意义的学习经历之一。

　　我觉得自己的合作能力、沟通能力提高了很多，也变得更加自信乐观。因为我参加了各类社团，在与同学、学姐学长、老师交流时潜移默化锻炼了自己，并且学到了很多。（2020年夏令营营员　问卷225　新疆大学　汉语言文学专业）

三、能力成长的学习过程

　　创新创业教育中大学生的角色是主动行动者，学生在一系列的行动及反思中获得自我成长。学生创新创业能力成长的过程，也就是知行合一的探索过程。学生在高度自主的活动中，经过探索尝试和反思后，能够更加了解自己，发现自我，从而更好地找到努力方向及发展道路。

　　在大学期间我各种尝试，如参加社团、学生会以及各种比赛，在这个过程中促进自己不断自我反思，从而更加了解自己，自己擅长什么，喜欢什么。（2020年夏令营营员　问卷24　郑州大学　教育学专业）

　　学生对日常生活、自身优缺点、兴趣爱好、未来规划等进行反思，重新审视自身与外界环境的关系，进而为自我发展制订新的行动计划，改变行动方向和方式，以获得更好的自我发展。

进入大学后,我会经常反思自己,就是说会把生活中的,还有参加的社会活动中的一些痛点问题记录下来。还有就是我每个月至少会做一次总结,我会反思这段时间我的学习状态、习惯,我会给自己一个提醒,让自己意识到自己这段时间存在的问题。同时,在反思时我可能会写一些接下来我可能有哪些比较重要的事情要去做,然后会把这个任务拆分到每个小点,这个也是让我接下来做一些事情的时候有更加合理的规划。(宁波财经学院 大三创业学生 LCZ)

当行动与反思交替进行时,学生会不断改进自身的行动策略,提高应对问题的各种能力。如学生在担任学生干部、活动负责人时,自我反思对其工作开展有至关重要的促进作用,学生通过总结经验教训,能够及时发现并解决工作中面临的实际困难,同时帮助学生迅速提高自身的能力。

我在大学的学生部门工作,担任科研项目主持人,同时,积极带队参与各类竞赛,从一个人到一群人形成合力,这个过程需要不断地与团队成员磨合,不断地总结反思在自己组织团队过程中出现的问题,有哪些效率低的程序可以避免,在实践中总结经验,在反思中避免犯错。在这些活动中让我的团队领导能力和组织协调能力提高了很多。(2020 年夏令营营员 问卷 18 四川农业大学 酒店管理专业)

学生能力的成长是学生知行合一的结果。行动及反思可以帮助学生正确认识自身与外界环境的关系,督促自身改变,进而与外界环境形成良好互动关系,实现在经验中学习。

我认为我的沟通能力、思辨能力以及统筹规划能力成长最多。这些能力主要是通过参加学校及班级组织的各项活动、参与各类科研双创赛事等方式获得了提升。除了这些能力外,我觉得我最大的成长是更加自信了,能够独立去面对和解决一些问题,这是在一次次具体的锤炼中获得的进步,同时,我身边的同学、朋友也给我很多的启发和思考。总之,我的成长既有外界的影响,也归因于我善于反思和汲取。(2021 年夏令营营员 问卷 30 陕西师范大学 生物技术专业)

行动中的反思也能够帮助学生进行自我调整,让学生具有良好的心态,提高学生面对挑战及困难的适应性和抗挫折性,从而帮助学生更快地适应新的环境和变化。

> 刚去做交换生以及刚当班长的时候,很多事情自己都没有考虑得很周到,或者是做得不好,我都会去反思和调整自己,努力做好自己。最后我也顺利地渡过了难关,我的自我调节能力、适应能力等也提高了很多。(2021年夏令营营员　问卷20　福建农林大学　生物工程专业)

第二节　学生对教师支持的看法:供不应求

一、不可或缺的引路人

大学生认为自身发展中需要教师作为引路人,能够耐心倾听学生的想法,在理解学生的基础上,给予学生较为适切的建议,鼓励学生基于自身兴趣爱好及能力基础进行发展,帮助学生找到适合自己的发展方向。

> 大二我刚从部队回来挺迷茫的,然后第一堂课就是班主任上的,他也是教我们建模的老师。他就详细问了我之前的专业、退伍后的想法、日后是否打算考研等之类,然后就给我讲了与我经历相似同学的一些考研的事情,当时我都惊呆了,觉得他们好厉害,都能考上研究生。这个老师还鼓励我说这个课不需要有太多的基础,而且男生的三维思维也稍微好一点。后来,我就加入了老师的工作室,在这里也认识了很多厉害的同学,也学了很多东西。(宁波财经学院　大二学生　LYL)

教师作为引路人,当为学生提出学习期望时,学生自己也会为自己提出发展期待,如此则能够促进学生更多的投入。尤其是当教师在了解学生的基础上为学生提出针对性的期望后,则会对学生的发展有更大影响。

> 老师觉得我不够自信,所以就让我当团副,也是为了锻炼我,让我更自信

一点,就是能在大众场合演讲那种。老师鼓励我尝试了好几次演讲,但是我感觉我还是有些逻辑不清晰,表达能力也很不行,只能是再继续努力了,不能辜负老师对我的期望。(宁波工程学院　大三班干部　NS)

尤其是当学生遇到挫折时,若教师能够给予鼓励和支持,则能够在很大程度上帮助学生渡过难关。换言之,教师的支持是促进学生继续前进的强大动力。因为学生在遇到挫折时,往往会对自我感到怀疑,教师作为学生信服的长者,其鼓励和认可则会激发学生的信心和内控感,然后坚持不懈地投入更多努力。

我们在初创企业时就碰到很多困难,比如我们攻克一个研发难题的时候,一个月也没有任何的结果,那时候我已经不想干了。然后我们老师就经常鼓励我们坚持,会经常去看望我们,和我们聊一聊,然后也帮我们找原因,和我们一起解决困难。我们坚持下来的很大的原因就是我们老师帮我们扛过来。(宁波财经学院　大四创业者　YJL)

若老师能够在学生行动过程中,给予较为细致的、有针对性的指导,学生则会从中收获较多。

我们交通系每个同学都会有导师,我们可以参与导师的项目。只要你愿意去学,导师都愿意带着去做,从最基础的数据调查到数据整理,然后到数据分析,还有自己的方案设计、晋升方向等,这些老师都会给你一个详细的指导。通过这个项目跟进的话,会让我们知道这个专业实际要做些什么,然后在做的过程中会出现哪些问题,该怎么去解决。(宁波工程学院　大四学生　JT)

尤其是当老师认可学生的表现,并及时给予鼓励时,学生的自我效能感会得到提高,也会促使学生进一步发展自身。

跟随老师学习了一些量化的内容,老师不仅手把手带我发现问卷中隐藏着哪些信息,涉及哪些相关研究,并且给予我精神上的鼓励与认可,引导我自主学习。(2020 年夏令营营员　问卷 21　郑州大学　教育学专业)

当教师的角色是引路人时，能够帮助学生更好地成长。但当教师不能胜任这一角色时，会给学生错误的引导，甚至对学生造成伤害。

我觉得是辅导员与学生的关系影响了我的大学生活。一个好的辅导员，是学长学姐，更是好朋友，他们会给我们正确的引导和启示，让我们在大学各种关口进行选择时不再迷茫和害怕。但是一个不关心学生只关心形式主义和升迁的辅导员，会给我们错误的人生观和指导，有些行为也会在学生心中留下创伤。很不幸的是，我遇到的是后者。（2020年夏令营营员　问卷146郑州大学　汉语言文学专业）

教师作为引路人就意味着必须破除根深蒂固的师道尊严，颠覆教师是权威不容挑战的传统观念。鼓励教师与学生建立亦师亦友的平等、和谐师生关系。

平时我们和任课老师交流交往挺多的，一些辅导员也都很好，和我们没有代沟，这样的老师就挺好的，我们都很喜欢这样的老师。（宁波工程学院大三班干部　JQR）

二、令人担忧的师生关系

虽然教师支持是促进大学生创新创业能力发展的关键因素，但不幸的是学生普遍认为师生互动较少，师生关系堪忧，学生难以感受到来自教师的支持。令人担忧的师生关系，已经成为制约大学生能力发展的因素。大学生在开放性问卷的调查中，第4和第5两道题中出现最多的就是师生互动及师生关系方面的回答。

开放性问卷的第4题为：您认为在大学期间哪些因素阻碍了你的成长？学生普遍反映阻碍自身成长的是与老师交流少，由于缺乏教师更多的指导，导致自己视野受到局限，对学业规划、职业规划等都较为迷茫。

我觉得大学期间阻碍我成长的是师生关系。很多时候老师和学生缺少必要的沟通，没有老师指导我们专业方向、未来前景等，导致我们对自己的专业兴趣方向和就业前景缺少了解。（2020年夏令营营员　问卷139　陕西师范大学　文物与博物馆学专业）

学生认为任课教师上完课就走,将上课作为任务,没有与学生沟通互动的意识和热情。部分老师不关心学生,甚至由于不当言行伤害了学生的自尊心。

> 老师上完课就走,与学生之间的沟通交流很少,上课变成了完成任务,而学生也是迫于学分要求不得不上。有些老师实质上在筛选过程中是不大合格的,有些老师会课堂上轻易动怒,侮辱学生,让学生下不来台,会造成学生由于自尊丧失而厌学。本科期间,与老师的交流较少,对问题的看法很浅显,希望日后能够与老师有更多的交流,开阔视野。(2021年夏令营营员 问卷81 厦门大学 汉语言文学专业)

学生认为教师与学生的交流仅局限于与课程相关的方面,交流多是在课堂上,课下日常的交流交往较少。学生在平时遇到问题或困惑时,难以找到能够帮助自己的老师。

> 阻碍成长的是师生关系。本科阶段,老师和学生之间的沟通和交流比较少,大部分的交流仅限于课堂。(2020年夏令营营员 问卷291 北京师范大学 传播学专业)

第一是由于学生多教师少,每个导师需要指导的学生较多,导致导师没有太多精力照顾每个学生,难以和所有学生深入交流。

> 大学期间不利于我成长的是师生关系。中文系的学生数量太多了,很难和老师有比较深入的交流。希望以后能够有多一些和老师互动交流的机会。(2020年夏令营营员 问卷140 厦门大学 汉语言文学专业)

第二是部分学校的师生不在同一个校区,导致地理隔绝,从而影响了良好师生关系的建立。

> 老师和我们不住在同一个校区,老师下课后还得赶校车回家,所以也没有什么时间和我们交流。(宁波财经学院 大二学生 LJL)

第三是由于教师被科研评价指标裹挟,在指导学生上就难以分出精力。

我们团队实际上也有指导老师，但是老师都很忙很忙。因为导师是年轻老师，又要带孩子，还得忙着发论文评职称什么的，所以根本没时间指导我们。但是其他团队的话，人家导师半夜都还在指导。（宁波工程学院　大四学生　ZKY）

学生普遍喜欢能够与之平等交流、尊重学生的老师。老师为学生提供较多的情感关怀，则会促进学生的学习投入，学生也更愿意与老师进行交流。

还是喜欢和学生关系打得比较近的老师，比如说老师没有特别高的姿态，就是跟同学们交流比较好，然后不会说故意来刁难你，而是可以跟大家沟通商量的那种老师。（宁波工程学院　大二班干部　CJY）

就是有很多老师人都特别好，对我们学生都很关心，然后也很负责，我就会很喜欢那个课。我就觉得老师这么负责，这门课我一定要学好。（宁波工程学院　大三班干部　NS）

三、翘首以盼的师生互动

开放性问卷的第 5 题为：在未来的学习中，希望学院（或研究院、所）可以提供什么样的条件以促进你最快成长？多数学生迫切希望未来的学习中能够与老师深入交流。学生希望能够在课下与老师有更多的交流，甚至希望能够面对面的、一对一的交流，这说明学生期望能够得到更为个性、细致的指导。

希望学院能举办师生沙龙活动，促进有兴趣的学生与老师面对面交流，融洽师生关系，通过与老师的进一步交流，除去课上交流机会，课下可以学到更多丰富的东西。（2020 年夏令营营员　问卷205　贵州大学　通信工程专业）

另一方面，学生迫切希望老师能够在未来规划、专业方向等方面给予指导。学生也希望教师能够给予学生更多关注和关爱，能够鼓励学生的发展。

我们虽然说也有班主任，但更多的是在生活上关心更多一点。在学业上的话，这些老师不一定和自己一个专业，然后也不太了解我们的专业，也不太

能给很多指导了。（宁波工程学院　大二学生　CJY）

同时,学生也希望教师能够根据学生所面临的具体问题给予建设性的反馈意见,给予更加具体细致的指导。如有学生认为指导老师未充分了解和参与学生前期的工作,难以及时进行针对性的指导。另外,教师对学生的作业也没有进行反馈,学生较难认识到存在问题及改进方向。

> 我们没有导师指导如何阅读,没有老师给推荐一些专业的经典入门书籍。在学术论文的培养训练上,没有导师会使自己处于很不利的地位,自己独立写作容易走弯路。而且每学期交上去的论文作业从来都没有反馈,不利于学生针对性提升,且容易对自己产生错误认知。（2020 年夏令营营员　问卷 61　陕西师范大学　历史学专业）

综上所述,学生普遍认可教师支持对自身创新创业能力成长的作用,高度赞同教师作为引路人的重要性,但学生认为师生间互动较少,教师未给予充分的指导,学生迫切希望能够获得更多教师支持。学生对教师支持的渴望,与教师在师生互动中投入不足的现状已经形成了"供需矛盾"。换言之,学生需求的教师支持多,但教师提供的支持少。

第三节　学生对课程及教学支持的看法:收效甚微

一、疲于应付的课程考试

学生认为应试型课程考核方式对其发展有阻碍作用。学生普遍反应终结性的考核方式,即以纸笔考试为主的期末考核方式,阻碍了学生的能力发展。学生认为这种考核方式主要是考察了学生对知识的掌握程度,不能激发学生的学习兴趣,也不能引导学生关注能力发展。

> 大学的考试,我认为大多都只是强调最后的终结性评价,考试的方式虽然能够考察学生对知识的掌握程度,但是我认为对于大学生来说更重要的是探究问题的能力,有许多同学其实是不太善于在应试当中发挥自己的优势

的,这样的话反而会消磨学生对学习的兴趣。(2020年夏令营营员　问卷30　中央民族大学　教育学专业)

学生多是在考前背诵记忆划定的知识点,通过考试即可。应试考试难以起到对学生能力素质的诊断性评价的作用。

我觉得阻碍成长的是考评制度。大学期间很多课程的考评制度,大多是在结束时用力,而在平时则没有太多的考核方式。这样往往就容易造成平时水分过多,而期末只需要依靠老师画重点、背诵也能拿到不错的成绩。这样即使学生在平时有自主学习的意识,但是也不太容易能够接受批评,更不容易检验自己阶段性的学习成果。(2020年夏令营营员　问卷39　福州大学汉语言文学专业)

同时,学生认为这种应试型的考核方式不能起到促进学生深度学习的作用,也无法起到促进能力发展的作用,是在浪费时间和精力。学生在课堂内外都不会为了这种考试投入太多时间,多数都是考前突击应付考试。学生认为这种应试学习浪费了时间和精力,导致自己也不能再将时间和精力投入到其他更有意义的活动中去。部分学生认为这种考试方式对具有创新性的学生而言,不仅不是促进人才成长,反而是在消磨人才。

虽然大学相对中学已经好很多,但还是有应试教育的成分在。比如在考试前夜通宵背诵,考完试就全部忘记。浪费了一些时间精力。(2020年夏令营营员　问卷52　云南大学　汉语言文学专业)

迫于考试压力的课外自学能够让学生获得不错的成绩。但这种学习是缺乏内在动机的,目的是追求外在目标即应付考试,所以这种学习的投入程度是较低的,是一种机械的记忆学习而非探究学习。这种学习对学生的创新创业能力的促进作用应该极其有限,甚至是负向的影响。

大学的授课模式和高中的不完全相同,缺少了老师的监督和督促,在学习的时候可能就没有那么认真,往往是到最后期末考核的时候开始临阵磨枪自学,成绩上也会产生惊人的效果。(2020年夏令营营员　问卷2　湖南大学

英语专业）

学生期望能够降低期末的终结性考试在学生成绩中的占比,提高平时作业任务的占比,制定合理的课程作业任务,发挥平时考核对学生能力发展的引导作用。学生认为偏重实践的、个体充分参与的小组作业对其有较大帮助,因为这种发展性考核方式能够引导学生增加课程学习投入,促使在学习过程中锻炼多种能力,如团队合作能力、沟通能力等。

> 有一门课讲的是居住区规划,这个有课程考核,小组作业就要占一定比例的分数,就是以小组形式拟定一个话题,然后小组做 PPT 讲解这个话题。还有沟通礼仪这种课的话,当时的考核是让我们录一个视频,要求就是模拟与公司领导沟通这种,这种都锻炼了我们的沟通能力等。（宁波工程学院大四学生　GC）

二、照本宣科的讲授式课堂

学生认为的低质量课堂几乎有一致的表现,那就是照本宣科。教师的教学方式主要是灌输式讲授,课堂没有活力和激情。这种课堂对学生没有吸引力,且感觉晦涩难懂且难以认真听讲,导致学生的课堂学习投入减少。这与量化统计发现基本是一致的,学生在课堂学习投入的平均水平仅为 3.284,处于较低的投入水平。课堂教学质量低下,难以引起学生学习兴趣,导致学生在课外自学的投入也会减少,与本研究量化统计结果是较为一致的,本研究量化统计发现大学生课外自学投入均值仅为 2.965。学生迫于考试压力,会在课下自学知识点以应付考试,且在自学过程中也觉得非常枯燥,收获甚微。而且这种课外自学可以说是低程度或者说是低质量的课外自学投入,学生是在机械学习而非探究式学习。这在一定程度上解释了本书发现的课外自学显著负向影响创新创业能力。

> 阻碍我成长的是不合适的课堂教学方式。有些老师是上课念 PPT 式教学,很难听懂和学懂。（2020 年夏令营营员　问卷 21　西北大学　生命科学与技术专业）

这种课堂以教师为中心,而非以学生为中心,学生在课堂上处于被动的状态。

教师未创设学生参与课堂的氛围和机会,课堂上几乎没有师生互动和生生互动,学生的课堂参与度较低。

> 有的老师只会采用传统的教学模式去进行教学,在课堂上以老师讲为主,缺乏开放性的学生讨论和展示自己的环节,我认为这样一定程度上限制了我的成长。(2020年夏令营营员　问卷285　安徽农业大学　生物科学专业)

学生在各类学习活动中,通过与他人的互动、对话、协商等形成对自我的认识和视域融合,建构起自己的知识体系。课堂应该是师生互动、生生互动的关键场域,但当前的课堂活动仍然主要是讲授式,师生互动和生生互动的频次和质量都堪忧。缺少互动、对话的学习方式更多的是一种接受性学习,这种学习方式更合适学习确定性知识,但协商性知识则需要通过探究、互动等共同建构。学生在讲授式课堂中收获较少,甚至质疑这种课堂存在的意义。

> 阻碍我成长的是授课方式。部分老师授课仅仅照读课件,在理论和实践上都没有延伸,个人看来这种课程是没有意义的。(2020年夏令营营员　问卷281　山东大学　海洋资源开发技术专业)

学生期望课程学习不应该强调理论知识点,也不应该强调学生的机械式记忆,应该理论联系实际,让学生在实际的应用中有意义学习。

> 某些老师过度依赖PPT,自己理解知识点也不够深入,对着PPT的文字念。如果不通过板书和学生一起推导一次,可能无法让学生学会这个知识点,即使一时学通了,也似乎只是机械记忆,后面容易忘记。因此我常常依赖于自学,虽然效果还可以,但目前只是基于应试,希望老师的课堂讲解能更有助于我理解这一原理在实际中的运用。(2020年夏令营营员　问卷95　南昌大学　经济学专业)

综上所述,照本宣科的低质量课程消磨了学生的学习热情和激情,直接导致学生的课堂学习及课外自学投入减少,学生的学业收获尤其是能力增长较少。

三、喜闻乐见的创新式课堂

学生在体验讲授式课堂和创新式课堂后，认为绝大多数老师应该采用以学生为中心的创新式课堂，也就是老师尽量少讲，让学生通过讨论、展示等形式充分参与的课堂。但当前很多课程还是采用了传统的讲授式，不少老师还是在简单地给学生灌输知识，而不是发展学生的能力。

> 学校尚待改进的一些因素例如教育方式，以 3 节课为 1 周的课时，大部分老师通常选择自讲 3 节课，穿插点名同学，提问作答；少部分老师选择将 1 节课放权给学生，自由展示，自讲 2 节课。只有个别老师会融教授、互动交流、展示于一体，并预留出 30 分钟左右的时间对每组的项目进行答疑。如此才能更好地跟进学生的作业，及时指导，吸收所学。但若是学生个人的自主性、积极性够强，也会在课下或其他时间主动联系老师答疑，但目前以老师讲课（单项传输）为主的授课方式，确尚待改进。（2020 年夏令营营员　问卷 259　上海大学 广告学专业）

学生在讲授式课堂和创新式课堂上的参与程度、课下的投入程度、课程收获等，都有着较大的区别。创新式课堂能够为学生打开新世界的大门，但讲授式课堂反而让学生疲于应付这门课程，课程学习目标成了通过考试拿到学分。

> 印象很深的课就是国际金融这个课，这个课确实会给我带来一些知识上的洗礼，就是学到很多从来没有接触过的东西，这个老师讲的也是比较好，就不会说没有头绪的那种讲，还讲了很多国际贸易实务，确实让我学到了一些东西，给我打开了一个新世界的大门。但是有的老师可能就一直很宽泛地讲，然后我也不知道自己到底学了什么。还有一些课就太平淡了，老师教的也无聊，然后也没讲什么新的知识点，而且我也不知道那些知识在现实中有什么用，以至于我也不想听，可能就是期末告诉我要考哪些，然后自己去复习一下就好了。这种在我们英语专业还挺多的。（宁波工程学院　大二学生　CJY）

小组作业、汇报展示、讨论、案例教学、实践教学等创新式教学形式，都受到学生的喜欢。教师创设这种学习方式能够激发学生的学习兴趣，让学生自主学习和

探索以发展多方面能力。学生在完成学习任务时需要大量投入，但学生乐在其中，因为他们相信在探索过程中可以提高自己的能力。

　　我更喜欢的课程是这样的，就是有些课几个人一组坐成一圈，教室里就一个个小圈，然后每个组都上去汇报，就是学生讲课，然后老师来点评这样子。那种老师讲学生听的课，我收获不是很多。我觉得我还是更喜欢那种自己去摸索什么的，还会拍一些视频、微电影什么的那种作业，我觉得比讲的课就更加有趣，而且通过我们自己去学，跟老师带着我们学就不太一样的感觉。（宁波财经学院　大四学生　WWH）

　　上课的时候我觉得我们老师非常好的一点，就是先讲专业知识，然后再把一些例题或者案例拿上来，然后老师会再融进来工程实际案例，让我们有一个更深的理解。（宁波工程学院　大四学生　JJ）

在创新式课堂中，教师讲课富有激情，同时增加课程的趣味性，联系学生的生活实际，能够吸引大家的注意力，引起学生的探究兴趣。

　　这两个课的老师是讲得真好，比如老师讲的物理、化学这两门课都能够用在生活上，就像洗洁精的两性原理这些，还有洗衣液加多也没用之类的，这些都挺生活化的，大家就很感兴趣，听的也都很认真。化工原理这个课，在做实验的时候可能用的就很多。一些老教师上课，他们自己很有激情，然后我们就很容易学进去。（宁波工程学院　大四学生　ZKY）

教师在课堂上为学生提供参与机会，如回答问题、汇报展示、讨论等，都能够在课堂上吸引并保持学生的注意力，让学生必须全情投入课堂。

　　在大三我们会比较集中学习专业课程，比如像我们有一个造价课程，然后这门课的话，我们老师会采用要求以组为形式，让我们回答问题、汇报、讨论、完成小组作业等，然后给我们小组打分。这个课大家就上得很认真，氛围也很好。之后老师还会带着我们一起在实际工作中练习，就是老师安排好，带我们集中去实习。这个课我就觉得收获挺多的。（宁波工程学院　大四学生　GC）

在学生参与课堂的过程中,教学水平高的老师也会鼓励学生独立思考,让学生形成独立判断能力。

> 我的批判性思考能力提高最多,是在参与课堂讨论的过程中提高的。课程老师会有意识地去引导,去追问我们的回答。他经常鼓励我们:"重要的是提出问题,而不是回答问题。"(2021 年夏令营营员　问卷 92　郑州大学　教育学专业)

教师在教学中能够理论联系实践,帮助学生更好地理解知识,且能引导学生应用这些知识。尤其是通过安排与课程相对应的实习或实践,进一步促进学生知情意行全面投入,激活理论知识,学会运用知识,从而将知识转变为能力。

> 上课的时候我觉得我们老师非常好的一点,就是先讲专业知识,再把一些例题或者案例拿上来,然后老师会再融进来工程实际案例,让我们有一个更深的理解。另外,就是还有实习活动,就是在学期中或学期末的时候,就会进行专门的实习,老师带我们去现场或者说各个地方实习,进行一些理论跟知识的结合。因为我们学校的校训也是知行合一,所以我们学院和学校都很重视知行合一,就是把实践和理论这两方面结合。(宁波工程学院　大四学生　JJ)

可以说,创新式课堂融合了很多关键要素,如教师的教学热情、教学设计、教学智慧、关爱学生、关注学生学习需求等。创新式课堂对教师的教学水平和教学投入等都有很高的要求,教师要能够对知识融会贯通做到精讲,能够创设严肃但又不失活泼的课堂氛围,在课堂中能够吸引并保持学生的注意力,能够让学生乐于参与其中关注学生的学习需求及时为学生答疑解惑,且乐意了解学生、与学生交流。这对当前大学教师、教师考评制度等都提出了很高的要求。

> 在我大三秋季学期"公共关系学"这门必修课中,自学期伊始的第一堂课,到学期末的汇报课,都历历在目。主讲老师是一位学院新聘请的年轻女教师,毕业于香港中文大学,研究方向为危机公关、公共关系学。其中,我感到最有意义的学习经历有三。其一,老师有超强的亲和力,自然地将讲课、随时提问、自由作答融于一体,不沿用往届授课 PPT,不断更新既贴合大学生口

味，又前沿时尚的案例；其二，参与到每组的期末公关报告项目的选题讨论，并每周都预留出 30 分钟左右的时间对每组的项目进行答疑，最后的汇报课邀请到自己在业界的朋友来做评委，并给到每组有针对性的评价；其三，老师身体力行了良师益友四个字，第一堂课花三节课时间让 70 几位同学每人都做了自我介绍，熟悉每一位同学，课下几乎感受不到师长间的距离，非常愿意和学生交流日常。（2020 年夏令营营员　问卷 259　上海大学　广告学专业）

综上所述，课程教学质量的高低影响了学生的个体投入和能力收获。当前大学的课程教学还存在较多的问题，如何设置合理的课程教学管理制度、创新课堂教学方式、激发教师的教学激情等，应是创新创业教育改革的重点。

第四节　学生对环境支持的看法：亟须改进

一、流于形式的导师制

学校及学院制定了不少规章制度，其中与学生切身利益相关的制度对学生的成长也有较大的影响，如本科生导师制与学生成长戚戚相关。少数学校的导师制实施效果较好，导师真正发挥出了应有的作用。

本科生导师制和三走进制度对我影响最大，导师给予我们学习上很大的帮助，三走进老师给我生活上的很多关怀，加强了师生联系。（2020 年夏令营营员　问卷 37　兰州大学　汉语言文学专业）

多数学校并未实施导师制，学生认为自己无法得到有效的指导。学生希望通过设置导师制，从而能够实现与老师的充分交流，得到导师更为深入和有效的指导。

阻碍我成长的是我们没有导师制。没有固定的导师指导学习。但从我这一届的下一届开始就采取了导师制。从大学一入学开始便能在学习方面很好地指导新生如何进入和学习全新的专业，从而更好地进入专业课的学习。（2020 年夏令营营员　问卷 44　山西大学　哲学专业）

部分学校已经实施导师制,但导师制并未起到应有的作用,学生难以通过导师制得到导师有效、细致的指导,导师制基本上流于形式。学生较为渴望能够实施完善的导师制,希望能够在学业规划、学术训练等方面得到导师的指导。与导师的交流交往能够提高学生的沟通能力、规划能力、目标确定能力等。

> 希望完善导师制度,得到一对一或者是耐心认真的指导。(2020 年夏令营营员　问卷 109　兰州大学　经济学专业)

二、阻碍成长的综合素质考评制

学生反映对自身成长有较大的影响的另一制度是综合素质考评制度。学生普遍认为这一制度在很大程度上阻碍了学生发展。因为学生认为自己迫于综合素质加分,不得不在很多无意义的活动上投入大量时间和精力,但却从这类活动中收获较少。且这些活动耽误了学生的时间,导致学生无法在感兴趣的活动上投入时间,难以实现自由发展。从另一个角度看,学生不得不在多种活动的压力下负重前行,在一定程度上也提高了学生的时间管理能力和抗挫折能力。

> 阻碍我成长的是考评制度。大学期间,学院为完成一些行政指标,强行要求学生参与学生会组织的各类活动,并与奖学金评定和评优、入党等资格挂钩,耗费大量精力和学习时间。也阻碍了一些同学想要进行校外兼职和选修双学位等行动,对学习有着不利影响。(2020 年夏令营营员　问卷 41　西北大学　历史学专业)

这就意味着学生是出于外在学习动机参加各类活动,并非基于自身的兴趣、自我认知等内在需求,所以学生在这类活动中虽然具有一定的能力成长,但其效果并不明显。

三、没有选择的选课制

学生认为阻碍自身成长的另一制度是选课制度。一方面,学生认为有些选修课即使没有意义或者没有收获也必须要上,因为选修课就是必修课。另一方面,选课空间和范围较小,学生感兴趣的一些课程是无法被选修的。当学生面对一些不喜欢又不得不上的课时,学习目标就成了追求成绩及格,而不再追求掌握知识、能

力等。这在一定程度上影响了学生的学习热情、学习投入、掌握目标定向等，也阻碍了学生在学业上获得更多发展。

> 不能选课的制度阻碍了我的成长。我们有一些专业课是不可以选修的，但是我的专业方向是关于外国文学方面的，一些古代文字学的知识对于我来说用处较小。（2020年夏令营营员　问卷53　新疆大学　汉语言文学专业）

另外，学生选课空间小，所有学生的课程安排是一致的、固定的，难以满足不同发展路径学生的个性化需求。学生希望能够增加选课的自由度，从而自由规划符合自己发展需求的学业计划。

> 那么多课程安排下来的话，非要说一定要很合理的话是很难的，能满足所有人的需求也是很难的。所以说如果是能够让学生自由选择一些课程可能就比较好，可能就能更多地满足大家的需求。像宁波大学他们建筑系也是大四的学生组织去参加比赛的，我觉得其实我们学校的建筑学其实并不比他们差很多，我觉得我们完全有能力获奖。但是我觉得在课程安排上面，他们的安排体系可能稍微比我们好一些，人家从大一就开始慢慢培养学生的很多专业性东西，所以说在素养在各方面基础的培养上可能会好一点。我们学院的课从大一到大四都是安排好的，虽然有培养计划，但是除了一些通识选修课，其他所有的课都是固定好的，我们都是在大三才开始，所以就比人家起步晚了。（宁波工程学院　大四学生　JZX）

大一统的课程安排并不合理，容易造成专业课程过于集中，学期内课程过多，导致学生没有时间自主探索，而是在疲于应付各种作业，造成了繁重的学业负担。这种非深度参与的学习，对学生能力的成长鲜有帮助。

> 本科课程安排极度不合理，首先是课程分布上，专业课扎堆，一个学期七八门专业必修，然后加上选修开设的不合理也就导致了某些学期课程高达17～20门，于是课堂实践也全部用于赶作业，可想而知，真正学识的获得是不大可能的。希望能够让我们自主安排自己的课程。（2021年夏令营营员　问卷81　厦门大学　汉语言文学专业）

四、殷切期望的环境支持

学生期望大学能够提供自由、宽松、包容的学习环境,希望能够在这种环境中自由探索,满足自主发展的需求。

> 在未来的学习中,我希望学院能给予学生足够的自由发展的空间,让学生能在自己真正感兴趣的地方研究发展,允许多种方向的发展可能性,此外在课程和技术能力上,则是希望学院能提供相应的技术课程指导,以及相应的数据资源,丰富的实践机会,让同学们充分地发展和探索。(2020 年夏令营营员　问卷 256　南京师范大学　新闻学专业)

同时,学生也期待良好的人际环境,获得较多的人际支持。良好的人际环境能够促进学生情感投入,进而影响学生的认知投入和行为投入。尤其是当学生遇到困难或受到挫折时,融洽的支持性氛围往往能够帮助学生渡过难关,提高学生的逆境奋起能力。

> 更重要的是良好的氛围:同学之间的友好、师生之间亦师亦友。这些能给人强大的心理支持。(2020 年夏令营营员　问卷 22　郑州大学　教育学专业)

总而言之,学生认为大学提供的环境支持有待提高,尤其是在导师制、综合素质考评制、选课制、自由环境支持等方面。学生期望大学能够提供支持学生自主探索的环境,帮助学生获得更好的发展。

综上所述,本章利用质性资料分析了大学生对创新创业能力影响因素的看法,即分析了学生对个体学习投入、教师支持、课程及教学支持、环境支持的体验与思考,主要发现如下:第一,学生认为自身创新创业能力增长主要归功于自身的努力和投入,他们在强烈的内在学习动机驱使下,从项目学习、实践学习、反思学习、互动学习中获得了较多的能力成长。第二,学生认为教师是不可或缺的引路人,教师能够引导并鼓励他们开展自主学习,从而获得创新创业能力发展。不幸的是,学生认为当前教师与学生的互动极少,师生关系堪忧,导致学生难以获得教师的支持,学生在自我发展道路上好似处于迷茫的大雾之中,只能依靠自我摸索从而艰难前行。第三,学生认为绝大多数课程教学难以促进创新创业能力发展,因为绝大多

数课程教学不是以学生为中心，应试型考试让学生疲于应付，讲授式课堂让学生几无收获，创新式课堂可谓凤毛麟角。换言之，绝大多数课程教学仍然是"教的范式"，而非创新创业教育所强调的"学的范式"，创新课程教学以融合创新创业教育与专业教育迫在眉睫。第四，学生认为院校提供的资源环境、制度环境都亟须改进。尤其是导师制、综合素质考评制度、选课制等制度环境均为"供给模式"，不仅不能满足学生发展的需要，反而阻碍学生的发展，故学生迫切期望院校能够提供支持性的院校环境。

第八章

大学生创新创业能力影响因素研究结论及启示

第一节　研究结论及讨论

本书认为创新创业实质上是人在应对环境挑战过程中发现自我、发展自我、实现自我和超越自我的持续行动。创新创业能力是个体追求创新性目标的理性行动能力，包括目标确定能力、行动筹划能力、果断决策能力、沟通合作能力、把握机遇能力、防范风险能力、逆境奋起能力。为探究大学生创新创业能力的影响因素并揭示影响因素的作用机制，本书在借鉴创新创业教育相关研究的基础上，构建了大学生创新创业能力影响因素圈层理论模型(图3-2)，并提出了10个主要研究假设。量化研究检验了个体因素、院校因素与大学生创新创业能力关系的假设，检验结果见表8-1，量化研究结果表明大学生创新创业能力影响因素圈层理论模型是成立的。质性研究分析了大学生如何看待创新创业能力影响因素，挖掘出不同影响因素存在的问题。

表 8-1　主要研究假设的检验结果

作用机制	主要假设	检验结果
直接作用	假设1：个体投入直接促进大学生创新创业能力发展	成立
	假设2：教师支持直接促进大学生创新创业能力发展	成立
	假设5：课程及教学支持直接促进大学生创新创业能力发展	基本成立
	假设8：环境支持直接促进大学生创新创业能力发展	基本成立

续表

作用机制	主要假设	检验结果
调节作用	假设3：教师支持与大学生创新创业能力的关系受到师生互动水平的调节	成立
	假设6：课程及教学支持与大学生创新创业能力的关系受到学生课程学习投入的调节	基本成立
	假设9：资源支持及制度支持与大学生创新创业能力的关系受到学习动机的调节	基本成立
间接作用	假设4：教师支持间接促进大学生创新创业能力发展	成立
	假设7：课程及教学支持间接促进大学生创新创业能力发展	成立
	假设10：环境支持间接促进大学生创新创业能力发展	成立

本书从量化和质性两种视角探讨了个体投入、院校支持对大学生创新创业能力的影响作用，研究结论及讨论如下。

一、大学生创新创业能力发展结构不均衡，群体间差异显著

（一）大学生创新创业能力发展存在着结构上不均衡

大学生创新创业能力中的行动起点能力（目标确定能力）和行动终点能力（逆境奋起能力）最强，但创新创业行动的过程能力则较差，尤其是果断决策能力和把握机遇能力。这一能力结构形态与当前大学生能力现状较为符合，本书在访谈过程中也发现了类似的情况。具体而言，大学生在面对困难时往往能够积极应对，也能够不断认识自我及时调整自身的目标；但当大学生在面对复杂环境决策时，往往犹豫不决，且在机会面前行动力较差，甚至难以创新地发现机会。

之所以出现目标确定能力和逆境奋起能力强，而行动过程能力差，是因为目标确定能力和逆境奋起能力更倾向于态度能力，更强调学生的认知、情感等想法层面，不过于强调行动的投入。但行动过程能力更强调大学生的行动投入，也就要在行动的实践过程中才能更好地得到发展。本书在对大学生个体投入进行分析时也发现，我国大学生在认知层面投入较多，但在行为层面投入较少。这与我们的教育中一直强调理论学习而忽略实践学习有一定的关系，导致我国大学生整体上呈现想法多、动手少的"眼高手低"状况。大学生创新创业行动过程能力较差也说明了另一个问题，即创新创业的行动过程是曲折的、反复的，创新创业能力真正形成是需要一系列行动过程的,学生在不断的行动过程中才能够使能力实现螺旋上升。学校教育应该培养学生行动过程中的能力,为学生创设实践机会,并提供开展行动所需要的环境、资源等支持,从而发挥大学教育应有的作用。

在行动过程能力中,果断决策能力和把握机遇能力最差。这与我国大学生的实际情况也是较为一致的。因为果断决策和把握机遇都需要很强的批判意识、冒险精神、创新性等,这正是我国大学生普遍较为缺乏的。这与我们的传统文化有关,传统文化的开放性和包容性不足,更强调中庸之道,所以并没有过多鼓励学生冒险、创新。

(二)大学生拥有家庭资本越多,创新创业能力就越强

根据布迪厄的观点,家庭资本对学生的发展是有明显影响的。本书利用家庭来源(城镇、乡村)、家庭成员创业经历(有、无)、父亲文化水平和母亲文化水平代表家庭资本,这些指标从不同侧面反映了家庭经济资本、社会资本、文化资本。本书的结果也证明了家庭资本对创新创业能力有显著正向影响,这与已有研究的结果也是基本一致的。如张学敏和林宇翔的研究发现家庭资本包括经济、社会和文化资本等对大学生成长型思维水平具有显著正向影响,家庭资本存量越高,大学生更能自信面对困难挫折,实现目标[①]。

本书发现城镇大学生显著高于乡村大学生的创新创业能力,尤其是起点能力(目标确定能力)和行动过程能力(行动筹划能力、沟通合作能力、把握机遇能力等)。城镇大学生和乡村大学生在经历大学的教育后,两者创新创业能力的差距虽然有所缩小,但仍然呈现出城镇大学生显著高于乡村大学生的状况。乡村大学生的创新创业能力在大二时呈现出"低谷"现象,但城镇大学生在大三时才呈现出这一现象,且在大四时能迅速反弹并远超出之前的能力水平。城镇大学生拥有较多的家庭资本,如此就能够得到较多的支持,这种支持能够帮助大学生在入学之初就具有较强的创新创业能力,能够推迟发展低谷的出现时间,并且促使学生在大四时创新创业能力迅速增长。简言之,家庭资本对学生创新创业能力的影响是持续存在的。

本书发现家庭成员有创业经历的大学生显著高于家庭成员无创业经历的大学生的创新创业能力,尤其是在行动过程能力(把握机遇能力、果断决策能力、行动

① 张学敏,林宇翔.家庭资本对大学生成长型思维水平的影响[J].重庆高教研究,2022,10(3):88-103.

筹划能力、防范风险能力等)上,两者的差别较大。在接受大学教育后,家庭成员有创业经历的大学生的创新创业能力增长更多。有创业经历的家庭对学生持更为鼓励、包容的态度,能够鼓励学生自主发展,更支持学生按照自己的想法选择未来的道路。所以这类学生往往想法更多,能够勇于创新,且更具有闯劲,能够大胆行动以支持自己想法的实现。如此,家庭有创业背景的大学生在大学中更敢尝试,所以创新创业能力的增长幅度也较大。家庭成员有创业经历与家庭成员无创业经历大学生的创新创业能力,在大二、大四时差别最大。大二为学生成长的关键时期,学生经过角色转换后,会形成独立性、发展目标等,家庭有创业经历的大学生可能在大二会尝试更多的学校活动,如社团、社会实践等,同时也会有较多的家庭支持,从而能够顺利度过大二,且能力获得更大提高。在大四时,学生面临从学校走向社会的抉择,角色再次出现转换,家庭有创业经历的大学生能够获得更多的家庭支持,所以其能力增长也会再次加快。

本书发现父亲文化水平、母亲文化水平与大学生创新创业能力呈正相关,且显著影响大学生创新创业能力。这一结论也是符合布迪厄的文化资本理论的,父亲或母亲文化水平意味着大学生拥有的文化资本,[①]当这种文化资本越强时,学生的能力也应该会越强。布迪厄认为文化资本是一种能力,它包括语言能力、社会交往能力、专业技能、个人的风度举止以及对成功机会的把握能力等。家庭作为学生第一个接受文化教育的场域,父亲或母亲的这些能力都会影响学生的能力发展。当两个大学生的父亲或母亲文化水平不同时,两个大学生之间的能力差别最大的是沟通合作能力。

(三)男生的创新创业能力发展显著高于女生

本书发现男生的创新创业能力显著高于女生。这与亚辛等[②]的研究结果是一致的。男生与女生尤其是在果断决策能力和把握机遇能力上的差别较大,在逆境奋起能力上相对而言差距较小。这也与我们一般认为的男女生能力差异是较为一致的,我们一般认为男生往往更具有冒险精神,遇事更果断,更具有冲劲。这与

---

① 高宣扬.布迪厄的社会理论[M].上海:同济大学出版社,2004:149.

② YASIN N, KHANSARI Z. Evaluating the impact of social enterprise education on students' enterprising characteristics in the United Arab Emirates[J].Education+training,2021(6):872-905.

亚辛等①、居雷尔(Gurel)等②的研究发现也是一致的，亚辛等人发现男生的自主性、冒险精神、风险承担能力远高于女生，居雷尔等发现男生的冒险精神、创新性、忍受不确定性等都高于女生。

在接受大学教育后，男生、女生的创新创业能力差距仍然是显著存在的，尤其在大四时两者的差别最大。在大学期间，女生的创新创业能力是小幅度的稳步增长，而男生的创新创业能力变化则是比较动荡的。随着年级增长，男生的创新创业能力明显减弱，在大三时达到最低，而在大四时大幅度地迅速升高，最终远高于女生。这在一定程度上说明，平稳增长状态并不一定真正适合大学生创新创业能力的发展规律，创新创业能力的发展应该是曲折的，且经历过逆境后才能触底反弹，迸发出更强大的成长力量。

(四)创新创业能力发展与年级之间并非呈线性关系

大学生的创新创业能力并未随着年级升高而增长，而是随年级升高呈现出了"√"形状。大四显著高于大一，大二到大三时能力呈略微下降趋势，但两者之间不存在显著性差异。整体而言，大学生创新创业能力在大二和大三时几乎处于"停滞"状态，在大四迅速升高。(创新)创业教育理论认为创业教育的目的就是为了让学习者实现转换，③学习者通过改变他们的行为方式和观察世界的方式，以及通过改变他们的参照系，将经验转化为学习的方式。所以学生的创新创业能力增长不可能是一蹴而就的，应该是从量变到质变的累积过程。学生在学习活动的经验中不断转变自己的行为方式和思考方式，最终才能够转化为自身的能力。这也意味着，大二、大三是学生观念、认知等发生转变的关键时期，学校应在大二、大三时了解学生在这一时期发展的困难，及时给予学生更多的关注与支持，帮助学生顺利渡过转折期。

---

① YASIN N, KHANSARI Z. Evaluating the impact of social enterprise education on students' enterprising characteristics in the United Arab Emirates[J].Education＋training，2021(6)：872-905.

② GUREL E, MADANOGLU M, ALTINAY L. Gender，risk-taking and entrepreneurial intentions：assessing the impact of higher education longitudinally[J].Education＋training，2021(5)：777-792.

③ TOUTAIN O, FAYOLLE A. Labour market uncertainty and career perspectives：competence in entrepreneurship courses[M]//MULDER M. Competence-based vocational and professional education. Cham：Springer International Publishing，2017：985.

（五）学生干部的创新创业能力发展显著高于非学生干部

学生干部的创新创业能力显著高于非学生干部,尤其是在沟通合作能力和果断决策能力上,两者的差值最大。在经过大学的教育后,学生干部沟通合作能力的成长比非学生干部的成长更为明显。这也与我们一般认为的学生干部能力更强的印象是较为一致的。我们一般认为学生干部经过锻炼,其沟通能力、组织领导能力等更为突出。学生干部能力强的原因有两方面：一方面是由于学生在成为干部前,自身能力就强,才能够被选为学生干部;另一方面,学生在学生干部的职位上进一步锻炼了能力。本书的数据也进一步证明了这一观点,在大一时学生干部的创新创业能力显著高于非学生干部,在大四时学生干部的创新创业能力仍然显著高于非学生干部。

（六）能够自主解决生活费的大学生创新创业能力更强

自主解决生活费即生活费来源于非父母,主要通过自己兼职(含创业)、奖学金、贷款等形式解决生活费。生活费来源于非父母的大学生创新创业能力显著高于生活费来源于父母的大学生,尤其在果断决策能力、行动筹划能力、逆境奋起能力上,两类大学生之间的差距是最大的。

自主解决生活费的大学生往往独立性、自主性、进取心更强,他们不论是通过工作赚取生活,还是努力学业获得奖学金,都是自我意识强的表现,这类学生往往更希望能够通过自身努力掌握自己的人生,所以这类学生的创新创业能力也往往更强。贷款解决生活费的学生或许是因为家庭条件限制,这类学生往往拥有较少的家庭资本,所以更需要自身的努力才能够获得受教育机会。寒门学子的抗挫折性、独立性也往往更强,所以创新创业能力也会更强。整体而言,自主解决生活费的大学生是比较优秀的,创新创业能力也会更强。

（七）学习成绩越好的学生创新创业能力越强

学习成绩往往代表了学生的认知能力,而创新创业能力作为一种更倾向于非认知能力的综合能力,可能往往有人认为：大学生的学习成绩越好,创新创业能力越差。事实真的如此吗?

本书的数据证明：大学生的学习成绩越好,创新创业能力越强。这与我们一般认为的"大学生的学习成绩越好,创新创业能力越差"是恰恰相反的。实际上本研究的结论并不难理解,因为大学生只有进取心强,勤于付出,面对学业中的挑战能够积极应对,才能够取得好成绩。而学生在投入学业的过程中,其创新创业能力也进一步得到了提高。简言之,学习成绩和创新创业能力应该是双向影响的关系。

(八)具有创业意向的大学生创新创业能力最强

本书发现大学生的发展意向越具有挑战性,学生的创新创业能力就越强。不同发展意向大学生的创新创业能力大小关系为:创业＞升学＞就业＞暂无。大学生的四类发展意向(暂无、就业、升学、创业)的挑战性不同,从暂无到创业,其挑战性依次增强,对学生的能力要求也越高。所以大学生将自己的发展目标制定得较高时,学生自身则会有更多的投入,以发展自己的能力从而实现目标。所以在这一过程中,自身的创新创业能力得到了较多的发展。换言之,不同发展意向的大学生,其大学生活中的发展轨迹也是不同的,这些学生最终的能力成长也是不同的。

当然,也可以从另一个角度看,大学生的创新创业能力越强,其发展意向越具有挑战性。当学生意识到自身能力较强时,学生则会具有较强的自我效能感,从而也会选择追求更高的目标。创新创业能力与目标也是双向影响的作用。

二、院校支持是影响学生能力的外在条件,而学生主动性是内在因素

(一)院校支持对大学生创新创业能力的影响

本书的主要研究假设 2、4、5、7、8、10 得到验证,证明教师支持、课程及教学支持、环境支持这三种院校支持均可以促进大学生创新创业能力,促进作用依次减小。三者对创新创业能力主要是间接促进作用,而非直接促进作用。换言之,教师、课程及教学、环境主要是通过学生个体投入,进而间接影响大学生创新创业能力。教师、课程及教学、环境三者之间高度正相关,构成了影响大学生创新创业能力发展的外在条件。

回归模型 4 验证了研究假设 2,得知教师支持可以直接促进大学生创新创业能力,教师支持变量可以有效解释 29.6% 的大学生创新创业能力的变异。人际支持、教师自主支持、教师情感及能力支持均可以显著正向影响大学生创新创业能力,三者对大学生创新创业能力的影响作用大小为:人际支持($\beta=0.283$)＞情感及能力支持($\beta=0.180$)＞自主支持($\beta=0.145$)。由研究假设 4 可知,教师支持可以间接促进大学生创新创业能力。教师支持影响大学生创新创业能力有两条路径:(1)教师支持→创新创业能力;(2)教师支持→学生个体投入→创新创业能力。第一条路径的效应量为 30.18%,第二条路径的效应量为 69.82%。教师对大学生创

新创业能力的影响作用主要是间接影响。教师支持主要是促进了学生个体投入，进而促进大学生创新创业能力。

回归模型 6 验证了研究假设 5，得知课程及教学支持可以直接促进大学生创新创业能力，课程及教学支持变量可以有效解释 22.8% 的大学生创新创业能力的变异。课程教学管理、教师教学水平、创新教学方式均可以显著正向影响大学生创新创业能力，三者对大学生创新创业能力的影响作用大小为：课程教学管理（$\beta=0.228$）＞教师教学水平（$\beta=0.192$）＞创新教学方式（$\beta=0.116$）。由研究假设 7 可知，课程及教学支持可以间接促进大学生创新创业能力。课程及教学支持影响大学生创新创业能力有两条路径：(1)课程及教学支持→创新创业能力；(2)课程及教学支持→学生个体投入→创新创业能力。第一条路径的效应量为 15.49%，第二条路径的效应量为 84.51%。课程及教学对大学生创新创业能力的影响作用主要是间接影响。课程及教学支持主要是促进了学生个体投入，进而促进大学生创新创业能力。

回归模型 8 验证了研究假设 8，得知环境支持可以直接促进大学生创新创业能力，环境支持变量可以有效解释 17.3% 的大学生创新创业能力的变异。资源环境支持、制度环境支持均可以显著正向影响大学生创新创业能力，两者对大学生创新创业能力的影响作用大小为：资源环境支持（$\beta=0.220$）＞制度环境支持（$\beta=0.208$）。由研究假设 10 可知，环境支持可以间接促进大学生创新创业能力。环境支持影响大学生创新创业能力有两条路径：(1)环境支持→创新创业能力；(2)环境支持→学生个体投入→创新创业能力。第一条路径的效应量为 14.82%，第二条路径的效应量为 85.18%。环境对大学生创新创业能力的影响作用主要是间接影响。环境支持主要是促进了学生个体投入，进而促进大学生创新创业能力。

当将教师、课程及教学、环境同时纳入结构方程模型(图 6-8)，课程及教学、环境对创新创业能力的直接影响路径甚至不再显著，只有教师对创新创业能力的直接影响路径显著，但效应量也很小，仅占 5.51%。教师、课程及教学、环境通过个体投入对创新创业能力的间接影响效应量共占 44.42%，个体投入对创新创业能力的直接影响效应量占 44.89%。概言之，包含个体投入的路径效应量共占 89.31%。由此可见，个体投入是院校支持与学生创新创业能力之间不可或缺的关键变量，个体投入是决定学生创新创业能力发展的根本因素。

综合来看，教师、课程及教学、环境对学生个体投入的影响作用依次减小，且三者对创新创业能力的直接促进作用都是很小的，甚至不存在。这就意味着教师、课程及教学、环境都难以直接促进学生创新创业能力。教师、课程及教学、环境主要是间接影响了学生创新创业能力,所以三者是影响学生创新创业能力发展的外在条件。由此可见,在创新创业教育中,学生是自主行动者,但离不开教师的引导、鼓励和帮助,离不开课程及教学这种重要学习途径的支撑,离不开基于学生需求的资源及制度等环境的保障。

(二)个体投入对大学生创新创业能力的影响

回归模型 2 验证了研究假设 1,得知个体投入可以直接促进大学生创新创业能力,个体投入的 9 个变量可以有效解释 62.9% 的大学生创新创业能力的变异。这意味着个体投入变量能够解释创新创业的大部分变化。学业效能感、掌握目标定向、课堂学习投入、课外活动投入、反思性学习、生生互动、师生互动、工具利用均可以显著正向影响大学生创新创业能力发展。比较这些个体投入对创新创业能力的标准化系数可知,影响作用大小顺序为:学业效能感($\beta=0.327$)>掌握目标定向($\beta=0.248$)>反思性学习($\beta=0.215$)>生生互动($\beta=0.075$)=课堂学习投入($\beta=0.075$)>师生互动($\beta=0.056$)>课外活动投入($\beta=0.041$)>工具利用($\beta=0.031$)。

结合量化和质性分析结果,有四点思考值得注意。

第一,学业效能感、掌握目标定向、反思性学习的标准化回归系数远大于其他投入的,说明在这三类个体投入对创新创业能力发展有很大促进作用,这与第二章的理论分析是相一致的。前文分析认为学业效能感、掌握目标定向、反思性学习贯穿于学生自主学习全过程,最能够体现学生主动性,对学生创新创业能力的形成有较大的促进作用。学业效能感、掌握目标定向是学生能够自主学习的内在原因,学生具有掌握目标定向时会持续不断投入学习并在挑战面前坚持不懈,学生具有学业效能感时会坚信自己可以很好地完成学业任务。可以说,学业效能感和掌握目标定向是学生能够持续投入学习的内在动力。

第二,已有研究中往往忽略了反思性学习的重要性,更为强调行为投入这种外显的投入。本书从理论上认为反思性学习是促进创新创业能力发展的重要学习策略之一,量化研究也确实证明了这一结论,而且结果还表明反思性学习对创新创业能力发展的促进作用远大于其他学习策略的影响。反思性学习是自我调节的策略,是一种主动的建构性学习过程。尤其是创新创业教育强调体验式学习,这就更需要学习者对自身的经验和经历进行深度反思,从而才能够从经验中学习。学生在反思的过程中,不断评价自我、发现自我,进而再不断投入,从而发展自我。所以反思性学习对发展创新创业能力的重要性应该受到重视。

第三，课外自学投入对创新创业能力有抑制作用。本书的量化统计数据表明，大学生总体样本的课外自学投入平均值为 2.965，低于理论中值 3，远低于其他个体投入变量如自我效能感、掌握目标定向等的平均值。再结合质性资料分析发现，大学生的课外自学投入较少；课外自学多是迫于考试压力而应付考试的学习，而不是为了获得能力增长；学习的方式主要为背诵、记忆等机械性学习；学习的内容多为陈述性知识学习。沉浸式的探究式学习，可以对创新创业能力有正向影响。但这种沉浸式的探究式学习需要非常多的投入，而不是一般的投入就可以实现的。所以当前大学生的课外自学应该不是探究式学习，所以对创新创业能力有负向影响也是可以理解的。在结合质性资料的基础上，本书初步猜测课外自学与创新创业能力呈"U"形关系，而当前我国大学生的课外自学投入处于"U"形左侧。另外，只有当学生在课堂上投入较多，将课堂学习的兴趣延伸至课外时，课外自学才真正体现了学生的主动性，即课堂学习与课外自学应该是相互配合的。以后的研究中可以进一步探究课外自学对创新创业能力的影响机制。

第四，课外活动投入对创新创业能力的促进作用较小，这与我们创新创业教育中课外活动的作用认识不同。当前的大学创新创业教育中，在课外活动中投入了大量的资源，强调在创新创业竞赛、创业训练计划项目等课外活动中培养学生的创新创业能力。因为以往我们认为大学生在课外活动中更为自主，课外活动这种非正式的自主活动更能够调动大学生知情意行的多方面投入，所以对创新创业能力应该有较大影响。但本书的结果证明并非如此，且课外活动对创新创业能力的促进作用还不及课堂学习。结合质性资料看，原因主要有两点：一是课外活动更多锻炼了学生的沟通合作能力，对其他能力如果断决策能力、把握机遇能力等的发展较少，所以最终对创新创业能力的影响有限；二是学生参加课外活动并非出于发展自我的内在需要，而是迫于综合素质考评制度，导致学生在参加课外活动的过程中并没有关注认识自我、发展自我及实现自我，所以创新创业能力发展较少。当前也有少量研究，如刘声涛等人的实证研究也发现课外活动投入对学生自我认知能力影响不显著[1]，与本书的发现有一定相似之处。

三、教师是培养学生创新创业能力的强力后盾，却受制于师生互动水平

教师作为学生自主行动的促进者、引导者，是学生创新创业能力发展的强力

① 刘声涛，张婷，徐丹.本科生课外时间投入对能力发展的影响：基于 H 大学学生就读经历调查数据[J].复旦教育论坛，2015(5)：55-61.

后盾,也是对大学生创新创业能力影响作用最大的院校支持要素,课程及教学、环境支持也需要通过教师发挥促进大学生创新创业能力发展的作用。教师支持是影响学生创新创业能力最重要的外在条件,人际支持、教师自主支持、教师情感及能力支持对创新创业能力有着显著的正向影响作用。人际支持是学生与教师、管理者互动的整体性结果,较为全面地反映了师生关系、师生互动程度等。人际支持对创新创业能力的影响远大于教师自主支持、教师情感及能力支持的影响。一方面与教师、管理者之间良好的人际关系可以增强学生的院校认同感、归属感,促进学生增加个体投入;另一方面教师、管理者为学生的发展提供了学习、模仿的依据,提供了更多的经验、智慧,也提供了更多的关键性信息等;三是学生与教师、管理者互动的过程中获得了较多的自主支持、情感支持、能力支持等。创新创业教育中强调教师是学生行动的促进者、鼓励者,强调教师减少对学生的控制、权威等,而是充分给予学生自主探索的机会、环境和能力支持。教师自主支持、情感及能力支持为学生提供了自主开展行动的空间,鼓励学生在不确定和复杂的环境中冒险,能够提高学生的效能感、内在动机,并促进学生的行为投入,引导学生真正实现自主学习。

由研究假设 3 可知,师生互动水平可以正向调节教师支持与大学生创新创业能力的关系。高水平的师生互动可以增强教师支持对创新创业能力的促进作用,低水平的师生互动可以削弱教师支持对创新创业能力的促进作用。这就意味着,教师支持能否对大学生创新创业能力发挥促进作用,取决于师生互动水平。但不幸的是本书的量化数据和质性资料都显示,当前我国高校师生互动水平较低。本次测量数据显示大学生的师生互动的平均值为 2.829,小于理论中值"3",且偏度系数为正值,提示大部分数据在均值的左侧。质性资料也表明,当前我国高校师生互动的水平是令人担忧的。这就意味着,低水平的师生互动已经成为制约教师支持发挥作用的因素。质性资料表明,师生互动水平低的原因主要为:一是生师比过高,教师难以有精力指导每一位学生;二是师生因不在同一校区,造成地理上的隔绝;三是教师被科研评价指标裹挟,无心教学和指导学生。除此外,应该还有文化上的原因,如果利用霍夫斯特德(Hofstede)提出的文化维度中权力距离①概念解释大学中的良好师生关系,那么我们大学师生的权力是有距离的、不平等的。这与我们传统文化向来强调师道尊严有关,我们的教师和管理者确实比学生具有更高的权力地位。这就造成了我们的学生往往与教师、管理者之间的交流交往较少,学生

①   HOFSTEDE G. Culture and organisations[J].International studies of management and organization,1980(4):15-41.

从教师、管理者那里获得的支持也是较少的。如何增加教师与学生的互动，为学生创造更好的人际支持环境，是深入推进创新创业教育应重点关注的问题。

四、课程教学是发展学生创新创业能力的主阵地，但课程教学质量堪忧

在课程及教学方面，创新创业教育强调通过课程及教学为学生提供主动式学习、参与式学习、体验式学习、实践学习和合作学习的学习模式，课程及教学是促进学生创新创业能力发展的关键支持性要素。本书确实证实了课程教学管理、教师教学水平、创新教学方式对大学生创新创业能力有显著正向影响，与已有研究的研究结论较为一致。如以西(Ezeh)通过对尼日利亚扎姆法拉州(Zamfara)的 312 名大学生数据进行分析，发现感知教育支持对学生创业意向和创业能力有显著影响，即课程和教师教学能力越好，学生的创业意愿越强。① 吉尔(Gieure)的实证研究结果表明课程和研讨会直接影响学生创业能力的发展。②

创新创业教育强调课程及教学的改革不是要加入创业教育的课程内容，而是要变革课程的教学方法和策略。本书证明创新教学方式对大学生创新创业能力有显著影响，这与已有研究的发现也是较为一致的。斯滕霍尔姆(Stenholm)等认为(创新)创业教育在课程中嵌入创业教育是一种有计划的教学方法，但采用创业教育的教学方法并不刻意嵌入创业教育的教学(称为非创业学科教学)，也是能够促进学生创新创业能力的，即支持创新创业能力是非创业学科教学的一个常规结果。③ 斯滕霍尔姆等的研究发现，虽然老师们都没有意识到他们的教学与创新创业能力有任何关系，但实际上他们采用的主动教学法确实提高了学生的创新创业能力，这些能力虽然没有涵盖欧盟 EnterComp 框架中的所有能力(3 领域，15 个能力)，但除机会识别、毅力和调动资源能力外，其他 12 个能力都得到了支持。约恩苏·萨洛(Joensuu-Salo)等也认为在任何学科中使用创新教学方法，都有助于培养

① EZEH P C, NKAMNEBE A D, OMODAFE U P. Determinants of entrepreneurial intention among undergraduates in a Muslim community[J].Management research review,2019(8):1013-1030.

② GIEURE C, DEL MAR BENAVIDES-ESPINOSA M, ROIG-DOBÓN S. Entrepreneurial intentions in an international university environment[J]. International journal of entrepreneurial behavior & research, 2019(8):1606-1620.

③ STENHOLM P, RAMSTRÖM J, FRANZÉN R, et al. Unintentional teaching of entrepreneurial competences[J].Industry and higher education,2021(0):1-13. https://doi.org/10.1177/09504222211018068.

学生的创新创业能力。[①] 创新创业教育不是简单地增加创新创业课程或项目,而是改革教学方式、教学内容等,实现创新教学。

　　课程与教学支持对大学生创新创业能力的促进作用,受到学生课程学习投入的调节。由研究假设 6 的验证结果可知:(1)学生课堂学习投入可以正向调节课程及教学支持与大学生创新创业能力的关系,即随着大学生课堂学习投入的提高,课程及教学支持对创新创业能力的正向预测作用呈逐渐增强趋势;(2)课外自学投入不可以调节课程及教学支持与创新创业能力的关系。本书的假设 6 并没有全部得到验证,可能与大学生课程学习投入较低有关。量化数据显示,大学生的课堂学习投入的平均值为 3.284,略大于理论中值"3";课外自学投入的平均值仅为 2.965,小于理论中值"3",偏度系数为正值,提示大部分数据在均值的左侧。很显然,课堂学习投入和课外自学投入的水平并不尽如人意。此处,看起来学生课程学习投入已经成为阻碍课程及教学支持发挥作用的因素,但实际上我们应该追究为什么学生不愿意在课程学习上投入更多。质性资料显示,学生是低质量课程的受害者,照本宣科的讲授式课堂、应试型课程考试方式都在消磨学生的学习热情,浇灭学生的学习兴趣。创新式课堂深受学生的喜欢,学生也愿意投入更多精力和时间,但这种课堂还是太少了,更多的课堂还是坚守着传统。这些违背创新创业教育理念的课程"屹立不倒",俨然已经成为阻碍学生创新创业能力发展的因素。

五、资源与制度是支持学生创新创业能力发展的关键环境,改善迫在眉睫

　　资源环境、制度环境能够直接显著正向影响大学生创新创业能力的发展,因为开放包容、支持学生自由探索的学习环境能够激发学生的创造性、主动性等,满足学生个性化发展、自主化发展的需求。创新创业能力的发展强调环境支持的重要性,院校需要为大学生提供可供学生自主行动的多元化、开放性环境支持,如此才可以为学生创设互动社区,让学生可以与教师、同伴等积极交流经验,让学生自主开展探索,从而获得自身的能力发展。资源环境支持、制度环境支持这两种环境支持能否更好地发挥作用,也取决于学生的学习动机。由研究假设 9 可知,环境支持对大学生创新创业能力的促进作用受到掌握目标定向的正向调节,即随着大学生内在动机的提高,环境支持对创新创业能力的正向预测作用呈逐渐增强趋势。这也就意味着,如果学生没有发展自己的动力和欲望,无视学校提供的丰富教学资

---

　　① JOENSUU-SALO S, PELTONEN K, HÄMÄLÄINEN M, et al. Entrepreneurial teachers do make a difference—or do they? [J].Industry and higher education,2021(4):536-546.

源、自由探索的学习环境、自主选课空间、转专业制度、综合素质评价制度等,则资源与制度支持也是难以发挥作用。

本书的质性资料发现,大学生认为院校提供的资源及制度支持都是不完善的。一是导师制流于形式,绝大多数学生并未得益于导师制,并未得到导师的有效指导;二是综合素质考评制强制学生必须参加较多活动,但学生并非出于自身发展内在需求、兴趣等,故对学生的自我发展并无太大益处,反而耽误学生的时间;三是选课制没有选择的空间,学生的课程安排统一化、模式化,学生无法利用选课制为自己制订个性化的培养方案;四是学生迫切希望大学可以提供更自由、更宽松、更包容的学习环境、人际环境等,以支持学生能够自由探索以实现自我发展目标。院校应提供更为完善的资源支持、制度支持,为大学生创设支持其自主学习、自主发展的环境。

第二节　进一步的讨论

一、从整体性视角看大学生创新创业能力影响因素

大学生创新创业能力的发展是个体因素与外界因素共同作用的结果,所涉及的因素较多,所以不应该孤立看待某个或某些因素,而应该从整体性的视角,综合看待不同因素之间的关系。在外界因素中,本书重在探讨学校教育因素对大学生创新创业能力的影响,教师、课程及教学、资源及制度环境不应是三个孤立的院校影响因素,而应是一个整体。本研究也发现教师、课程及教学、资源及制度是显著正相关的,三者构成影响学生创新创业能力发展的支持性环境。这就意味着高质量的创新创业教育不应该是在某一方面做得好,而应该是全部教育要素的相互配合与支持。

大学创新创业教育应该从教师、课程及教学、资源及制度等各个方面进行全方位改革,为学生创新创业能力发展创设整体性的支持环境。如大学在改革课程及教学的管理制度、教学方式、给予学生充分自主学习空间的同时,也应该改革教师考评制度、转变教师教学理念、激励教师在教学中投入更多精力。如此,教师才有更多精力与激情指导学生,与学生有更多的互动,给予学生充分的人际支持、情感及能力支持等,从而更好地发挥学生行动促进者的作用。再比如,大学在改革选课制度、综合素质考核制度等制度的同时,也应该给予学生更多的学业规划指导,

让学生有能力做出学业选择。创新创业教育应该与高校所有工作联系在一起,因为创新创业教育目标是为了培养创新创业人才,需要全员配合和共同努力,需要高校领导人做一个系统设计。[①]

二、以广大教师参与为入口突破创新创业教育发展瓶颈

本书发现制约大学生创新创业能力发展的最突出因素,就是学生难以获得广大教师的指导。当前大学师生关系薄弱、师生互动水平低,以至于学生在课堂内外都难以得到教师有效的指导。创新创业教育理念认为学生是行动者,教师是学生行动的促进者、鼓励者、引导者。但在实际中,广大教师没有热情、精力、能力给予学生自主发展中所需要的各种支持,学生在自我发展的道路上多是依靠自我摸索。换言之,广大教师根本没有发挥应有的作用,反而是事不关己高高挂起的状态。究其原因,主要有三点:一是观念原因,广大教师没有正确理解创新创业教育、创新创业能力的内涵,认为创新创业教育离自己遥远,没有认识到自身在大学生创新创业能力培养中的责任与角色定位,没有认识到变革课堂教学就是参与创新创业教育的途径之一;二是制度原因,教师迫于职称评聘制度,不得已将精力放在自我发展上,重科研轻教学,根本无心培养人才;三是能力原因,教师自身没有能力指导学生,也没有能力创新课堂教学。

突破创新创业教育发展瓶颈,必须调动全体教师参与到创新创业教育中。因为只有全体教师参与到创新创业教育中,才能实现创新创业教育与专业教育的融合,实现创新创业教育融入教育教学全过程。如此,才能真正发挥教师作为学生行动引路人的关键作用。调动全体教师参与创新创业教育,高校必须做到转观念、变制度、提能力。具体而言,转变广大教师观念,让教师深刻认识到自身在创新创业教育中的角色定位;变革教师考评制度,调动教师参与创新创业教育的积极性,激发教师变革课堂教学的热情;提高教师教育教学能力,促使教师有能力指导学生学业规划、未来规划等,有能力实施课堂教学改革。

三、从学生能力与学习投入现状反思创新创业教育问题所在

创新创业教育中大学生的角色是主动行动者,学生在一系列的行动及反思中获得自我成长。换言之,大学生创新创业能力成长过程就是学生创新创业行动过

---

① 王洪才.创新创业教育:中国特色的高等教育发展理念[J].南京师大学报(社会科学版),2021(6):38-46.

程。本书也已经证明了学生的个体投入对创新创业能力有显著正向影响。在大学生创新创业能力方面，本书发现大学生创新创业能力中的态度能力如目标确定能力、逆境奋起能力都较强，但学生的行动能力或者说实践能力，如把握机遇能力、果断决策能力等较差。在学生个体投入方面，本书发现大学生个体学习投入中认知投入如学业效能感、掌握目标定向、反思等投入较多，但行动学习如师生互动、课堂学习、课外自学、课外活动等投入较少。综合两者的结果看，可以发现大学生的行动能力差，同时大学生的行动学习投入较少，这两者的结果是相互印证的。

创新创业教育强调体验式学习范式，强调让学生在实践、项目等更真实及复杂的情景中，利用直接经验及已有经验学习。创新创业过程是知行合一的过程，能力是在实践中反复应用知识、总结反思后，获得的一种经验。换言之，创新创业能力是学生行动体验的结果。但当前大学生知多行少，这与我们教育一直强调理论学习而忽略实践学习有较强的关系。以往我们默认学生掌握了理论知识，就自动获得了实践的能力，但实际上知识不能自动转为能力。大学生创新创业能力及个体学习投入的测量结果，都表明我国当前创新创业教育仍未转变重理论轻实践的错误方式，并未在各种教育活动中强调学生的参与及体验，这与创新创业教育理念是背道而驰的。创新创业教育应强调学生学习的主体性和自主性，让学生成为自我发展的主导者，最终让学生成为应用型的精英人才，这符合大众化时代的高等教育改革方向。大众化时代高等教育绝不是面向少数人、注重理论学习的传统精英教育，而应是面向全体、注重实践学习的新时代精英教育，让每个人成为有思想、善创新、能行动的创新创业者。创新创业教育应考虑如何给予学生更丰富的实践机会、更开放的自主环境、更有效的行动支持，保障学生能够真正成为主动行动者，从而发展自身的创新创业能力。

第三节　研究启示

一、提高学生学习内在动机，从"被动学习"转变为"主动学习"

创新创业教育理论基础是建构主义，强调学生的体验式学习。学生角色不再是被动的知识接受者，而是主动的行动探索者。学生作为自主行动的主体，在行动过程中发现问题、深入探究问题并创造性地解决问题，进而发展自身的创新创业能力。学生自主行动离不开内在动机，已有研究中已经证明了内在动机对学生成长的重要性。创新创业教育应该努力提高学生的内在学习动机,让学生有强烈的探究兴趣和求知动机,从而能够自主开展研究性学习,能够持续不断地在学业中投入更多的行为、策略等。学生的主动性是影响大学生创新创业能力的最根本因素,只有让学生从"被动学习"转变到"主动学习",才能够保障学生在大学中获得最大限度的能力发展。

本书发现,一是学生内在学习动机、外在学习动机均能够直接影响学生创新创业能力,但内在学习动机对能力的促进作用更大。二是内在动机和外在动机都可以提高学生的个体投入如学习策略、行为投入,进而促进创新创业能力形成。三是内在动机可以增强资源及制度对创新创业能力的促进作用。四是强烈的内在动机增强个体投入对创新创业能力的促进作用,强烈的外在动机削弱个体投入对创新创业能力的促进作用。拥有内在动机的学生更关注成长过程及自身能力发展,能够不断挑战新的任务,主动探索学习,努力解决遇到的问题。拥有外在动机的学生更关注成绩结果,忽略能力发展,个体投入也容易受到不良结果的负向影响。整体来看,内在动机对大学生创新创业能力的发展更为重要,学校应该培养学生的好奇心、兴趣等内在动机。

本书还发现学业效能感、内在动机、反思性学习、生生互动、师生互动、课堂学习投入、课外活动投入、工具利用等体现学生学习主动性的个体投入,对创新创业能力均有显著正向影响。其中比较能够体现学生主动性的投入如学业效能感、内在动机、反思性学习,对学生创新创业能力的促进作用较大。成绩目标定向这种体现学生被动性的外在动机,对学生创新创业能力的促进作用很小。沉迷电子产品、拖延性这些体现学生学习被动性的行为或策略,对创新创业能力有显著的抑制作用。以记忆式学习、陈述性知识学习为主的课外自学投入,对创新创业能力也有抑制作用。高质量的、深度的研究性学习才能促进创新创业能力的成长。

创新创业教育应该让学生提高学习的内在动力,增加学生学习主动性。如此,学生会有更多的个体投入如反思性学习、课程学习等,同时会减少沉迷电子产品、拖延性等被动学习行为、策略。创新创业教育应鼓励学生使用有利的学习策略,如反思性学习、生生互动、师生互动。尤其是反思性学习,这种学习策略对创新创业能力的促进作用非常明显。因为创新创业教育理论强调学生的体验式学习,让利用直接经验学习,并从已有经验中学习。学生作为自主行动者,反思性学习就是让学生从经验中学习的最有力策略。大学应该通过引导学生写反思性日记、随笔等,提高学生的反思性学习意识和投入。生生互动、师生互动的学习策略对创新创业能力的作用也是很明显的,创新创业强调个体与环境的充分互动,在互动中不

断调适自身发展目标、使用合作学习、增加个体投入等，从而发展创新创业能力。工具利用虽然也能够促进学生创新创业能力，但是我们对这一策略还是应该保持谨慎的态度。因为工具利用与沉迷电子产品是显著正相关的，所以我们应该让学生适度利用工具进行学习、沟通等。

二、转变传统教师角色，从"知识传递者"转变为"行动促进者"

与课程及教学支持、环境支持相比，教师支持是院校层面最重要的支持性要素。教师在促进学生创新创业能力发展上，有最重大的责任。教师是促进学生创新创业能力发展的关键支持者。创新创业教育强调的是"学习范式"，而不是"教学范式"。所以学生是创新创业学习中的主动行动者，教师是学生行动促进者。教师成为行动促进者并不是弱化了教师作用，反而是强化了教师责任。这种角色的转变意味着教师与学生互动模式的改变，教师不仅需要在课堂上与学生互动，而且更需要在课后与学生互动。良好师生关系、教师自主支持、教师情感及能力支持对创新创业能力发挥作用的关键就是师生互动。当前我国大学中师生互动水平较低，制约教师发挥"行动促进者"的作用，直接影响了学生创新创业能力的发展。

人际支持、教师自主支持、教师情感及能力支持是影响大学生创新创业能力的关键要素。这就意味着教师不是权威，而是学生行动过程中的引导者、促进者和鼓励者。教师的角色不再是"知识传递者"，教师把学习中的控制权、主动权交给学生，充分发挥学生的主动性，让学生自主决定采取何种行动、如何行动等。教师的角色应该是"行动促进者"，引导学生提出问题，鼓励学生开展自主探索行动，引导学生合作、讨论、反思，充分与环境开展互动，为学生行动过程中提供情感、能力支持，帮助学生创造性地找到问题解决办法。学生在自主的行动过程中，可以提高自我效能感、激发内在动机、明确自我发展需求及方向，从而提高创新创业能力。

三、变革创新创业教育模式，从"创业培训"转变为"创新教学"

创新创业教育是面向所有学生，强调"学习方式"的全新教育模式改革，而不是面向少数学生的创业培训。已有创新创业教育模式强调学生在课外参加的创新创业培训、项目、竞赛、学生活动等，但本书发现课外活动这些投入对学生创新创业能力的影响作用并不是很突出，而且是小于课堂学习投入的影响作用。课外活动可能更多地培养了学生的沟通能力、合作能力，但对更多维度的创新创业能力作用有限。所以我们不应过分迷信课外活动的作用，而应该将重点放在学生的课程学习上。课程教学是培养学生创新创业能力的主阵地，学生的课程学习投入决定了学生从课程中的收获。但当前我国大学生的课程学习投入状况堪忧,课堂学习投入较少,课外自学投入更少。低水平的课程学习投入限制了课程及教学支持对创新创业能力的促进作用。创新创业教育应从课程教学管理、教学内容、教学方式上进行全方位的改革,实现创新教学,激发学生的课程学习投入,发挥课程及教学对学生能力成长的重要支持性作用。

首先,创新教学方式,从"说教式"转变到"体验式"。创新创业教育基于建构主义的理论,强调"体验式"学习,或者说"行动学习",强调学生从自身经验学习的重要性。小组合作、案例教学等以学生体验为主的创新教学方式对创新创业能力有显著的正向影响,但当前我国大学的教学方式还是以讲授式为主,讲授式教学难以发挥学生的主动性和主体性,也难以让学生从经验中学习。创新创业教育必须脱离单向的讲授模式,吸引学生高度参与及投入课堂,如引导思考、鼓励发言、讨论等,让学生将课堂学习兴趣延伸至课下。吴(Wu)等利用层次分析法,发现学生更喜欢体验式教学法。[①] 课堂教学方法的生动灵活性,可以显著提升学生的院校满意度和学业成就。[②③] 另一方面,体验式学习能够增加学生的课程学习投入,进而间接影响学生创新创业能力的形成。体验式学习是有复杂情景的,学生需要投入情感、认知、行为等多方面才能解决所面对的问题。

其次,设计能够激发学生自主学习的课程教学管理制度,如课程作业、课程考核等。课程必须给予学生自主性,在作业、考核时不强化陈述性知识的记忆,不施加学生过多的学业负担,而是给予充分的自由时间。减轻负担是减除与学生能力成长关系不大的硬性要求,而是给予学生更符合自身成长需求的挑战性任务,让学生自由自主地摸索自我成长路径。让课外自学成为基于内在动力的高度自觉的探究式学习,如此才能真正实现学生的自主学习。

最后,更新课程及教学理念,从重点关注"理论"到重点关注"实践"。传统教育重视无情景的、高度抽象的理论学习,让学生接受了大量的确定性知识。但实际上,学生在创新创业过程中面对的是具有高度不确定性和复杂性的问题,这些问题

---

① WU Y J, CHEN J C. Stimulating innovation with an innovative curriculum: a curriculum design for a course on new product development[J].The international journal of management education,2021(3):1-16.

② 鲍威.高等院校教学质量与教育成果及其关联性的实证研究:基于北京市高校学生学业状况的调研[J].大学(研究与评价),2008(3):71-82.

③ 鲍威.未完成的转型:普及化阶段首都高等教育的人才培养与学生发展[J].北京大学教育评论,2010(1):27-44.

并不是由学科知识有序组合形成的,学生用确定的知识是难以解决这些问题的。如此就必须让学生在现实生活环境中学习,利用多学科知识综合性思考问题,整合各种理论概念,创造性解决问题。当前,我国大学生的目标确定能力和抗挫折能力强,但是行动筹划能力、果断决策能力、把握机遇能力、防范风险能力等行动能力差,尤其是果断决策能力和把握机遇能力是最差的。这也正是由于我们过于强调理论而轻实践,学生的行动能力没有在真实的情境中得到锻炼。

理工农医类大学生的果断决策、把握机遇能力显著大于人文社科类大学生,这在一定程度上可能也与理工农医类学生的实践性学习多,强调动手操作有关。理工农医类学生在实习实践中已有较多的训练,所以不惧怕动手实践和具体的行动,当有想法时就敢于开始实施想法,也就是勇于付诸实践,所以能够及时决断并抓住机会实施想法。但人文社科类学生没有太多实践的机会,往往会有较多顾虑,不敢开始实施真正的行动。所以尤其在课程及教学改革中,更要关注人文社科类的实践教学,让学生的学习不能仅停留在理论层面,更要让学生走向现实的生活,让学生真正地行动起来。尤其是要利用好课程实习、实践,让学生真正参与其中,帮助学生创新创业能力成长。质性资料中也反映了这一问题,人文社科类学生普遍反映实习、实践让自己收获颇多。

四、创设支持学生自主学习的环境,从"供给模式"转变为"需求模式"

虽然院校投入能够影响大学生创新创业能力的发展,但是学生个体投入才是影响创新创业能力的最根本因素。创新创业是一个人在面对环境挑战过程中发现自我、发展自我、超越自我从而实现自我的一系列行为。所以创新创业型人才不可能是被动"教"出来的,而应该是主动"学"出来的。换言之,创新创业能力的发展极为强调"学生""学习"。学生必须是主动学习者,是行动者。学生利用动机、策略等控制学习过程的因素,整合环境中的有利要素,脱离传统的基于知识传播的教学模式,成为基于自身体验的"训练自己"学习模式。创新创业教育是一种特定类型的自主学习,所以大学应该为学生创设支持自主学习的环境。大学应该为学生创新创业能力发展提供开放、自由、包容的支持性环境,是鼓励学生主动探索自我、发展自我的地方。

支持学生自主学习的环境应该是在充分考虑学生需求的基础上形成的,而不应该是由学校单方面决定的。供给模式的环境往往由于信息不对称、不确定性、院系差异等因素,最终导致学校的环境支持与学生个体的需求并不一致,这种环境支持最终就会成为无效支持。如本书在质性分析部分发现与学生密切相关的导师制、综合素质考评制度、选课制度、转专业制度等存在不合理现象，制度供给与学生需求并不匹配，从而导致制度失灵，甚至适得其反抑制学生的发展。院校在提供制度、资源等环境支持时应尊重学生的主体性、个体性，将学生的需求作为创设支持性环境的出发点。

院校提供基于学生需求的支持性环境，就必须重视群体差异，从关注"共性"到关注"个性"。创新创业教育要面向全体大学生，但这并不意味着面向所有大学生均给予相同的指导和支持。不同类型学生的创新创业能力存在显著差异。我们不能忽视这种群体差异，而应该是在重视群体差异的基础上，对大学生进行分类指导，给予学生更具针对性的支持及帮助。整体而言，本科生、女生、拥有较少家庭资本学生、大二及大三学生、非学生干部、学业成绩较差学生的创新创业能力都是显著较低的。院校更应该关注如何提高这些学生的创新创业能力，为这些"弱势"学生提供更多的师生互动、人际支持等环境支持，帮助这些学生更好地发展创新创业能力。

结　语

　　学生个体投入、教师支持、课程及教学支持、环境支持都是影响大学生创新创业能力的关键因素，学生个体投入是影响创新创业能力的内在因素，教师支持、课程及教学支持、环境支持是支持学生创新创业能力发展的外在条件。

　　创新创业是一个产生想法并将想法付诸行动的过程，创新创业能力也应该在一系列的行动中获得。创新创业教育的过程是学生自主学习的过程，是学生在行动过程中不断发现自我、发展自我、实现自我的过程，所以创新创业教育应该关注如何提高学生个体参与的广度及深度，尤其是学生的内在动机、反思性学习、生生互动和师生互动投入。内在动机是保证学生自主学习、不断探索的原动力，其重要性不言而喻。创新创业的学习强调学生的参与及体验，强调学生从自身经验中学习，所以反思性学习对学生的能力成长尤为重要。但在以往的教育中，我们往往是忽略反思性学习的，这是不尊重学生个体经验的表现。生生互动和师生互动可以帮助学生发现自我，给予学生情感及能力支持，鼓励学生更多的学习投入等，最终提高学生的目标确定能力、沟通合作能力、逆境奋起能力等。

　　创新创业教育是强调"学习范式"的全新教育模式，旨在为学生自主发展提供开放的支持性环境，让学生在与环境不断互动的行动过程中发展自我、实现自我。教师作为学生行动的促进者，是最重要的外在环境条件。教师也是课程及教学、环境影响学生创新创业能力的重要载体。良好的师生关系、教师自主支持、教师情感及能力支持、高度自主的课程支持等，可以保障学生自由自主地探索未知，对创新创业能力发展提供强大的支持性环境。教师在课外与学生的互动为学生提供了自主支持、情感能力支持，教师在课堂上的教学设计、课程内容、教学方法等影响了学生的投入、体验等。创新创业教育改革重在专业课程及教学上，教师在促进教育教学范式转型中的作用尤为关键。改革教师评聘考核制度，减轻教师的科研考核压力,激发专业教师创新教学的活力,调动全体教师参与创新创业教育,是保障创新创业教育成功的重要举措。

概言之,提高学生创新创业能力的关键是"学"与"教",即"学生""学习"与"教师""教学"。具体而言,学生到底学习什么,如何学习,教师教什么,怎么教?学生要学习的是在复杂的、真实的场景中如何创造性地解决问题,学习方式应该是体验式学习。教师教的是如何发现问题及创造性解决问题,教学的方式是引导及鼓励学生自主探索。创新创业教育模式的变革,就是转变学生、教师的角色,推动从"教学范式"到"学习范式"的改革,实现创新教学,培养真正具有创新创业能力的创新创业型人才。

整体而言,本书创新之处在于构建出大学生创新创业能力影响因素圈层理论模型,研制出大学生创新创业能力影响因素测量工具,并利用量化分析检验了大学生创新创业能力影响因素圈层理论模型,利用质性分析探究各种影响因素的表现及问题。本研究用数据证明了学生个体、全体教师、专业课程教学、资源及制度环境对大学生创新创业能力的不同作用,及这些要素的具体作用路径及存在问题,发展了创新创业教育理论。另外,本研究研制的大学生创新创业能力影响因素测量工具,可以帮助高校量化评估创新创业教育开展情况,如了解本校全体教师参与创新创业教育情况、专业教育与创新创业教育融合情况等,从而对课程建设、教学改革、教育管理等进行针对性改革。

本书不足之处一则在于测量样本选择未实现完全随机抽样。这是由于数据非研究者本人到现场收集,而是委托每所高校协助发放问卷的中间人进行发放。虽然在施测时已对每所高校协助发放问卷的中间人提出了抽样要求,但是中间人在实际操作过程中难以严格遵照抽样要求,只能根据院校实际情况并与研究者协商后进行了一定调整。本研究不足之处二则在于毕业班样本占比略少,这一状况也是调查大学生时普遍面临的难题。在未来研究中,应设计更为合理的抽样原则和办法,并扩大高校测量范围,利用测量数据进一步挖掘不同影响因素之间的作用机制。

参考文献

一、中文文献

(一)著作

[1]理查德·韦伯.创业教育评价[M].常飒飒,吴晓哲,译.北京:商务印书馆,2017.

[2]阿兰·法约尔.创业教育研究手册:第1卷[M].刘海滨,译.北京:商务印书馆,2019.

[3]奥姆罗德.教育心理学:下[M].彭运石,等译.西安:陕西师范大学出版社,2006.

[4]理查德·M.勒纳.人类发展的概念与理论[M].张文新,主译.北京:北京大学出版社,2011.

[5]乔恩·埃尔斯特.解释社会行为:社会科学的机制视角[M].刘骥,何淑静,熊彩,译.重庆:重庆大学出版社,2019.

[6]约瑟夫·熊彼得.经济发展理论[M].郭武军,译.北京:中国华侨出版社,2020.

[7]金子元久.大学教育力[M].徐国兴,等译.上海:华东师范大学出版社,2009.

[8]奈杰尔·吉尔伯特.基于行动者的模型[M].盛智明,译.上海:上海人民出版社,2012.

[9]毕淑芝,王义高.当代外国教育思想研究[M].北京:人民教育出版社,2002.

[10]李剑锋.组织行为学[M].北京:首都经济贸易大学出版社,2003.

[11]刘大椿,刘蔚然.知识经济中国必须回应[M].北京:中国经济出版社,1998.

[12]刘蓉,熊海鸥.运筹学[M].2版.北京:北京理工大学出版社,2018.

[13]陆益龙.定性社会研究方法[M].北京:商务印书馆,2011.

[14]史秋衡,汪雅霜.大学生学习情况调查研究[M].北京:教育科学出版社,2015.

[15]王洪才,等.大学创新教学理论与实践:后现代大学来临及其回应[M].北京:科学

出版社,2018.

(二)学位论文

[1]柏豪.高校层次对大学生创业的影响因素研究[D].北京:北京科技大学,2019.

[2]包翠秋.大学生拖延行为与自尊、自我效能感的关系研究[D].重庆:西南大学,2007.

[3]常飒飒.基于核心素养发展的欧盟创业教育研究[D].吉林:东北师范大学,2019.

[4]迟翔蓝.基于自我决定动机理论的教师支持对大学生学习投入的影响机制研究[D].天津:天津大学,2017.

[5]倪雪.大学生完美主义、自我效能感与拖延的关系研究[D].黑龙江:哈尔滨工程大学,2015.

[6]宁德鹏.创业教育对创业行为的影响机理研究[D].吉林:吉林大学,2017.

[7]欧阳丹.教师期望、学业自我概念、学生感知教师支持行为与学业成绩之间的关系研究[D].广西:广西师范大学,2005.

[8]盛红梅.新时代大学生创新创业价值观研究[D].长春:东北师范大学,2020.

[9]童晓玲.研究型大学创新创业教育体系研究[D].武汉:武汉理工大学,2012.

[10]王文.中国大学生学习投入的内涵、结构与类型研究[D].北京:清华大学,2019.

(三)期刊文献

[1]安江英,田慧云.我国高校创新型人才培养模式的探索和实践[J].中国电力教育,2006(1):29-32.

[2]包克冰,徐琴美.学校归属感与学生发展的探索研究[J].心理学探新,2006(2):51-54.

[3]鲍威,杨钋,朱红,等.强化教学切适性 提升学生满意度:首都高校教学质量与学生发展状况调查报告[J].中国高等教育,2011(1):53-55,61.

[4]鲍威,张晓玥.中国高校学生学业参与的多维结构及其影响机制[J].复旦教育论坛,2012(6):20-28.

[5]鲍威.高等院校教学质量与教育成果及其关联性的实证研究:基于北京市高校学生学业状况的调研[J].大学(研究与评价),2008(3):71-82.

[6]鲍威.高校学生院校满意度的测量及其影响因素分析[J].教育发展研究,2014(3):22-29,55.

[7]鲍威.未完成的转型:普及化阶段首都高等教育的人才培养与学生发展[J].北京大学教育评论,2010(1):27-44.

[8]陈国权.团队学习和学习型团队:概念、能力模型、测量及对团队绩效的影响[J].管理学报,2007(5):602-609.

[9]陈继文,郭永玉,胡小勇.教师自主支持与初中生的学习投入:家庭社会阶层与学生自主动机的影响[J].心理发展与教育,2015(2):180-187.

[10]陈旭,张大均,程刚,等.教师支持与心理素质对中学生学业成绩的影响[J].心理发展与教育,2018(6):707-714.

[11]陈佑清.反思学习:涵义、功能与过程[J].教育学术月刊,2010(5):5-9.

[12]陈佑清.交往学习论[J].高等教育研究,2005(2):22-26.

[13]陈忠.知识经济的根本基础是人的创造性[J].自然辩证法研究,1998(11):64-65.

[14]池丽萍,辛自强.大学生学习动机的测量及其与自我效能感的关系[J].心理发展与教育,2006(2):64-70.

[15]戴鑫,覃巧用,杨雪,等.创新创业初期成功者的胜任力特征及影响因素:基于2015年"福布斯中国30位30岁以下创业者"的分析[J].教育研究,2016(12):89-96,111.

[16]邓启云,崔玲,王文君.基于"做中学"理念下学习效果相关因子的分析研究:以大学生的课堂学习为例[J].现代教育技术,2009(11):25-28.

[17]董杜斌.基于"AHP层次分析法"的创新创业教育评价指标体系构建[J].教育评论,2019(3):70-73.

[18]风笑天.定性研究与定量研究的差别及其结合[J].江苏行政学院学报,2017(2):70-76.

[19]冯艳飞,童晓玲.基于模糊层次分析法的高校创新创业教育评价研究[J].华北电力大学学报(社会科学版),2013(2):137-140.

[20]嘎日达.论科学研究中质与量的两种取向和方法[J].北京大学学报(哲学社会科学版),2004(1):54-62.

[21]高斌,朱穗京,吴晶玲.大学生手机成瘾与学习投入的关系:自我控制的中介作用和核心自我评价的调节作用[J].心理发展与教育,2021(3):400-406.

[22]高苛,华菊翠.基于改进AHP法的高校创新创业教育评价[J].现代教育管理,2015(4):61-64.

[23]郭芳芳,史静寰.课程学习评价与不同学科本科生学习之间的关系[J].高等教育研究,2014(5):63-70.

[24]李硕豪,魏昌廷.我国高等教育布局结构分析:基于1998—2009年的数据[J].教育发展研究,2011(3):8-13.

[25]吕素香.大二低潮现象原因与对策[J].中国高等教育,2015(10):56-58.

[26]马思腾,赵茜,焦欣然.自主支持:教师教学方式的转变[J].华东师范大学学报(教

育科学版),2018(1):15-21,159.

[27]毛晋平,钟妮,黄亚雯,等.师范生创新精神与目标定向、学校环境因素关系的实证研究[J].教师教育研究,2019(5):60-66,72.

[28]潘炳如,顾建民.在培养过程中影响研究生创新能力的因素有哪些[J].江苏高教,2022(2):74-81.

[29]秦西玲,吕林海.拔尖学生的学习参与及其批判性思维发展:基于全国12所"拔尖计划"高校的实证研究[J].江苏高教,2022(1):73-82.

[30]曲垠姣.我国高校大学生创业胜任力影响因素实证研究[J].首都师范大学学报(社会科学版),2019(2):181-188.

[31]唐德海,常小勇.从就业教育走向创业教育的历程[J].教育研究,2001(2):30-33,72.

[32]田虎伟.混和方法研究:美国教育研究方法的一种新范式[J].比较教育研究,2007(1):12-17.

[33]童星.家庭背景会影响大学生的学业表现吗?基于国内外41项定量研究的元分析[J].南京师大学报(社会科学版),2020(5):49-59.

[34]涂冬波,史静寰,郭芳芳.中国大学生学习性投入调查问卷的测量学研究[J].复旦教育论坛,2013(1):55-62.

[35]汪卫平,李文.中国大学生在线学习体验的区域差异及影响因素:基于国内334所高校调查数据的分析[J].开放教育研究,2020(6):89-99.

[36]王洪才,刘隽颖.大学创新创业教育核心·难点·突破点[J].中国高等教育,2017(Z2):61-63.

[37]王洪才,郑雅倩.创新创业教育的哲学假设与实践意蕴[J].高校教育管理,2020(6):34-40.

[38]王洪才.创新创业教育:中国特色的高等教育发展理念[J].南京师大学报(社会科学版),2021(6):38-46.

[39]王洪才.创新创业教育必须树立的四个理念[J].中国高等教育,2016(21):13-15.

[40]王洪才.论创新创业教育的多重意蕴[J].江苏高教,2018(3):1-5.

二、外文文献

(一)外文著作

[1] Aspen Institute Youth Entrepreneurship Strategy Group（US）（YESG）. Youth entrepreneurship education in America: a policymaker's action guide [M]. Aspen

institute, Washington, District of Columbia, 2008.

[2] BARTRAM D, ROBERTSON I T, CALLINAN M. Introduction: a framework for examining organizational effectiveness [M]// ROBERTSON I T, CALLINAN M, BARTRAM D. Organizational effectiveness: the role of psychology. Chichester, UK: Wiley. 2002.

[3] BIGGS J. Constructing learning by aligning teaching: constructive alignment [M]// Teaching for Quality Learning at University: what the student does. Philadelphia, PA: Open University Press, 2003.

[4] BYRNE J, FAYOLLE A, TOUTAIN O. Entrepreneurship education: what we know and what we need to know [M]// CHELL E, KARATA Ş-ÖZKAN M. Handbook of research on small business and entrepreneurship. Cheltenham: Edward Elgar Publishing. 2014.

[5] CARRÉ P. L'autodirection des apprentissages [M]// CARRÉ P, MOISAN A, POISSON D. L'autoformation, perspectives de recherche. Paris: Presses Universitaires de France, 2010.

(二)学位论文

[1] LACKÉUS M. Developing entrepreneurial competencies-an action-based approach and classification in education[D]. Goteborg: Chalmers University of Technology, 2013.

[2] MOBERG K. Assessing the impact of entrepreneurship education: from ABC to PhD [D]. Frederiksberg: Copenhagen Business School, 2014.

[3] SAKIZ G. Does teacher affective support matter? an investigation of the relationship among perceived teacher affective support, sense of belonging, academic emotions, academic self-efficacy beliefs, and academic effort in middle school mathematics classrooms[D]. Columbus: The Ohio State University, 2007.

(三)外文期刊

[1] AJZEN I. Perceived behavioural control, self-efficacy, locus of control and the theory of planned behavior[J]. Journal of applied social psychology, 2002(4):665-683.

[2] AJZEN I. The theory of planned behavior [J]. Organizational behavior and human decision processes, 1991(2):179-211.

[3] ALTINAY L, MADANOGLU M, DANIELE R, et al. The influence of family tradition

and psychological traits on entrepreneurial intention [J]. International journal of hospitality management, 2012(31):489-499.

[4] AMES C. Classrooms: goals, structures, and student motivation [J]. Journal of educational psychology, 1992(3):261-271.

[5] ANNA S. Measuring the effects of self-awareness: construction of the self-awareness outcomes questionnaire [J]. Europe's journal of psychology, 2016(4):645-658.

[6] ARAYA-PIZARRO S C. Influencia de la educación emprendedora sobre la intención de emprender del alumnado universitario[J]. Revista educación, 2021(2):593-611.

[7] ASSOR A, KAPLAN H, ROTH G. Choice is good, but relevance is excellent: autonomy-enhancing and suppressing teacher behaviours predicting students' engagement in schoolwork[J]. British journal of educational psychology, 2002(2):261-278.

[8] AYOB A, HUSSAIN A, MAJID R A. A review of research on creative teachers in higher education[J]. International education studies, 2013(6):8-14.

[9] CLARK B W, DAVIS C H, HARNISH V C. Do courses in entrepreneurship aid in new venture creation?[J]. Journal of small business mangement, 1984(2):26-31.

[10] B'ECHARD J P, GR'EGOIRE D. Entrepreneurship education research revisited: the case of higher education[J]. The academy of management learning and education, 2005 (1):22-43.

[11] BANDURA A, LOCKE E. Negative self-efficacy and goal effects revisited[J]. Journal of applied psychology, 2003(1):87-99.

[12] BANDURA A. Self-efficacy: toward a unifying theory of behavioral change [J]. Psychological review, 1977(84):191-215.

[13] BARR R B, TAGG J. From teaching to learning: a new paradigm for undergraduate education[J]. Change: the magazine of higher learning, 1995(27):12-26.

[14] BARTRAM D. The great eight competencies: a criterion-centric approach to validation [J]. The journal of applied psychology, 2005(6):1185-1203.

[15] BELL R, LIU P. Educator challenges in the development and delivery of constructivist active and experiential entrepreneurship classrooms in Chinese vocational higher education[J]. Journal of small business and enterprise development, 2019(2):209-227.

[16] BELL R. Adapting to constructivist approaches to entrepreneurship education in the Chinese classroom[J]. Studies in higher education, 2020(8):1694-1710.

[17] BELLOTTI F, BERTA R, DE GLORIA A, et al. Serious games and the development of an entrepreneurial mindset in higher education engineering students [J]. Entertainment computing, 2014(4):357-366.

[18]BENNETT R. Business lecturers' perceptions of the nature of entrepreneurship[J]. International journal of entrepreneurial behaviour & research,2006(3):165-188.

[19] BIRD B. Towards a theory of entrepreneurial competency [J]. Advances in entrepreneurship, firm emergence and growth, 1995(2):51-72.

[20]BLENKER P, FREDERIKSEN S H, KORSGAARD S, et al. Entrepreneurship as everyday practice: towards a personalized pedagogy of enterprise education[J]. Industry and higher education,2012(6):417-430.

[21] BODOLICA V, SPRAGGON M, BADI H. Extracurricular activities and social entrepreneurial leadership of graduating youth in universities from the Middle East[J]. The international journal of management education, 2021(2):1-11.

[22]BROWN B L. Entrepreneurship success stories: implications for teaching and learning [J]. Columbus:ERIC publications.1999(3):1-4.

[23]BROWN R. Encouraging enterprise: britain's graduate enterprise program. educational institutions in Great Britain encourage new graduates to start up new businesses[J]. Journal of small business management, 1990(4):71-77.

[24]CANIZARES S M S, GARCIA F J F. Gender differences in entrepreneurial attributes[J]. Equality, diversity and inclusion: international journal,2010(8): 766-786.

[25]CARTER N, GARTNER W, REYNOLDS R. Exploring start-up event sequences [J]. Journal of business venturing, 1996(3):151-166.

[26]CHEN G, GULLY S M, EDEN D. Validation of a new general self-efficacy scale[J]. Organizational research methods,2001(1):62-83.

[27]CHEUNG C K. An overview of entrepreneurship education programmes in Hong Kong[J]. Journal of vocational education & training, 2008(3):241-255.

[28]CHRISMAN J J. Program evaluation and the venture development program at the University of Calgary: a research note [J]. Entrepreneurship theory & practice,1997(1):59-74.

[29] COPE J. Entrepreneurial learning and critical reflection [J]. Management learning, 2003(34):429-450.

[30]LUNDBERG C A. Peers and faculty as predictors of learning for community college students[J]. Community college review,2014(2):79-98.

附　录

附录一：大学生（创新创业）能力发展研究问卷

亲爱的厦门大学夏令营营员：

你好！首先欢迎你参加我校夏令营活动！学生的成长成才一直是高等教育内部质量保障体系建设中关注的核心话题，作为优秀学生代表，你们的大学经历以及成长路径将为进一步改进教育教学、提升本科教育质量提供重要的实证依据。因此，我们诚挚邀请你参加本次调查。请根据你的实际情况，完成本问卷题目。所有问卷将做匿名处理，仅供教育研究之用，请放心填答。

建议您使用电脑进行答题，以便更便捷、更详细地填写！衷心感谢你的支持！

厦门大学教育研究院课题组

一、开放性问题

1. 在大学期间你感到最有意义的学习经历是什么？请至少详细阐述一项经历。【填空题】＿＿＿＿＿＿＿＿＿＿＿＿＿＿＿

2. 在大学期间你觉得自己哪些能力和素质成长最多？请你回顾下这些能力和素质是如何获得增长的？【填空题】＿＿＿＿＿＿＿＿＿＿

3. 你觉得影响大学生就业（或升学）最关键的能力或素质是什么？请举例说明。【填空题】＿＿＿＿＿＿＿＿＿＿＿＿＿＿

4. 您认为在大学期间哪些因素（例如教育方式、师生关系、考评制度等）阻碍了你的成长？请举例说明。【填空题】＿＿＿＿＿＿＿＿＿＿

5. 在未来的学习中,希望学院(或研究院、所)可以提供什么样的条件以促进你最快成长? 请阐释理由。【填空题】_____

二、基本信息

1. 本科就读院校:_____

2. 本科就读专业:_____

附录二:小样本测试问卷

大学生(创新创业)能力发展及学习体验

亲爱的同学:

　　您好!非常感谢您在忙碌中参与此次调查。本量表由厦门大学教育研究院创新创业教育研究团队研发,旨在测量大学生创新创业能力及学习体验,以深入推进创新创业教育发展。

　　本量表填写仅需 15 分钟左右,为匿名测试,测试结果仅用于学术分析,请您放心填写!

　　在此谨对您的协助与支持,致以最诚挚的谢意!

第一部分　背景信息

1. 您的性别:[单选题]

○男　○女

2. 您的年级:[单选题]

○大一　○大二　○大三　○大四及以上

3. 您的专业所在学科门类:[单选题]

○哲学　○经济学　法学　○教育学　○文学　○历史学

○理学　○工学　○农学　○医学　○管理学　○艺术学

4. 您所在高校名称:[填空题]＿＿＿＿＿＿＿＿＿＿＿＿＿＿＿＿

5. 您的家庭所在地:[单选题]

○农村　○乡镇　○县城　○地级市　○省会城市

6. 您现在的学业成绩排名是:[单选题]

○前 25%(含)　○25%~50%(含)　○50%~75%(含)　○后 25%

7. 您在大学期间的学生干部经历:[单选题]

○无　○1 年及以下　○1~2 年(含)　○2~3 年(含)　○3 年以上

8. 您在大学期间的社团经历:[单选题]

○无 ○1 年及以下 ○1～2 年（含） ○2～3 年（含） ○3 年以上

9. 您在大学期间平均每周兼职时长为：[单选题]

○无 ○3 小时及以内 ○3～6 小时（含） ○6～10 小时（含）

○10 小时以上

10. 您在大学期间的创业时长：[单选题]

○无 ○3 个月及以内 ○3～6 个月（含） ○6～12 个月（含） ○一年以上

11. 父亲的受教育程度：[单选题]

○小学及以下 ○初中 ○中专 ○高中 ○大专 ○本科 ○硕士

○博士

12. 母亲的受教育程度：[单选题]

○小学及以下 ○初中 ○中专 ○高中 ○大专 ○本科 ○硕士

○博士

13. 家庭成员中是否有创业经历：[单选题]

○有 ○无

14. 未来发展意向：[单选题]

○暂无 ○升学 ○就业 ○创业

15. 是否有职业规划：[单选题]

○暂无 ○有，但不清晰 ○有，很清晰

16. 您的学费主要来源：[单选题]

○自己 ○父母 ○奖学金 ○贷款 ○其他

17. 您的生活费主要来源：[单选题]

○自己 ○父母 ○奖学金 ○贷款 ○其他

18. 在校期间是否获得过奖学金：[单选题]

○是 ○否

19. 是否选修或辅修第二学位/专业：[单选题]

○是 ○否

20. 我平均每天课外学习的时间为（   ）小时。[填空题]＿＿＿＿＿＿

21. 学校提供了对我有帮助的导师制：[单选题]

○无本科生导师 ○非常不同意 ○不同意 ○不确定 ○同意

○非常同意

第二部分　大学生能力发展

请指出您对以下陈述的同意程度:[单选题]

1. 我认为自己是一个有价值的人。

○非常不同意　○不同意　○不确定　○同意　○非常同意

2. 总体来说,我对自己是满意的。

○非常不同意　○不同意　○不确定　○同意　○非常同意

3. 我知道自己是怎样的人。

○非常不同意　○不同意　○不确定　○同意　○非常同意

4. 我觉得自己有能力成就一番事业。

○非常不同意　○不同意　○不确定　○同意　○非常同意

5. 我了解自己的性格。

○非常不同意　○不同意　○不确定　○同意　○非常同意

6. 我了解自己的兴趣。

○非常不同意　○不同意　○不确定　○同意　○非常同意

7. 我对自己未来发展方向有清晰的认识。

○非常不同意　○不同意　○不确定　○同意　○非常同意

8. 我能决定自己的发展道路。

○非常不同意　○不同意　○不确定　○同意　○非常同意

9. 我能够很好地掌控自己的行动。

○非常不同意　○不同意　○不确定　○同意　○非常同意

10. 我的目标需要我全力以赴。

○非常不同意　○不同意　○不确定　○同意　○非常同意

11. 我为自己制定了短期目标和中长期目标。

○非常不同意　○不同意　○不确定　○同意　○非常同意

12. 做事情前我都要先明确自己的目标。

○非常不同意　○不同意　○不确定　○同意　○非常同意

13. 我做事情前都会做任务分解。

○非常不同意　○不同意　○不确定　○同意　○非常同意

14. 在任务分解时我都会区分重点与难点。

○非常不同意　○不同意　○不确定　○同意　○非常同意

15. 我做事情前会把任务分解到具体行动步骤。

○非常不同意　○不同意　○不确定　○同意　○非常同意

16. 我能主动拓展原有的资源以实现目标。

○非常不同意　○不同意　○不确定　○同意　○非常同意

17. 即使别人不主动，我也会迅速采取行动。

○非常不同意　○不同意　○不确定　○同意　○非常同意

18. 我经常创造条件去实现我的目标。

○非常不同意　○不同意　○不确定　○同意　○非常同意

19. 我喜欢接受挑战。

○非常不同意　○不同意　○不确定　○同意　○非常同意

20. 我喜欢开拓未知领域。

○非常不同意　○不同意　○不确定　○同意　○非常同意

21. 我喜欢承担有挑战性的任务。

○非常不同意　○不同意　○不确定　○同意　○非常同意

22. 我在决策时不害怕失败。

○非常不同意　○不同意　○不确定　○同意　○非常同意

23. 我通常不会犹豫不决。

○非常不同意　○不同意　○不确定　○同意　○非常同意

24. 一旦做出决定后，我就不会后悔。

○非常不同意　○不同意　○不确定　○同意　○非常同意

25. 我能够流利自如地表达自己的想法。

○非常不同意　○不同意　○不确定　○同意　○非常同意

26. 在公共场合我能够从容地发言。

○非常不同意　○不同意　○不确定　○同意　○非常同意

27. 别人总是很容易理解我所说的话。

○非常不同意　○不同意　○不确定　○同意　○非常同意

28. 我注重与团队成员密切配合。

○非常不同意　○不同意　○不确定　○同意　○非常同意

29. 工作中，我通常会考虑双方的利益。

○非常不同意　○不同意　○不确定　○同意　○非常同意

30. 我能够尊重他人不同的观点和建议。

○非常不同意　○不同意　○不确定　○同意　○非常同意

31. 我善于发现机会。

○非常不同意　○不同意　○不确定　○同意　○非常同意

32. 我擅长于将问题转化为机会。

○非常不同意　○不同意　○不确定　○同意　○非常同意

33. 我能够评估潜在机会中的优势与劣势。

○非常不同意　○不同意　○不确定　○同意　○非常同意

34. 我可以忍受不确定的状态。

○非常不同意　○不同意　○不确定　○同意　○非常同意

35. 不确定的状态对我影响不大。

○非常不同意　○不同意　○不确定　○同意　○非常同意

36. 我能够平静地接受不确定状态。

○非常不同意　○不同意　○不确定　○同意　○非常同意

37. 我经常尝试采用新的方法解决生活中出现的问题。

○非常不同意　○不同意　○不确定　○同意　○非常同意

38. 我经常会从不同的角度来思考问题。

○非常不同意　○不同意　○不确定　○同意　○非常同意

39. 我经常冒险去支持新的想法或创意。

○非常不同意　○不同意　○不确定　○同意　○非常同意

40. 一出现危机状况我就立即启动预案。

○非常不同意　○不同意　○不确定　○同意　○非常同意

41. 每次行动时,我都要选择最合适的时机。

○非常不同意　○不同意　○不确定　○同意　○非常同意

42. 我做事都会提前做好备选方案。

○非常不同意　○不同意　○不确定　○同意　○非常同意

43. 我经常总结经验与教训。

○非常不同意　○不同意　○不确定　○同意　○非常同意

44. 我会反思最初制定的目标是否合适。

○非常不同意　○不同意　○不确定　○同意　○非常同意

45. 我会反思工作方法是否合适。

○非常不同意　○不同意　○不确定　○同意　○非常同意

46. 不论未来会发生什么,我都会乐观对待。

○非常不同意　○不同意　○不确定　○同意　○非常同意

47. 我总能看到事情光明的一面。

○非常不同意　○不同意　○不确定　○同意　○非常同意

48. 我相信阳光总在风雨后。

○非常不同意　○不同意　○不确定　○同意　○非常同意

49. 目前,我正精力充沛地追求自己的目标。

○非常不同意　○不同意　○不确定　○同意　○非常同意

50. 我能想出很多办法来实现我目前的目标。

○非常不同意　○不同意　○不确定　○同意　○非常同意

51. 为了实现目标,我可以长期坚持不懈。

第三部分　学习体验

(一)请您指出下列陈述的频次:[单选题]

1. 我在课堂上主动发言。

○非常少　○较少　○一般　○较多　○非常多

2. 我在课堂上就某一主题进行汇报展示。

○非常少　○较少　○一般　○较多　○非常多

3. 我与同学合作(如课堂讨论、小组活动)完成课程任务或课题。

○非常少　○较少　○一般　○较多　○非常多

4. 我与同学/舍友/同伴等探讨与学习有关的问题(交流学习心得体会)。

○非常少　○较少　○一般　○较多　○非常多

5. 我在课堂上积极思考。

○非常少　○较少　○一般　○较多　○非常多

6. 我在图书馆/自习室等学习的时间。

○非常少　○较少　○一般　○较多　○非常多

7. 我在课外阅读教材或参考书目。

○非常少　○较少　○一般　○较多　○非常多

8. 我写课程论文或报告。

○非常少　○较少　○一般　○较多　○非常多

9. 我从课堂笔记或阅读材料中总结主要的观点和信息。

○非常少　○较少　○一般　○较多　○非常多

10. 我修读跨学科/跨专业课程。

○非常少　○较少　○一般　○较多　○非常多

11. 我参加课题研究。

○非常少　○较少　○一般　○较多　○非常多

12. 我与朋友聊天或玩耍等。

○非常少　○较少　○一般　○较多　○非常多

13. 我参加社团、班级等学生组织的课外活动。

○非常少　○较少　○一般　○较多　○非常多

14. 我参加实习、社会实践或田野调查等实践性学习活动。

○非常少　○较少　○一般　○较多　○非常多

15. 我组织社团活动或班级活动。

○非常少　○较少　○一般　○较多　○非常多

16. 我承担社团等学生组织的工作。

○非常少　○较少　○一般　○较多　○非常多

17. 我参加各种讲座/沙龙/论坛/报告会等。

○非常少　○较少　○一般　○较多　○非常多

18. 我参加各类学业竞赛。

○非常少　○较少　○一般　○较多　○非常多

19. 我参加创新创业培训/课程。

○非常少　○较少　○一般　○较多　○非常多

20. 我参加创新创业项目。

○非常少　○较少　○一般　○较多　○非常多

21. 我参加创新创业相关竞赛。

○非常少　○较少　○一般　○较多　○非常多

22. 我阅读与专业相关的书籍、学术论文。

○非常少　○较少　○一般　○较多　○非常多

23. 我反思主要是为了找到问题的解决办法改进措施。

○非常少　○较少　○一般　○较多　○非常多

24. 我在反思后总是有很多收获。

○非常少　○较少　○一般　○较多　○非常多

25. 我写日记/随笔/反思等。

○非常少　○较少　○一般　○较多　○非常多

26. 我经常反思对自己有触动的事情。

○非常少　○较少　○一般　○较多　○非常多

27. 我进行体育锻炼。

○非常少　○较少　○一般　○较多　○非常多

28. 我参加校内勤工俭学活动。

○非常少　○较少　○一般　○较多　○非常多

29. 我参加校外勤工俭学活动。

○非常少　○较少　○一般　○较多　○非常多

30. 我参加境内交流学习。

○非常少　○较少　○一般　○较多　○非常多

31. 我参加境外交流学习。

○非常少　○较少　○一般　○较多　○非常多

32. 我与学长/学姐交流。

○非常少　○较少　○一般　○较多　○非常多

33. 我和任课老师讨论课程/学习/作业等问题。

○非常少　○较少　○一般　○较多　○非常多

34. 我参与老师的课题研究。

○非常少　○较少　○一般　○较多　○非常多

35. 我与老师日常交流交往。

○非常少　○较少　○一般　○较多　○非常多

36. 我与老师交流学习方面的问题。

○非常少　○较少　○一般　○较多　○非常多

37. 我与老师交流学习规划、未来规划等各方面问题。

○非常少　○较少　○一般　○较多　○非常多

38. 我与舍友的交流讨论。

○非常少　○较少　○一般　○较多　○非常多

39. 我和自己兴趣爱好不同/家庭背景不同/专业不同的同学成为好朋友。

○非常少　○较少　○一般　○较多　○非常多

40. 我在课后和同学讨论学习问题。

○非常少　○较少　○一般　○较多　○非常多

41. 我与同学/舍友/同伴等探讨个人兴趣爱好、职业理想或未来规划的问题。

○非常少　○较少　○一般　○较多　○非常多

42. 我请朋友、同学等指出自己的不足。

○非常少　○较少　○一般　○较多　○非常多

43. 我主动与同学组成学习小组。

○非常少　○较少　○一般　○较多　○非常多

44. 实践性课程的数量。

○非常少　○较少　○一般　○较多　○非常多

45. 采用汇报展示的考核方式的课程数量。

○非常少　○较少　○一般　○较多　○非常多

46. 具有挑战性的课程数量。

○非常少　○较少　○一般　○较多　○非常多

47. 教师对我的学业指导。

○非常少　○较少　○一般　○较多　○非常多

48. 教师主动和我的交流交往。

○非常少　○较少　○一般　○较多　○非常多

49. 教学水平很高的任课教师数量。

○非常少　○较少　○一般　○较多　○非常多

50. 学术水平很高的任课教师数量。

○非常少　○较少　○一般　○较多　○非常多

51. 我用手机/电脑进行娱乐活动（网上购物、刷剧、刷视频、看小说、娱乐节目、游戏等）。

○非常少　○较少　○一般　○较多　○非常多

52. 我用手机/电脑进行社交活动（使用 QQ、微信、邮箱等）。

○非常少　○较少　○一般　○较多　○非常多

53. 我用手机/电脑查阅和下载学习工作资料。

○非常少　○较少　○一般　○较多　○非常多

54. 我用手机/电脑了解时事政治经济社会类消息。

○非常少　○较少　○一般　○较多　○非常多

(二)请您指出下列陈述的同意程度：[单选题]

1. 我认为我的学习方法总是有效的。

○非常不同意　○不同意　○不确定　○同意　○非常同意

2. 我认为自己有能力解决学习中遇到的问题。

○非常不同意　○不同意　○不确定　○同意　○非常同意

3. 我喜欢选择富有挑战性的学习任务。

○非常不同意　○不同意　○不确定　○同意　○非常同意

4. 我学习主要是为了探索知识/提高能力。

○非常不同意　○不同意　○不确定　○同意　○非常同意

5. 我对所学的内容充满好奇。

○非常不同意　○不同意　○不确定　○同意　○非常同意

6. 我希望能够发展自己，实现自己的人生价值。

○非常不同意　○不同意　○不确定　○同意　○非常同意

7. 我会主动探索学习中遇到的难题。

○非常不同意　○不同意　○不确定　○同意　○非常同意

8. 我学习只求通过考试。

○非常不同意　○不同意　○不确定　○同意　○非常同意

9. 我学习是为了获得奖学金。

○非常不同意　○不同意　○不确定　○同意　○非常同意

10. 我学习是为了找到好工作。

○非常不同意　○不同意　○不确定　○同意　○非常同意

11. 我学习是为了获得高分。

○非常不同意　○不同意　○不确定　○同意　○非常同意

12. 学习能让我开心/充实/获得强烈的满足感。

○非常不同意　○不同意　○不确定　○同意　○非常同意

13. 我对所学专业很感兴趣：

○非常不同意　○不同意　○不确定　○同意　○非常同意

14. 我在阅读时试图理解作者的意图。

○非常不同意　○不同意　○不确定　○同意　○非常同意

15. 我在学习时试图得出自己的看法。

○非常不同意　○不同意　○不确定　○同意　○非常同意

16. 我很快适应了大学生活。

○非常不同意　○不同意　○不确定　○同意　○非常同意

17. 绝大多数课程采用了讲授式教学方式。

○非常不同意　○不同意　○不确定　○同意　○非常同意

18. 绝大多数课程采用了小型研讨会或讨论的形式。

○非常不同意　○不同意　○不确定　○同意　○非常同意

19. 绝大多数课程采用了小组合作的形式。

○非常不同意　○不同意　○不确定　○同意　○非常同意

20. 绝大多数课程采用了案例教学或模拟的教学方式。

○非常不同意　○不同意　○不确定　○同意　○非常同意

21. 学校提供了丰富的跨学科课程学习机会。

○非常不同意　○不同意　○不确定　○同意　○非常同意

22. 课程安排合理，学生自主探索时间多。

○非常不同意　○不同意　○不确定　○同意　○非常同意

23. 课程体系满足自身发展需求。

○非常不同意　○不同意　○不确定　○同意　○非常同意

24. 绝大多数课程提供了较多的实践、参与和探索机会。

○非常不同意　○不同意　○不确定　○同意　○非常同意

25. 绝大多数课程的考核评价方式合理。

○非常不同意　○不同意　○不确定　○同意　○非常同意

26. 学校提供了较多的理论与实践相结合的课程。

○非常不同意　○不同意　○不确定　○同意　○非常同意

27. 绝大多数课程鼓励学生自主参与。

○非常不同意　○不同意　○不确定　○同意　○非常同意

28. 绝大多数课程的作业任务合理且有帮助。

○非常不同意　○不同意　○不确定　○同意　○非常同意

29. 绝大多数课程的学习负担适中。

○非常不同意　○不同意　○不确定　○同意　○非常同意

30. 绝大多数课程作业鼓励学生动手实践。

○非常不同意　○不同意　○不确定　○同意　○非常同意

31. 绝大多数教师能将自己的科研成果融入于教学之中。

○非常不同意　○不同意　○不确定　○同意　○非常同意

32. 绝大多数教师在课程教学上投入很多。

○非常不同意　○不同意　○不确定　○同意　○非常同意

33. 绝大多数教师鼓励学生自主探索。

○非常不同意　○不同意　○不确定　○同意　○非常同意

34. 绝大多数教师鼓励学生参与课堂发言、讨论、提问等。

○非常不同意　○不同意　○不确定　○同意　○非常同意

35. 大学的班主任对我帮助很大。

○非常不同意　○不同意　○不确定　○同意　○非常同意

36. 大学的辅导员对我帮助很大。

○非常不同意　○不同意　○不确定　○同意　○非常同意

37. 绝大多数教师在教学中能够将理论联系实际。

○非常不同意　○不同意　○不确定　○同意　○非常同意

38. 绝大多数教师激发了我的学习兴趣或者其他兴趣。

○非常不同意　○不同意　○不确定　○同意　○非常同意

39. 绝大多数教师能够设置激发学生回应、讨论的问题。

○非常不同意　○不同意　○不确定　○同意　○非常同意

40. 多数教师能够设置与学生自身实践经验有关的问题。

○非常不同意　○不同意　○不确定　○同意　○非常同意

41. 绝大多数教师能够在课堂上吸引并保持学生的注意力。

○非常不同意　○不同意　○不确定　○同意　○非常同意

42. 绝大多数教师能够设置小组学习或讨论的环境。

○非常不同意　○不同意　○不确定　○同意　○非常同意

43. 绝大多数教师鼓励我们独立思考。

○非常不同意　○不同意　○不确定　○同意　○非常同意

44. 我对宿舍整体氛围很满意。

○非常不同意　○不同意　○不确定　○同意　○非常同意

45. 宿舍提供了有助于学习、共同发展的环境。

○非常不同意　○不同意　○不确定　○同意　○非常同意

46. 我的舍友都积极向上，努力奋斗。

○非常不同意　○不同意　○不确定　○同意　○非常同意

47. 学校/学院提供了良好学业支持。

○非常不同意　○不同意　○不确定　○同意　○非常同意

48. 我对学校教学资源(如教学空间、图书馆、计算机资源等)很满意。

○非常不同意　○不同意　○不确定　○同意　○非常同意

49. 学校提供了良好的学习环境。

○非常不同意　○不同意　○不确定　○同意　○非常同意

50. 学校鼓励学生自主发展、自主探索。

○非常不同意　○不同意　○不确定　○同意　○非常同意

51. 学校重视学生的发展和需求。

○非常不同意　○不同意　○不确定　○同意　○非常同意

52. 学校重视学生的实践活动。

○非常不同意　○不同意　○不确定　○同意　○非常同意

53. 学校提供了合理的转专业制度。

○非常不同意　○不同意　○不确定　○同意　○非常同意

54. 学校采用了合理的综合素质评价制度。

○非常不同意　○不同意　○不确定　○同意　○非常同意

55. 学校提供了充分的选课空间。

○非常不同意　○不同意　○不确定　○同意　○非常同意

56. 学校/学院提供的培养方案能够满足我的需求。

○非常不同意　○不同意　○不确定　○同意　○非常同意

57. 学校注重加强学生与社会的交流。

○非常不同意　○不同意　○不确定　○同意　○非常同意

58. 学校注重在校生与校友的交流。

○非常不同意　○不同意　○不确定　○同意　○非常同意

59. 学校注重学生与产业行业的交流。

○非常不同意　○不同意　○不确定　○同意　○非常同意

60. 我和其他同学的关系很好。

○非常不同意　○不同意　○不确定　○同意　○非常同意

61. 我和任课老师的关系很好。

○非常不同意　○不同意　○不确定　○同意　○非常同意

62. 我和班主任/辅导员的关系很好。

○非常不同意　○不同意　○不确定　○同意　○非常同意

63. 我和办公室行政人员关系很好。

○非常不同意　○不同意　○不确定　○同意　○非常同意

64. 我和学院领导的关系很好。

○非常不同意　○不同意　○不确定　○同意　○非常同意

65. 在学习中老师会为我们提供选择的机会。

○非常不同意　○不同意　○不确定　○同意　○非常同意

66. 老师给出建议之前会试着理解我们对事情的看法

○非常不同意　○不同意　○不确定　○同意　○非常同意

67. 老师会鼓励我们提出自己的想法。

○非常不同意　○不同意　○不确定　○同意　○非常同意

68. 在课堂教学中老师会考虑学生提出的教学建议。

○非常不同意　○不同意　○不确定　○同意　○非常同意

69. 我身边的老师很关心学生。

○非常不同意　○不同意　○不确定　○同意　○非常同意

70. 我身边的老师对学生很了解。

○非常不同意　○不同意　○不确定　○同意　○非常同意

71. 我身边的老师值得信赖。

○非常不同意　○不同意　○不确定　○同意　○非常同意

72. 当我受挫时,老师会给予鼓励。

○非常不同意　○不同意　○不确定　○同意　○非常同意

73. 老师会对我们提出明确的学习期望。

○非常不同意　○不同意　○不确定　○同意　○非常同意

74. 无论我何时遇到问题老师都会及时提供帮助。

○非常不同意　○不同意　○不确定　○同意　○非常同意

75. 老师会认可我的表现与取得的进步。

○非常不同意　○不同意　○不确定　○同意　○非常同意

76. 我感觉手机、电脑等电子产品浪费了我太多学习时间。

○非常不同意　○不同意　○不确定　○同意　○非常同意

77. 我不能合理使用手机、电脑等电子产品。

○非常不同意　○不同意　○不确定　○同意　○非常同意

78. 我总是在该提交作业的时候才匆忙去做。

○非常不同意　○不同意　○不确定　○同意　○非常同意

79. 我总是说:"明天就去做。"

○非常不同意　○不同意　○不确定　○同意　○非常同意

80. 我对必须要做的工作,通常也会拖几天才开始做。

○非常不同意　○不同意　○不确定　○同意　○非常同意

81. 我经常不能按时完成任务。

○非常不同意　○不同意　○不确定　○同意　○非常同意

82. 我很想得到如何按时完成任务的建议和指导。

○非常不同意　○不同意　○不确定　○同意　○非常同意

83. 我总觉得我不能合理地安排时间。

○非常不同意　○不同意　○不确定　○同意　○非常同意

附录三：正式测量问卷

大学生（创新创业）能力发展及学习体验

亲爱的同学：

您好！非常感谢您在忙碌中参与此次调查。本量表由厦门大学教育研究院创新创业教育研究团队研发，旨在测量大学生能力及学习体验，帮助贵校提高教育质量。贵校的发展，离不开您的发声！

本量表填写仅需10分钟左右，为匿名测试，测试结果仅用于学术分析，请您放心填写！

认真完整填写问卷的学生将会获得3～5元金额不等的红包，红包在审核通过后发放。

在此谨对您的协助与支持，致以最诚挚的谢意！

第一部分　背景信息

1. 您的性别：[单选题]
○男　○女

2. 您的年级：[单选题]
○大一　○大二　○大三　○大四及以上

3. 您的专业所在学科门类：[单选题]
○哲学　○经济学　○法学　○教育学　○文学　○历史学
○理学　○工学　○农学　○医学　○管理学　○艺术学

4. 您的家庭所在地：[单选题]
○农村　○乡镇　○县城　○地级市　○省会城市

5. 您现在的学业成绩排名是：[单选题]
○前25%（含）　○25%～50%（含）　○50%～75%（含）　○后25%

6. 您在大学期间的学生干部经历：[单选题]
○无　○1年及以下　○1～2年（含）　○2～3年（含）　○3年以上

7. 您在大学期间的社团经历：[单选题]

○无　○1年及以下　○1～2年(含)　○2～3年(含)　○3年以上

8. 您在大学期间平均每周兼职时长大约为：[单选题]

○无　○3小时及以内　○3～6小时(含)　○6～10小时(含)　○10小时以上

9. 您在大学期间的创业时长：[单选题]

○无　○3个月及以内　○3～6个月(含)　○6～12个月(含)　○一年以上

10. 父亲的受教育程度：[单选题]

○小学及以下　○初中　○中专　○高中　○大专　○本科　○硕士
○博士

11. 母亲的受教育程度：[单选题]

○小学及以下　○初中　○中专　○高中　○大专　○本科　○硕士
○博士

12. 家庭成员中是否有创业经历：[单选题]

○有　○无

13. 未来发展意向：[单选题]

○暂无　○升学　○就业　○创业

14. 是否有职业规划：[单选题]

○暂无　○有,但不清晰　○有,很清晰

15. 您的学费主要来源：[单选题]

○自己　○父母　○奖学金　○贷款　○其他

16. 您的生活费主要来源：[单选题]

○自己　○父母　○奖学金　○贷款　○其他

17. 在校期间是否获得过奖学金：[单选题]

○是　○否

18. 是否选修或辅修第二学位/专业：[单选题]

○是　○否

19. 如果再来一次,是否还会选择在本校就读：[单选题]

○是　○否

20. 学校提供了对我有帮助的导师制：[单选题]

○无本科生导师　○非常不同意　○不同意　○不确定　○同意
○非常同意

第二部分　大学生能力发展

请指出您对以下陈述的同意程度：[单选题]

1. 我认为自己是一个有价值的人。
○非常不同意　○不同意　○不确定　○同意　○非常同意

2. 总体来说，我对自己是满意的。
○非常不同意　○不同意　○不确定　○同意　○非常同意

3. 我知道自己是怎样的人。
○非常不同意　○不同意　○不确定　○同意　○非常同意

4. 我觉得自己有能力成就一番事业。
○非常不同意　○不同意　○不确定　○同意　○非常同意

5. 我了解自己的性格。
○非常不同意　○不同意　○不确定　○同意　○非常同意

6. 我了解自己的兴趣。
○非常不同意　○不同意　○不确定　○同意　○非常同意

7. 我对自己未来发展方向有清晰的认识。
○非常不同意　○不同意　○不确定　○同意　○非常同意

8. 我能决定自己的发展道路。
○非常不同意　○不同意　○不确定　○同意　○非常同意

9. 我能够很好地掌控自己的行动。
○非常不同意　○不同意　○不确定　○同意　○非常同意

10. 我的目标需要我全力以赴。
○非常不同意　○不同意　○不确定　○同意　○非常同意

11. 我为自己制定了短期目标和中长期目标。
○非常不同意　○不同意　○不确定　○同意　○非常同意

12. 做事情前我都要先明确自己的目标。
○非常不同意　○不同意　○不确定　○同意　○非常同意

13. 我做事情前都会做任务分解。
○非常不同意　○不同意　○不确定　○同意　○非常同意

14. 在任务分解时我都会区分重点与难点。
○非常不同意　○不同意　○不确定　○同意　○非常同意

15. 我做事情前会把任务分解到具体行动步骤。

○非常不同意　○不同意　○不确定　○同意　○非常同意

16. 我能主动拓展原有的资源以实现目标。

○非常不同意　○不同意　○不确定　○同意　○非常同意

17. 即使别人不主动,我也会迅速采取行动。

○非常不同意　○不同意　○不确定　○同意　○非常同意

18. 我经常创造条件去实现我的目标。

○非常不同意　○不同意　○不确定　○同意　○非常同意

19. 我喜欢接受挑战。

○非常不同意　○不同意　○不确定　○同意　○非常同意

20. 我喜欢开拓未知领域。

○非常不同意　○不同意　○不确定　○同意　○非常同意

21. 我喜欢承担有挑战性的任务。

○非常不同意　○不同意　○不确定　○同意　○非常同意

22. 我在决策时不害怕失败。

○非常不同意　○不同意　○不确定　○同意　○非常同意

23. 我通常不会犹豫不决。

○非常不同意　○不同意　○不确定　○同意　○非常同意

24. 一旦做出决定后,我就不会后悔。

○非常不同意　○不同意　○不确定　○同意　○非常同意

25. 我能够流利自如地表达自己的想法。

○非常不同意　○不同意　○不确定　○同意　○非常同意

26. 在公共场合我能够从容地发言。

○非常不同意　○不同意　○不确定　○同意　○非常同意

27. 别人总是很容易理解我所说的话。

○非常不同意　○不同意　○不确定　○同意　○非常同意

28. 我注重与团队成员密切配合。

○非常不同意　○不同意　○不确定　○同意　○非常同意

29. 工作中,我通常会考虑双方的利益。

○非常不同意　○不同意　○不确定　○同意　○非常同意

30. 我能够尊重他人不同的观点和建议。

○非常不同意　○不同意　○不确定　○同意　○非常同意

31. 我善于发现机会。

○非常不同意　○不同意　○不确定　○同意　○非常同意

32. 我擅长于将问题转化为机会。

○非常不同意　○不同意　○不确定　○同意　○非常同意

33. 我能够评估潜在机会中的优势与劣势。

○非常不同意　○不同意　○不确定　○同意　○非常同意

34. 我可以忍受不确定的状态。

○非常不同意　○不同意　○不确定　○同意　○非常同意

35. 不确定的状态对我影响不大。

○非常不同意　○不同意　○不确定　○同意　○非常同意

36. 我能够平静地接受不确定状态。

○非常不同意　○不同意　○不确定　○同意　○非常同意

37. 我经常尝试采用新的方法解决生活中出现的问题。

○非常不同意　○不同意　○不确定　○同意　○非常同意

38. 我经常会从不同的角度来思考问题。

○非常不同意　○不同意　○不确定　○同意　○非常同意

39. 我经常冒险去支持新的想法或创意。

○非常不同意　○不同意　○不确定　○同意　○非常同意

40. 一出现危机状况我就立即启动预案。

○非常不同意　○不同意　○不确定　○同意　○非常同意

41. 每次行动时,我都要选择最合适的时机。

○非常不同意　○不同意　○不确定　○同意　○非常同意

42. 我做事都会提前做好备选方案。

○非常不同意　○不同意　○不确定　○同意　○非常同意

43. 我经常总结经验与教训。

○非常不同意　○不同意　○不确定　○同意　○非常同意

44. 我会反思最初制定的目标是否合适。

○非常不同意　○不同意　○不确定　○同意　○非常同意

45. 我会反思工作方法是否合适。

○非常不同意　○不同意　○不确定　○同意　○非常同意

46. 不论未来会发生什么,我都会乐观对待。

○非常不同意　○不同意　○不确定　○同意　○非常同意

47. 我总能看到事情光明的一面。

○非常不同意　○不同意　○不确定　○同意　○非常同意

48. 我相信阳光总在风雨后。

○非常不同意　○不同意　○不确定　○同意　○非常同意

49. 目前,我正精力充沛地追求自己的目标。

○非常不同意　○不同意　○不确定　○同意　○非常同意

50. 我能想出很多办法来实现我目前的目标。

○非常不同意　○不同意　○不确定　○同意　○非常同意

51. 为了实现目标,我可以长期坚持不懈。

○非常不同意　○不同意　○不确定　○同意　○非常同意

第三部分　学习体验

(一)请您指出下列陈述的同意程度:[单选题]

1. 我认为我的学习方法总是有效的。

○非常不同意　○不同意　○不确定　○同意　○非常同意

2. 我认为自己有能力解决学习中遇到的问题。

○非常不同意　○不同意　○不确定　○同意　○非常同意

3. 我喜欢选择富有挑战性的学习任务。

○非常不同意　○不同意　○不确定　○同意　○非常同意

4. 我学习主要是为了探索知识/提高能力。

○非常不同意　○不同意　○不确定　○同意　○非常同意

5. 我对所学的内容充满好奇。

○非常不同意　○不同意　○不确定　○同意　○非常同意

6. 我会主动探索学习中遇到的难题。

○非常不同意　○不同意　○不确定　○同意　○非常同意

7. 学习能让我开心/充实/获得强烈的满足感。

○非常不同意　○不同意　○不确定　○同意　○非常同意

8. 我对所学专业很感兴趣。

○非常不同意　○不同意　○不确定　○同意　○非常同意

9. 我学习是为了获得高分。

○非常不同意　○不同意　○不确定　○同意　○非常同意

10. 我学习是为了获得奖学金。

○非常不同意　○不同意　○不确定　○同意　○非常同意

11. 我学习是为了找到好工作。

○非常不同意　○不同意　○不确定　○同意　○非常同意

12. 我学习只求通过考试。

○非常不同意　○不同意　○不确定　○同意　○非常同意

13. 我感觉手机/电脑等电子产品浪费了我太多学习时间。

○非常不同意　○不同意　○不确定　○同意　○非常同意

14. 我不能合理使用手机/电脑等电子产品。

○非常不同意　○不同意　○不确定　○同意　○非常同意

15. 我经常反思对自己有触动的事情。

○非常不同意　○不同意　○不确定　○同意　○非常同意

16. 我经常写日记/随笔/反思等。

○非常不同意　○不同意　○不确定　○同意　○非常同意

17. 我在反思后总是有很多收获。

○非常不同意　○不同意　○不确定　○同意　○非常同意

18. 我反思主要是为了找到问题的解决办法/改进措施。

○非常不同意　○不同意　○不确定　○同意　○非常同意

19. 我总是在该提交作业的时候才匆忙去做。

○非常不同意　○不同意　○不确定　○同意　○非常同意

20. 我总是说："明天就去做。"

○非常不同意　○不同意　○不确定　○同意　○非常同意

21. 我对必须要做的工作,通常也会拖几天才开始做。

○非常不同意　○不同意　○不确定　○同意　○非常同意

22. 我经常不能按时完成任务。

○非常不同意　○不同意　○不确定　○同意　○非常同意

23. 我很想得到如何按时完成任务的建议和指导。

○非常不同意　○不同意　○不确定　○同意　○非常同意

24. 我总觉得我不能合理地安排时间。

○非常不同意　○不同意　○不确定　○同意　○非常同意

25. 在学习中,老师会为我们提供选择的机会。

○非常不同意　○不同意　○不确定　○同意　○非常同意

26. 老师给出建议之前,会试着理解我们对事情的看法。

○非常不同意　○不同意　○不确定　○同意　○非常同意

27. 老师会鼓励我们提出自己的想法。

○非常不同意　○不同意　○不确定　○同意　○非常同意

28. 在课堂教学中,老师会考虑学生提出的教学建议。

○非常不同意　○不同意　○不确定　○同意　○非常同意

29. 我身边的老师很关心学生。

○非常不同意　○不同意　○不确定　○同意　○非常同意

30. 我身边的老师对学生很了解。

○非常不同意　○不同意　○不确定　○同意　○非常同意

31. 我身边的老师值得信赖。

○非常不同意　○不同意　○不确定　○同意　○非常同意

32. 当我受挫时,老师会给予鼓励。

○非常不同意　○不同意　○不确定　○同意　○非常同意

33. 老师会对我们提出明确的学习期望。

○非常不同意　○不同意　○不确定　○同意　○非常同意

34. 无论我何时遇到问题,老师都会及时提供帮助。

○非常不同意　○不同意　○不确定　○同意　○非常同意

35. 老师会认可我的表现与取得的进步。

○非常不同意　○不同意　○不确定　○同意　○非常同意

36. 针对我的学习表现,老师会提供建设性的反馈。

○非常不同意　○不同意　○不确定　○同意　○非常同意

37. 绝大多数课程采用了小组合作的形式。

○非常不同意　○不同意　○不确定　○同意　○非常同意

38. 绝大多数课程采用了小型研讨会或讨论的形式。

○非常不同意　○不同意　○不确定　○同意　○非常同意

39. 绝大多数课程采用了案例教学或模拟的教学方式。

○非常不同意　○不同意　○不确定　○同意　○非常同意

40. 绝大多数课程采用了讲授式教学方式。

○非常不同意　○不同意　○不确定　○同意　○非常同意

41. 绝大多数老师在教学中能够将理论联系实际。

○非常不同意　○不同意　○不确定　○同意　○非常同意

42. 绝大多数老师鼓励我们独立思考。
○非常不同意　○不同意　○不确定　○同意　○非常同意

43. 绝大多数老师能够在课堂上吸引并保持学生的注意力。
○非常不同意　○不同意　○不确定　○同意　○非常同意

44. 绝大多数老师激发了我的学习兴趣或者其他兴趣。
○非常不同意　○不同意　○不确定　○同意　○非常同意

45. 绝大多数老师鼓励学生自主探索。
○非常不同意　○不同意　○不确定　○同意　○非常同意

46. 绝大多数老师鼓励学生参与课堂发言、讨论、提问等。
○非常不同意　○不同意　○不确定　○同意　○非常同意

47. 绝大多数课程的作业任务合理且对我有帮助。
○非常不同意　○不同意　○不确定　○同意　○非常同意

48. 绝大多数课程提供了较多的实践和参与机会。
○非常不同意　○不同意　○不确定　○同意　○非常同意

49. 绝大多数课程的学习负担适中。
○非常不同意　○不同意　○不确定　○同意　○非常同意

50. 绝大多数课程的考核评价方式合理。
○非常不同意　○不同意　○不确定　○同意　○非常同意

51. 课程安排合理，学生自主探索时间多。
○非常不同意　○不同意　○不确定　○同意　○非常同意

52. 课程设置满足我的发展需求。
○非常不同意　○不同意　○不确定　○同意　○非常同意

53. 我的舍友都积极向上，努力奋斗。
○非常不同意　○不同意　○不确定　○同意　○非常同意

54. 我对宿舍整体氛围很满意。
○非常不同意　○不同意　○不确定　○同意　○非常同意

55. 宿舍提供了有助于学习、共同发展的环境。
○非常不同意　○不同意　○不确定　○同意　○非常同意

56. 学校提供了合理的转专业制度。
○非常不同意　○不同意　○不确定　○同意　○非常同意

57. 学校采用了合理的综合素质评价制度。
○非常不同意　○不同意　○不确定　○同意　○非常同意

58. 学校提供了充分的选课空间。

○非常不同意　○不同意　○不确定　○同意　○非常同意

59. 学校/学院提供了良好的学业支持。

○非常不同意　○不同意　○不确定　○同意　○非常同意

60. 学校/学院提供了自由探索的学习环境。

○非常不同意　○不同意　○不确定　○同意　○非常同意

61. 我对学校教学资源(如教学空间、图书馆、计算机资源等)很满意。

○非常不同意　○不同意　○不确定　○同意　○非常同意

62. 我和其他同学的关系很好。

○非常不同意　○不同意　○不确定　○同意　○非常同意

63. 我和任课老师的关系很好。

○非常不同意　○不同意　○不确定　○同意　○非常同意

64. 我和班主任/辅导员的关系很好。

○非常不同意　○不同意　○不确定　○同意　○非常同意

65. 我和办公室行政人员关系很好。

○非常不同意　○不同意　○不确定　○同意　○非常同意

66. 我和学院领导的关系很好。

○非常不同意　○不同意　○不确定　○同意　○非常同意

67. 总体上,我对自己不满意。(测谎题)

○非常不同意　○不同意　○不确定　○同意　○非常同意

(二)请您指出下列陈述的频次:[单选题] *

68. 我参加创新创业相关的培训/课程/项目等。

○非常少　○较少　○一般　○较多　○非常多

69. 我参加各类学业竞赛。

○非常少　○较少　○一般　○较多　○非常多

70. 我阅读与专业相关的书籍、学术论文。

○非常少　○较少　○一般　○较多　○非常多

71. 我参加各种讲座/沙龙/论坛/报告会等。

○非常少　○较少　○一般　○较多　○非常多

72. 我参加社团、班级等学生组织的课外活动。

○非常少　○较少　○一般　○较多　○非常多

73. 我参加实习、社会实践或田野调查等实践性学习活动。

○非常少　○较少　○一般　○较多　○非常多

74. 我写课程论文或报告。

○非常少　○较少　○一般　○较多　○非常多

75. 我修读跨学科/跨专业课程。

○非常少　○较少　○一般　○较多　○非常多

76. 我在图书馆/自习室等学习的时间。

○非常少　○较少　○一般　○较多　○非常多

77. 我在课外阅读教材或参考书目。

○非常少　○较少　○一般　○较多　○非常多

78. 我从课堂笔记或阅读材料中总结主要的观点和信息。

○非常少　○较少　○一般　○较多　○非常多

79. 我用手机/电脑进行娱乐活动(网上购物、刷剧、刷视频、看小说、娱乐节目、游戏等)。

○非常少　○较少　○一般　○较多　○非常多

80. 我用手机/电脑进行社交活动(使用 QQ、微信、邮箱等)。

○非常少　○较少　○一般　○较多　○非常多

81. 我用手机/电脑查阅和下载学习工作资料。

○非常少　○较少　○一般　○较多　○非常多

82. 我用手机/电脑了解时事政治经济社会类消息。

○非常少　○较少　○一般　○较多　○非常多

83. 我与学长/学姐交流。

○非常少　○较少　○一般　○较多　○非常多

84. 我与老师讨论课程/学习/作业等问题。

○非常少　○较少　○一般　○较多　○非常多

85. 我与老师日常交流交往。

○非常少　○较少　○一般　○较多　○非常多

86. 我与老师交流学习规划、未来规划等问题。

○非常少　○较少　○一般　○较多　○非常多

87. 我与同学/舍友/同伴等探讨个人兴趣爱好、职业理想或未来规划的问题。

○非常少　○较少　○一般　○较多　○非常多

88. 我与同学/舍友/同伴等探讨与学习有关的问题(交流学习心得体会)。

○非常少　○较少　○一般　○较多　○非常多

89. 我和自己兴趣爱好不同/家庭背景不同/专业不同的同学成为好朋友。

○非常少　○较少　○一般　○较多　○非常多

90. 我请朋友、同学等指出自己的不足。

○非常少　○较少　○一般　○较多　○非常多

91. 我主动与同学组成学习小组。

○非常少　○较少　○一般　○较多　○非常多

92. 我在课堂上积极思考。

○非常少　○较少　○一般　○较多　○非常多

93. 我注意把自己过去的经历与学习相联系。

○非常少　○较少　○一般　○较多　○非常多

94. 我在课后和同学讨论学习问题。

○非常少　○较少　○一般　○较多　○非常多

95. 我把课内学到的知识运用到其他领域(实习或工作,其他课程,朋友关系等)。

○非常少　○较少　○一般　○较多　○非常多

96. 我与同学在课堂上合作(如课堂讨论、小组活动)完成课程任务。

○非常少　○较少　○一般　○较多　○非常多

97. 我在课堂上就某一主题进行汇报展示。

○非常少　○较少　○一般　○较多　○非常多

98. 我在课堂上主动发言。

○非常少　○较少　○一般　○较多　○非常多

99. 我按时完成任务。(测谎题)

○非常少　○较少　○一般　○较多　○非常多

附录四：学生访谈提纲

1. 请您详细描述有成就感的事件和具体经历。

2. 您在求学或者工作中遇到过的困难事件和解决过程。

3. 您怎么看待教师在自己成长中的作用和角色？请举例说明。

4. 您怎么看待课程学习对自己成长的作用或影响？请举例说明。

5. 您觉得学校及学院为自己成长提供了什么帮助？有什么改进之处？请举例说明。

6. 您怎么看待同伴对自己成长的作用？请举例说明。

7. 请举事例说明是什么能力或素质决定了您与同伴的不同？

8. 您认为创新创业型大学生需要具备什么能力。

9. 您平时如何对待自己的学业？如何学习？存在什么困难？

10. 您认为阻碍大学生创新创业能力成长的最关键因素是什么？

附录五:教师访谈提纲

1. 您如何理解创新创业教育?

2. 您认为创新创业教育是要培养学生什么态度、技能和行为?

3. 您是如何教学从而使学生达到学习目标?

4. 您是否采用了创新教学方法? 这些教学方法得到了什么样的支持? 您未来希望得到什么支持?

5. 您希望学生如何表现/理想的学生是什么样的?

6. 您在课程/课堂中如何融合创新创业教育?

7. 您认为自己的教学发展了学生什么能力?

8. 您认为大学需要提供什么环境或资源等支持以培养大学生创新创业能力?

9. 若您是创新创业导师,您是如何指导学生的创新创业竞赛/计划项目的?

10. 您平时与学生如何交往交流? 如何在课下指导学生?

后 记

　　本书是在我博士论文基础上修改而成的,可谓我与创新创业结缘的一个很好例证,我非常感谢我的导师王洪才教授。

　　2018 年之前,我在迷茫探索中不自觉地与创新创业有了不解之缘。本科期间我因不愿盲目随大流地过平凡而普通的大学生活,几经探索开展了几个创业项目。研究生毕业后,我考上了所谓的"铁饭碗",平凡安逸、一成不变的上班生活让我有一种"混日子"的感觉。2017 年我毅然决然舍弃了那个令其他人羡慕不已的工作,决定报考博士研究生。当时我并未意识到这个决定就是在创新创业,在 2018 年幸入王洪才教授门下之后,我开始全身心投入创新创业研究,消除了个人人生中的很多迷茫,也找到了学术研究的志趣。

　　2018 年,王洪才教授被我敢于挑战自我、破釜沉舟放弃"铁饭碗"的勇气所打动,同时悲悯我已没有工作和退路,在经过慎重考虑后将我收入门下。我何其幸运,遇此伯乐恩师! 在王洪才教授的指导下,我开始从事创新创业研究,在此过程中我不断认识自我、发现自我、解惑自我,也在不断发展自我、实现自我、超越自我,可谓读博期间我实现了一定程度的自我创新创业。这也正是王洪才教授带领我们团队开展创新创业教育研究的初心所在,王洪才教授认为从个体意义看,创新的本质即实现自我超越,而创业的本质即追求人生理想价值实现,创新创业就是一个人在应对环境挑战过程中发现自我、发展自我、实现自我、超越自我的一系列行动。我持着解惑自我、解惑创新创业教育的执著,在王洪才教授倾注大量心血的指导之下完成了这本书。我为此书虽已竭尽所能,但因学识浅陋难免存在幼稚不足之处,恳请学界的前辈给予批评和指导。

正是在王洪才教授的指导下,我有颇多机会参与课题研究及多所高校的实地调研等实践学习活动,尤其是全程参与了王洪才教授主持的国家自然科学基金课题"大学生创新创业能力评价体系与结构模型研究"。这些学习机会让我对创新创业教育研究有了较深的思考和体悟,为我完成本书奠定了较为坚实的基础。另外,此研究在开题、预答辩、答辩等过程中也得到了潘懋元先生、刘振天教授、别敦荣教授、陆根书教授、马永霞教授、赵叶珠教授、郭建鹏教授、徐岚教授、吴薇教授、张宝蓉教授、陈兴德副教授等专家的大力指导,正是在这些专家的指导和帮助下,这个研究才得以修改完善,在此郑重感谢以上专家。在此也要非常感谢协助调研的李青合师兄、林上洪师兄、宣葵葵师姐、张启富师兄等师兄师姐,感谢帮助我修改论文的田芬师姐、杨振芳师妹、赵祥辉师弟、郑雅倩师妹、郭一凡师弟、王洪国师弟、冷金艳师妹等同门,正是有了大家的帮助我才得以顺利完成此研究。

借此机会也要感谢我的家人,正是家人的鼓励和陪伴我才能得以攻读博士学位,并且能够全身心投入学术研究中。感谢在背后为我默默付出的家人!

本研究在众多国内外学者思想的指引下才得以面世,对所参阅的研究基本上都做了注释,但也难免有所疏漏,在此一并表示感谢!

人生就是一场遭遇,学术也是一场遭遇,感谢一切遇见!

段肖阳

2023 年 2 月 8 日于东湖湾